J.W. von Archenholtz

Die Engländer in Indien, nach Orme

Band 3

J.W. von Archenholtz

Die Engländer in Indien, nach Orme
Band 3

ISBN/EAN: 9783743437524

Hergestellt in Europa, USA, Kanada, Australien, Japan

Cover: Foto ©ninafisch / pixelio.de

Weitere Bücher finden Sie auf **www.hansebooks.com**

Die Engländer in Indien.

Nach Orme

von

J. W. von Archenholtz,
vormals Hauptmann in K. Preuß. Diensten.

Dritter Band.

Leipzig,
im Verlage der Dykischen Buchhandlung.
1788.

Vorrede zum dritten Bande.

Dieser dritte Theil geht in der Indischen Kriegsgeschichte so weit, wie sie Orme bis jezt beschrieben hat. Das Manuscript dazu war schon im October 1786 fertig, allein der Druck wurde aufgeschoben, weil ich den Vorsatz hatte, die Geschichte bis auf unsre Tage fortzusetzen. Mancherley Ursachen haben die Ausführung dieses Entwurfs verhindert, wozu denn vorzüglich die Litteratur-Diebe gehören, die, mit Patenten versehen, ihrem Raube nachjagen. Wucherer in Wien, und Göbhardt in Bamberg haben das Werk, obgleich nach ihrer gewöhnlichen Art, nachgedruckt; das heißt: gesudelt, und strotzend voller Druckfehler, besonders in Ansehung der indischen Namen, die man gar nicht erkennt; auch fehlt die so nöthige Landkarte von dem Kriegsschauplatze in Indien. Dennoch hat der Verkauf des Originals nicht ganz untergelegen, und ist in Norddeutschland, wo es nicht Sitte ist, geraubte Sachen

Vorrede.

Sachen unter dem Schutze der Regierung öffentlich zu Markte zu bringen, besonders von Preußischen Militair-Personen stark gekauft worden. Die Verlagshandlung wünscht deshalb sehr eine Fortsetzung, und da ich dieselbe wegen meiner sonstigen Geschäfte und andern Ursachen nicht wohl selbst übernehmen kann, so hat ein sachkundiger, rühmlich bekannter Schriftsteller sich dieser Arbeit unterzogen. Der vierte Band dieses Werks wird also zur Michaelismesse 1788 gewiß erscheinen.

Hamburg,
den 10ten Jan. 1788.

v. Archenholz.

Die Engländer in Indien.

Zehntes Buch.

Die französischen Truppen, die unter Anführung 1758. des Soubinet nach Trincmalee marschirt waren, fanden hier muthigen Widerstand. Der Kellidar schlug zwey Stürme ab, bey dem dritten aber erstiegen die Franzosen die Pagode, und hieben in der Wuth 500 Mann nieder. Dieses geschah den 10ten September. Einige Tage hernach langte ein anderes Corps Franzosen unter Soupire bey Carangoly an, welches Murzafabeg verlassen hatte, um Trivatore zu vertheidigen, das auch bald berennt wurde. Der bedrängte Murzafabeg zog so viel Truppen an sich, als er nur zusammen bringen konnte, und ging dem Feinde im Felde entgegen, wurde aber bald geschlagen, worauf auch die Einnahme von Trivatore erfolgte. Lally selbst besuchte mittlerweile Alamparva, Gingee, Chittapet, und andre Posten, von da ging er nach Vandiwasch, wo der Sammelplatz aller Detaschements war. Hier fand sich auch Bussy ein, der in Nelore seine ihn begleitenden Truppen zurückge-

1758. laſſen, und mit einem kleinen Gefolge durch das engliſche Gebiet gekommen war, nachdem er zuvor aus Madras einen Paß erhalten hatte. Lally marſchirte nun auf Arcot los, um durch die Beſitznehmung von dieſer Hauptſtadt ſeinen Ruhm in der Provinz zu erhöhen. Das von Europäern ganz entblößte Fort capitulirte ſogleich, und die Franzoſen hielten den 4ten Oktober ihren Einzug unter dem Donner aller Kanonen. In Pondichery und allen von franzöſiſchen Truppen beſezten Forts wurde die Einnahme von Arcot mit eben ſo viel Prahlerey bekannt gemacht.

Die Regierung in Madras ſahe in dieſen Operationen nichts, als was ſie gleich nach der Eroberung des Forts St. David erwartet hatte; die Erhaltung von Chinglapet lag den Engländern vorzüglich am Herzen, und da ſie wegen Mangel an Truppen nicht die andern Forts retten konnten, ſo beſchloſſen ſie dieſen wichtigen Ort wenigſtens nach äußerſter Möglichkeit zu beſetzen, und legten 300 Sepoys hinein. Mittlerweile kam ein Compagnieſchiff von 50 Kanonen aus England an, und gab Nachricht von ſechs andern Compagnieſchiffen und zwey Schiffen von der Linie, die auch nächſtens eintreffen würden, da ſie blos durch widrige Winde getrennt worden wären. Am Bord dieſer Schiffe waren 900 Mann königliche Truppen unter Anführung des Oberſtlieutenants Draper. Die Erwartung dieſer anſehnlichen Verſtärkung vermochte die Regierung in Madras noch 600 Sepoys nach Chinglapet zu ſenden. Die Beſatzung beſtand nun aus 900 Mann, worunter 30 Europäer waren. Das Commando derſelben wurde dem Capitain Richard Smith übergeben, mit Befehl 1758. das Fort bis aufs äußerste zu vertheidigen. Den 25sten October langte der Admiral Pocock mit seiner Escadre auf der Rhede an; sie brachte den Major Calliaud, den Commandanten von Tritchinapoly, mit allen zu seiner Besatzung gehörigen Europäern nach Madras. Es waren deren 180 Mann und 50 Kaffern. Man verstärkte jezt die Garnison von Chinglapet noch mehr.

Lally sahe jezt die Wichtigkeit dieses Orts ein, den er drey Wochen zuvor bey hellem Tage hätte ersteigen können. Er beschloß daher, ihn mit seiner ganzen Macht anzugreifen, sobald er die Regierungsangelegenheiten in Arcot in Ordnung gebracht haben würde. Seine kürzlich erlangten Besitzungen aber hatten ihm weder die Kriegskosten ersezt, noch seinen Credit gegründet, Gelder zu borgen, so daß seine Kriegskasse kaum zum Solde der Truppen hinreichte, und also alle Mittel fehlten, die Armee in Bewegung zu setzen. Die Regierung in Pondichery konnte für jezt nur 10,000 Rupien herbeyschaffen. Diese Hindernisse brachten ihn auf; er verließ die Armee, und begab sich in Begleitung von Bussy nach Pondichery, wo er wie gewöhnlich gegen die üblen Anstalten tobte. So groß auch sein Haß wider Bussy war, so zwang ihm doch der so ausgezeichnete Charakter dieses vortreflichen Offiziers gleichsam eine Art von Ehrfurcht ab, die Lally wenigstens in den Schranken der Höflichkeit hielt. Niemand aber wurde dadurch betrogen, da er seine wirklichen Gesinnungen in Ansehung seiner öffentlich zu erkennen gegeben hatte.

1758. Buſſy hatte eigentlich nur den Rang eines Oberſtlieutenants, dagegen war Soupiré Maréchal de Camp, und ſechs aus Frankreich angelangte Offiziere waren Oberſten, die alſo bey allen Gelegenheiten das Commando über ihn hatten. Die Oberſten, die ſeine großen Fähigkeiten erkannten, und überzeugt waren, wie ſehr das Intereſſe ihrer Nation dabey leiden würde, wenn er wegen ſeines niedern Ranges, ungeachtet ſeines außerordentlichen in ganz Indien gegründeten Ruhms, vom Commando ausgeſchloſſen werden ſollte, unterzeichneten eine Erklärung mit dem Anſuchen, daß er zum Brigadier-General ernannt, und folglich über ſie alle nächſt nach Soupire geſezt werden möchte. Der Eifer fürs allgemeine Beſte, der ehrgeizigen Männern dieſe Bitte einflößte, macht ihnen ſo viel Ehre, als ihr Betragen den hohen Verdienſten des Buſſy huldigt. Ihre Namen, würdig wegen der bey dieſer Gelegenheit bewieſenen Selbſtverläugnung aufbehalten zu werden, waren: Landiviſiau, de la Taire, d'Eſtaing, Bretteuil, Verdiere und Crillon. Lally konnte es nicht abſchlagen, aber mit ſeiner gewöhnlichen Bösartigkeit ſchrieb er dieſen Schritt mehr dem Gelde des Buſſy als ſeinem Ruhme zu.

Die Annäherung der ſtürmiſchen Monſun warnte die engliſche Flotte die Küſte zu verlaſſen; Pocock nahm deshalb mit den Gliedern der Regierung Abrede wegen der Sicherheit von Madras in dieſer Zwiſchenzeit. Sie waren der Meynung, daß, wenn auch die Feinde Abſichten auf die Stadt hätten, ſie doch keinen Angriff vor Ende der Regenzeit wagen würden; ſodann aber hofften ſie im Stande zu ſeyn, ſie bis zur

Rückkehr der Flotte zu vertheidigen, wenn auch die 1758. Verstärkung aus Europa noch ausbleiben sollte. Pocock gab ihnen noch 100 Seesoldaten zu Hülfe, und segelte den 11ten October nach Bombay.

Moracin hatte indessen seinen Marsch mit den ihm von Bussy übergebenen Truppen fortgesezt, zu denen Nazeabulla mit einem Corps indischer Soldaten gestoßen war. Sie waren bey der Pagode von Tripetti den 5ten October angelangt, am nämlichen Tage, da das große Fest einfiel, das gewöhnlich fünfundzwanzig Tage dauert. Man ließ die Pilger ungestört ziehen, allein der Pachter wurde aufgefodert, seine Soldaten fortzuschicken und die Zugänge frey zu lassen. Dieser Mann, der sich unfähig fand, gegen europäische Truppen Widerstand zu thun, that den Vorschlag, die Einkünfte sowohl dieses als auch des folgenden Festes von den Franzosen auf die nämlichen Bedingungen in Pacht zu nehmen, wie er bisher mit den Engländern contrahirt hatte. Dieser Antrag war mit einer ansehnlichen Summe begleitet, die Moracin annahm und ihn in seinem Posten bestätigte. Um aber diesen so nutzbaren Ort seiner Nation zu erhalten, legte er ein Detaschement Truppen hinein und marschirte mit den übrigen weiter nach Arcot, wo er ben 12ten eintraf, die Soldaten in der Stadt einquartirte, und sich zu Lally nach Pondichery begab.

Da die Franzosen ihr Vorhaben auf Chinglapet verschoben hatten, so gewannen die Engländer immer mehr Zeit, dies Fort zu verstärken. Murzafabeg, der bey den französischen Truppen keine Beschäftigung und was noch übler war, kein Geld fand, ging mit

1758. 100 Sepoys und 70 Reitern zu den Engländern über, von welchen er gleich in Sold genommen und nach Chinglapet geschickt wurde. Es ist merkwürdig, daß es den siegenden Franzosen nicht an Truppen, noch an muthigen erfahrnen Befehlshabern, aber an Gelde fehlte, und daß es bey den bedrängten Engländern auf der Küste von Coromandel ganz der entgegengesezte Fall war, die Geld genug, aber wenig Soldaten hatten. Das Geld gab hier zulezt, wie gewöhnlich, den Ausschlag.

Dem bringenden Geldmangel der Franzosen wurde jedoch für jezt in etwas durch die Ankunft eines Schiffes von der Insel Mauritius abgeholfen, das Geld für die Truppen mitbrachte; hiezu kamen 100,000 Rupien, die Moracin in Tripetti erbeutet hatte. Dieses sezte Sally in Stand wieder zu agiren. Die Engländer sahen kaum die Bewegung der Feinde, als sie auch mit allem, was sie von Truppen nur zusammenbringen konnten, ins Feld rückten, um Chinglapet zu decken; ihre Macht bestand aus 1200 Europäern und 1800 Sepoys. Durch diese Maaßregeln wurde Madras so wie zuvor täglich von den umliegenden Gegenden mit Lebensmitteln und allen andern Nothwendigkeiten reichlich versorgt, daher ihre Magazine nicht angegriffen werden durften. Da sie die größte Ursache hatten, die Belagerung ihrer Hauptstadt zu vermuthen, so schlossen sie mit einem Agenten des Morari-row einen Contract wegen 2000 Maratten, von denen 500 in fünfundzwanzig, und die übrigen in fünfundvierzig Tagen ankommen sollten. Ihre Absicht war, durch den Beystand dieser thätigen Krieger wenigstens die Franzosen zu beunruhigen, und ihre 1758. Convoys unsicher zu machen; auch Issoof mußte mit 2000 Sepoys von der Besatzung zu Tritchinapoly ins Feld rücken, und der König von Tanjore wurde gebeten, hiezu 1000 Reiter stoßen zu lassen; desgleichen wurde der Polygar Tondiman und andre Waldfürsten um ihre besten Truppen ersucht. Niemand aber kam. Der Ueberläufer Murzafabeg wollte diesen Umstand nutzen, und verlangte eine Vermehrung seines Soldes; da man aber dies Begehren abschlug, so ward er trotzig, und ging mit 70 Reitern in der Nacht davon, und trat wieder in französische Dienste.

Die Franzosen waren jedoch noch nicht so weit, die Belagerung von Madras zu unternehmen, als die Engländer glaubten. Alle Zugochsen, die man in Pondichery hatte zusammen treiben können, waren nicht hinreichend, nur die Hälfte von der schweren Artillerie fortzubringen, die doch bey dieser Operation unentbehrlich war. Lally hatte auf ein holländisches Schiff viel schweres Geschütz laden lassen, um es nach der Küste von Madras zu bringen; allein man hörte nichts weiter von diesem Schiffe, ob es gleich schon einen Monat zuvor abgesegelt war. Es wurden daher zwey Fregatten mit Artillerie und Munition zu diesem Dienst beladen, allein die Einschiffung derselben dauerte mehrere Wochen; endlich trat die Regenzeit ein, wodurch der Erdboden viele Tage lang ungangbar wurde.

Während daß nun beide Nationen im Carnatic die größten Zurüstungen machten, war jede derselben

1758. sehr begierig zu vernehmen, was das von Bengalen aus nach den nordischen Provinzen abgeschickte englische Corps ausgerichtet hatte. Johnstone, ein Engländer von Ansehn, war von Calcutta aus an den Rajah Anunderauze abgeschickt worden, und mit ihm zu unterhandeln. Er kam den 12ten September in Vizagapatnam an, und nahm von diesem Orte im Namen der Compagnie sogleich Besitz. Der Rajah selbst hatte sich 20 englische Meilen davon mit seinen Truppen gelagert. Sein Brief an Johnstone drückte seine Freude über die Annäherung der Engländer aus, allein er zeigte dabei an, daß sie kein Geld zu ihren Operationen von ihm erwarten müßten. Stürmische Witterung verzögerte die Ankunft der Schiffe und der Truppen bis zum 10ten October. Nach geschehener Vereinigung mit dem Rajah marschirte man auf Rajahmundrum zu, wo der französische Oberbefehlshaber, Conflans, der an Bussy's Stelle gekommen war, alle seine Truppen zusammen gezogen hatte, um den Rajah anzugreifen; da er aber hörte, daß die Engländer sich mit ihm vereinigt hatten, so machte er Halt und bezog ein festes Lager.

Sobald man in Madras von der Besitznehmung von Vizagapatnam Nachricht erhielt, wurde der Oberfaktor Andrews mit andern Compagniebedienten dahin abgeschickt, um die Faktorey wieder herzustellen, die immer vorher den Engländern gehört hatte. Die vereinigte Armee war in dieser Zeit nicht weiter als 50 englische Meilen vorgerückt. Andrews reiste sogleich ins Lager, um die Ursache dieser Verzögerung zu erfahren; es war keine andere als die große Abnei-

gung des Rajah, Geld herzugeben, das der Oberste 1758.
Forde verlangte. Andrews, der den Rajah persönlich
kannte, vermochte ihn zum Nachgeben, und es wurde
ein Tractat geschlossen, des Inhalts: „daß alle Beute
„in gleiche Theile getheilt, und alle Länder, die man
„erobern würde, dem Rajah übergeben werden sollten,
„um die Einkünfte daraus zu ziehen; dagegen sollten
„die Seehäfen und Städte an den Mündungen der
„Flüsse mit den Einkünften der dazu gehörigen Di-
„stricte der Compagnie anheim fallen, und kein Trac-
„tat, in Rücksicht auf Abtretung oder Umtauschung
„der Besitzthümer, ohne beiderseitige Genehmigung
„gemacht werden; der Rajah versprach dabey monat-
„lich 50,000 Rupien zum Unterhalt der englischen
„Truppen, und 6000 für die Privatausgaben der
„Offiziers herzugeben."

Nun rückte die Armee mit Ernst vorwärts, und
kam den 3ten December ins Angesicht des Feindes,
der sich in einem festen Lager bey dem Fort Peddipore
verschanzt hatte. Die Franzosen hatten 500 Europäer, 6000 Sepoys und viele indische Truppen, unter denen 500 Reiter waren; dabey hatten sie sehr
viel Geschütz. Die Engländer, welche ihre Kranken
in Vizagapatnam zurück gelassen hatten, waren jetzt
470 Europäer und 1900 Sepoys stark; hiezu kamen
500 Reiter des Rajah und 5000 Fußsoldaten, die
theils mit sehr schlechtem Feuergewehr, theils mit Pi-
cken und Pfeilbogen bewaffnet waren; er hatte auch
40 Europäer im Sold, um vier Feldstücke zu bedienen, seine andern Kanonen aber waren unbrauchbar.
Die Engländer bezogen ebenfalls ein festes Lager vier

1758. Meilen vom Feinde. Man hielt beide für zu stark befestigt, um angegriffen zu werden. Forde, der ein Treffen wünschte, glaubte den Feind aus seinem Posten zu ziehn, wenn er ihn turnirte; er sezte sich daher den 9ten früh Morgens in Bewegung, die trägen Truppen des Rajah aber blieben noch zurück. Conflans, der von diesem Marsche nichts wußte, hatte in eben dieser Nacht das Lager des Rajah recognosciren lassen, und einen Hügel gefunden, der es commandirte; kaum war es daher Tag, als er es beschießen ließ. Diese Kanonade verursachte, daß die schon entfernten Engländer wieder umkehrten, um ihren Bundsgenossen zu Hülfe zu kommen, die jezt in der größten Verwirrung ihr Lager verließen, sich mit Forde vereinigten, und ihren Marsch fortsezten.

Conflans schrieb die Bewegung der Feinde der Furcht zu, die sich auf das Bewußtseyn ihrer Schwäche gründete; er verfolgte sie daher, und erreichte sie bey dem Dorfe Condore, wo er seine Schlachtordnung formirte. Das europäische Bataillon war im Mittelpunkt seiner Linie mit dreyzehn Feldstücken, 500 Reiter schlossen sich hart an der linken Flanke des Bataillons an, 3000 Sepoys aber standen auf dem rechten, und eben soviel auf dem linken Flügel mit den schweren Kanonen, in allem zwölf an der Zahl. Die englische Armee hatte ebenfalls die Europäer im Mittelpunkt mit sechs Feldstücken, und die 1900 Sepoys waren auf den Flügeln vertheilt. Forde hatte gar kein Vertrauen auf des Rajah Truppen, und befahl ihnen daher, sich nach Wohlgefallen auf den Flanken zu formiren. Dies elende Kriegsvolk aber blieb zurück;

nur allein die im Sold des Rajah stehenden Kanoniers 1758. rückten mit ihren vier Feldstücken vor. Es ereignete sich zufällig, daß dem Orte, wo man Halt machte, gegenüber ein indisches Kornfeld war, wo die Aehren so hoch standen, daß das englische Bataillon ganz dem Feinde aus dem Gesichte kam, dagegen die Sepoys auf den Flügeln sich frey in der Ebene befanden.

Die Franzosen hatten eine weit größere Linie, und rückten daher mit dem Vorsatz an, den Feind zu überflügeln; anstatt aber daß ihre Europäer auf den Ort hätten zumarschiren sollen, wo der Standplatz der Engländer zu vermuthen war, wandten sie sich rechts und gingen auf den linken Flügel der englischen Sepoys zu. Forde hatte diesen befohlen, aus einer Ursache die man nicht weiß, ihre Fahnen während dem Treffen auf die Erde zu legen; jede Compagnie hat deren gewöhnlich verschiedene kleine, das ganze Corps aber hat eine Hauptfahne. Dieser Umstand der niedergelegten Fahnen und die rothen Kamisöler verleiteten die Franzosen, die Sepoys für die Engländer anzusehen; sie machten daher Halt, ordneten ihre Reihen und fingen Truppweise schon in großer Entfernung zu feuern an. Dieses war hinreichend den Sepoys Schrecken einzujagen, die, als sie sich in der Fronte von Europäern angegriffen sahen, und in kurzem von den französischen Sepoys einen Angriff im Rücken erwarten mußten, ganz den Muth verloren und in Unordnung davon liefen; sie wurden aber von der feindlichen Reiterey verfolgt. Die Franzosen hatten einen so leichten Sieg nicht geträumt, und schon wollten auch sie sich trennen und die vermeynten Engländer ver-

1758. folgen, als auf einmal hinter dem Kornfelde eine Linie Soldaten wie aus der Erde hervorkam, um den Grund zu besetzen, den die Sepoys verlassen hatten.

Diese wohl überdachte Bewegung wurde mit so viel Ordnung als Geschwindigkeit gemacht; die Feldstücke aber waren zurück geblieben. Die Franzosen erschracken über diese ganz unvermuthete Erscheinung, und bemühten sich wieder in Ordnung zu kommen; allein die Engländer ließen ihnen hiezu keine Zeit, und fingen mit ganzen Divisionen zu feuern an. Die Verwirrung der Feinde nahm zu, und sie zogen sich übereilt zurück, um ihre Kanonen zu erreichen, die weit hinter der Linie standen. Die Hitze der Engländer, den fliehenden Feind zu verfolgen, war so groß, daß Forde es am rathsamsten fand ihnen nachzugeben, ob er gleich nicht wußte, was seine Sepoys auf dem rechten Flügel machten; er schloß jedoch, daß dort die feindlichen Sepoys nicht lange aushalten dürften, sobald sie von der Flucht ihrer Europäer hören würden. Die Franzosen sezten sich jedoch bey ihren Kanonen, und machten ein lebhaftes Feuer. Es dauerte aber nicht lange, denn die Engländer stürzten auf die Kanonen los, und in wenig Minuten waren sie alle in ihren Händen, und die Feinde vertrieben. War es gleich kein vollkommener Sieg, so war man doch gegen widrige Zufälle vor der Hand durch den Besitz aller Feldstücke der Franzosen gesichert; ihr Lager aber, wohin sie flohen, war noch übrig angegriffen zu werden. Forde machte Halt, um seine Sepoys zu erwarten, und auch des Rajahs Truppen an sich zu ziehn, im Fall sie Lust dazu haben sollten.

Zehntes Buch. 13

Die französischen Sepoys und Reiter auf dem 1758. rechten Flügel geriethen in ein panisches Schrecken, da sie ihre Europäer so schleunig in die Flucht geschlagen sahen; sie dachten nun auf nichts als ihre eigne Rettung, und hielten sich nicht eher sicher, bis sie das französische Lager erreicht hatten. Die Sepoys auf dem linken Flügel aber hielten sich besser; sie behaupteten ihren Posten hinter den Dämmen der Reißfelder, bis sie sich ganz von den Ihrigen verlassen sahen, und alsdann einen geschickten Rückzug machten. Man mußte sie ruhig fortziehen lassen, weil des Rajahs Reiterey durchaus nicht dahin gebracht werden konnte, vorzurücken, da sie mit ihrem elenden Fußvolk während dem ganzen Treffen in einem ausgetrockneten Teiche gelegen hatte.

Forde ließ diese nichtswürdigen Truppen zurück, und nachdem er seine Sepoys beysammen hatte, marschirte er auf das französische Lager los. Dieses wurde bey seiner Annäherung von dem Feinde und zwar in der größten Verwirrung verlassen. Die Engländer verfolgten ihn und machten viele zu Gefangenen. Conflans hatte vor allen Dingen für die Rettung der Kriegskasse gesorgt, sie auf zwey Kamele geladen, und mit vier Feldstücken vorausgeschickt. Im Lager fand man 30 Kanonen und 50 Munitionswagen, sieben Mörser nebst vielen Bomben, 1000 Stück Zugochsen und alle Zelter der Franzosen. Die Feinde hatten 6 Offiziers und 70 Gemeine auf dem Platze todt oder tödtlich verwundet gelassen; die Anzahl der leicht Verwundeten, welche entkamen, war noch größer. Die Engländer zählten 16 Todte, worunter der Ca-

1758. pitain Abner, ein vortreflicher Offizier, war, und 23 Verwundete. Der Verlust der Sepoys war 100 Todte und noch mehr Verwundete. Kein Sieg konnte entscheidender seyn, den die Engländer wider den grossen Bussy, der so unzeitig weggerufen wurde, wohl nicht erfochten haben dürften. Der französische Befehlshaber, Conflans, eilte im vollen Galopp mit abwechselnden Pferden, um Rajahmundrum zu erreichen, wohin die Truppen auch auf verschiedenen Wegen zu marschiren beordert waren.

Die Reiterey des Anunberauze wollte nun, da alle Gefahr vorbey war, ihre Thätigkeit zeigen, um wenigstens den fliehenden Feind zu beobachten. Ihre Berichte bestimmten die fernern Maaßregeln des englischen Befehlshabers. Er schickte daher den Capitain Knor mit 1500 Sepoys nach Rajahmundrum ab.

Diese Hauptstadt der Provinz gleichen Namens liegt an dem Ufer des Godaveri, 40 englische Meilen von der See. In der Mitte der Stadt nahe am Flusse steht ein großes Fort mit Mauern von Leim umgeben. Die Franzosen, die fast alle ihre Kanonen verloren und auf die im Fort wenig Vertrauen hatten, zeigten keinen Muth sich zu vertheidigen; hiezu kam die Nachricht, als ob die ganze englische Armee nebst den Truppen des Rajah im Anzuge wäre. In dieser Ueberzeugung gingen sie um Mitternacht über den Fluß, allein alle Bagage und die Zugochsen, die aus dem Treffen entkommen und noch nicht übergesetzt waren, fielen den Siegern in die Hände. Das Feuer, das diese auf die Franzosen am gegenseitigen Ufer machten, vermochte die Feinde ihre noch übrigen Feld- 1758. stücke auch im Stich zu lassen. Im Fort fand man überdem eine große Menge Munition und Kriegsbedürfnisse. Forde traf selbst den folgenden Tag in Rajahmundrum mit den übrigen Truppen ein; allein der Rajah blieb zurück, um ein paar Todten, die zufällig beym Verfolgen ihr Leben verloren hatten, mit vielen Ceremonien begraben zu lassen.

Der Verzug eines jeden Tages, wodurch Lally's Aufbruch nach Madras ausgesezt wurde, war ein Gewinn für die Engländer. Der in Tritchinapoly commandirende Capitain Smith hatte von seiner Besatzung 2000 Sepoys unter Anführung des Issoof abgeschickt, die den 21sten November über den Coleroon gegangen waren, ohne erst die Truppen der Bundsgenossen zu erwarten. Tondiman hatte deren versprochen, und machte auch Miene sie wirklich zu versammeln; der Morawar aber war noch unentschlossen, und der König von Tanjore hatte eine sehr zweydeutige Antwort gegeben. Um ihn zu gewinnen, wurde der Capitain Calliaud an ihn abgesandt, in den der König ein großes Vertrauen sezte. Dieser Offizier schiffte sich den 30sten in ein indisches Fahrzeug ein, in der Absicht bey Trankebar zu landen.

Die französische Armee war mittlerweile aufgebrochen. Lally recognoscirte Chinglapet, und beschloß gegen alle Kriegsregeln, es im Rücken zu lassen. Der englische Befehlshaber, Lawrence, um nicht abgeschnitten zu werden, nahm sein Lager in einer Ebene 2000 Schritte von Madras; der Fluß Triplicane, und noch ein anderer, sonderten das Lager von der

1758. Stadt ab. Das zwischen beiden liegende Erdreich, das ungefähr 3000 Schritte im Umfange hat, wird die Insel genannt, die durch zwey Brücken mit dem festen Lande zusammen hängt. Diese beiden Brücken formiren den einzigen bequemen Zugang zum Fort St. George, oder der weißen Stadt, außer einem andern an der Seeseite, der jedoch nur zu gewissen Zeiten zu passiren ist.

Man war sehr besorgt, die englische Armee keiner Gefahr auszusetzen, weil eine Niederlage im Felde den Verlust von Madras gewiß nach sich gezogen haben würde, da die Feinde außer ihrer stärkern Macht auch 300 wohl berittene und wohl exercirte europäische Reiter hatten; die größte Anzahl, welche noch je in Indien zusammen gesehen worden war. Die Hauptabsicht war Zeit zu gewinnen, denn jeder Tag war kostbar, und man war besorgt, den Truppen, welche die Belagerung aushalten sollten, nicht den Muth zu benehmen; welches leicht geschehen konnte, wenn man sie in Eil hinter die Mauern führte, bevor ihr eigner Verstand sie von der Nothwendigkeit dieses Rückzugs überzeugte. Um ihn desto sicherer ausführen zu können, sobald es erfoderlich seyn würde, erwählte Lawrence diesen Posten, der dazu sehr vortheilhaft war. Er konnte aber hier nur zwey Tage bleiben, denn die Franzosen rückten an, und versuchten einen Angriff, worauf er sich mit allen Truppen ins Fort zog.

Gleich nach seiner Ankunft wurden die Mitglieder der Regierung versammelt, welche durch einen einmüthigen Schluß die Vertheidigung des Forts dem Gouverneur Pigot übertrugen, jedoch mit Bitte, den

Ober-

Obersten Lawrence bey allen Gelegenheiten zu Rathe 1758. zu ziehen, und bey außerordentlichen Vorfällen die vornehmsten Offiziers der Besatzung zu versammeln. Die Franzosen schlugen indessen ihr Lager an dem nämlichen Orte auf, den die Engländer verlassen hatten. Lally schickte den Oberstlieutenant Murphy mit 300 Europäern ab, um Pondamalee zu erobern. Dieses Fort war mit 500 Sepoys besezt, die von dem Fähndrich Crowley commandirt wurden. Murphy foderte ihn mit Drohungen auf, die aber nichts fruchteten. Man fing nun an von beiden Seiten zu feuern, und die Franzosen hatten, noch ehe es Abend wurde, 10 Todte und Verwundete. Auf die Sepoys hatte jedoch die Drohung, kein Quartier zu erwarten, Eindruck gemacht, und sie zeigten sich daher muthlos. Crowley blieb nun nichts übrig als das Fort zu verlassen. Dieses that er um Mitternacht in der größten Stille, ohne daß die Feinde den Abzug gewahr wurden. Da er das Land gut kannte, sezte er seinen Marsch auf Abwegen fort, und langte den andern Tag glücklich in der schwarzen Stadt von Madras an.

Nunmehr waren alle englische Truppen von den Außenposten beysammen, und man konnte Musterung halten. Die Anzahl der Europäer war 1605; hiezu kamen 64 Topassen und 89 Kaffern, die man in den englischen Compagnien incorporirt hatte, und 2220 Sepoys. Es befanden sich auch 200 von des Nabobs Reitern im Fort, allein, wie man aus der Erfahrung wußte, konnte man sich nicht auf sie verlassen. Der bürgerlichen europäischen Einwohner waren 150

Dritter Band. B

1758. an der Zahl, die ohne Unterschied des Ranges bestimmt wurden, der Besatzung Lebensmittel und andere Bedürfnisse zuzubringen. Die indischen Bootsleute, welche allein durch die Brandungen der See mit ihren kleinen Fahrzeugen segeln können, waren durch Geld gewonnen worden, sich nicht von den Franzosen brauchen zu lassen. Man hatte ihnen einen Ort am Seeufer dicht unter den Mauern des Forts angewiesen, wo man vermuthete, daß kein Schuß hinkommen würde. Hier wurden ihre Hütten aufgeschlagen und ihre Fahrzeuge hingebracht. Der Nabob war mit seiner Familie und seinem Gefolge auch im Fort angekommen, und mußte ganz der gewohnten Bequemlichkeit entsagen.

Die französischen Truppen näherten sich den Mauern unter dem Schutze der außenstehenden Gebäude, die sie gegen alle Schüsse von den Wällen sicherten. Eine große Menge der indischen Stadtbewohner, die bis auf den lezten Augenblick in ihren Häusern geblieben waren, stürzten nun haufenweise aufs Glacis los, und flehten um ins Fort gelassen zu werden. Man schlug es ihnen aber ab, und rieth ihnen in der Nacht zu entfliehn. Es kamen auch einige Deserteurs an, welche meldeten, daß die französischen Truppen alle beschäftigt wären, die Häuser auszuplündern, und daß sie einige mit Arrak gefüllten Waarenläger angetroffen und sich größtentheils betrunken hätten. Man konnte diese Unordnung und die taumelnden Soldaten auch von den Wällen wahrnehmen, worauf ein starker Ausfall beschlossen wurde,

bevor sie Zeit bekommen könnten, sich wieder zu er- 1758
holen.

Der Oberstlieutenant Draper wurde mit 500 Mann der besten Truppen und zwey Kanonen zu dieser Expedition bestimmt, dem der Major Brereton mit 100 Mann folgen sollte. Die Nachläßigkeit und Sicherheit der Franzosen war so groß, daß sie nicht die Annäherung der Engländer gewahr wurden, als diese um eilf Uhr in der Nacht ausrückten. Diese Sicherheit dauerte fort, bis ein englischer Tambour, die mehrentheils schwarze Jungen sind, aus Unbesonnenheit zu trommeln anfing. Alle Tambours thaten nun ein gleiches, und der Lärm breitete sich aus; die nächsten Posten der Franzosen griffen zu den Waffen, wurden aber von den Engländern übern Haufen geworfen. Mittlerweile aber rückten die entfernten französischen Truppen an, und das Gefecht wurde hitzig. Die Feinde mehrten sich alle Augenblicke, und die Engländer fingen an den Muth zu verlieren. Die Dunkelheit der Nacht, und der sehr ungleiche Boden zwischen den Häusern, vermehrte die Verwirrung, und schwächte die Hoffnung der kleinern Anzahl. Viele von den Engländern suchten hinter den Gebäuden Schutz. Da nun Draper jeden Gedanken eines glücklichen Erfolgs aufgab, und besorgen mußte abgeschnitten zu werden, so befahl er den Rückzug. Man fand aber nicht einen einzigen Tambour, die Retraite zu schlagen. Eine Anzahl englische Grenadiers hatten hinter einem Zaun Posto gefaßt, und vertheidigten sich tapfer; allein weder diese, noch die andern Soldaten, die aus den Häusern feuerten,

1758. konnten etwas von dem befohlnen Rückzug vernehmen. Sie wurden umringt, und da man ihnen Quartier anbot, keine Hülfe aber zu hoffen war, so ergaben sie sich; es waren deren achtzig, der Kern der Besatzung; auch fielen die zwey mitgenommenen Kanonen den Feinden in die Hände. Die größte Mühe hatte Bussy gehabt, der Lally's Regiment anführte, in welchem fast alle Soldaten viehisch besoffen waren. Die Engländer hatten 9 todte und verwundete Offiziers, von denen 5 gefangen wurden, nebst 105 Gemeinen; 50 waren auf dem Platze geblieben, und eben soviel Verwundete kamen zurück ins Fort, so daß die Besatzung durch diesen unglücklichen Ausfall mehr als zweyhundert Mann verlor. Die Franzosen gestanden 15 Offiziers und ungefähr 200 Gemeine an Todten und Verwundeten zu haben; unter den erstern war Saubinet: sie hatten nur vier Gefangene verloren, einer derselben war der Graf von Estaing. Er hatte sich in der Dunkelheit verirrt, und war unter die englischen Truppen gerathen, wo man sich seiner sogleich bemächtigte und ihn ohne Verzug ins Fort sandte. Lally war mit seinem Regimente äußerst unzufrieden, das sich so schlecht gehalten hatte, und schob alle Schuld auf Bussy; dabey bedauerte er außerordentlich den Verlust des Saubinet und des Estaing.

Den folgenden Tag fingen die Franzosen an mitten unter den Häusern ihre Batterien zu errichten; man bemühte sich von den Wällen diese Arbeit durch Haubitzgranaten und Kanonenkugeln so viel wie möglich zu unterbrechen; dennoch geschahen die Schüsse nur sparsam, und wenn man der Wirkung versichert 1758. war. Die schwere Artillerie, die zur Belagerung bestimmt war, befand sich noch auf der See, und der einzige Mörser, den man zu Lande herbeyschaffen konnte, wurde am Tage des Ausfalls von einem englischen Detaschement, zu Chinglapet gehörend, weggenommen, und die Escorte von 150 Sepoys geschlagen. Da der commandirende Offizier aber keine Zugochsen hatte, konnte er den Mörser nicht fortbringen; er ließ ihn daher liegen, nachdem er zuvor unbrauchbar gemacht worden war.

Die Erfahrung hatte den Nabob schon in diesen ersten Belagerungstagen überzeugt, welchen Unbequemlichkeiten er und seine Familie in die Länge der Zeit ausgesezt seyn würde. Die Besatzung wünschte noch mehr ihn los zu werden, weil er mit seinem Gefolge, das aus 400 Menschen und 200 Pferden bestand, ihre Lebensmittel unnütz schwächte, und ihre Verlegenheit vergrößerte. Man konnte dies Gefolge nicht füglich wegschicken, so lange er in der Stadt blieb. Es wurde daher zu beiderseitiger Zufriedenheit beschlossen, daß er mit seiner Gemahlin, seinen Weibern, Kindern und Leibbedienten zur See abreisen sollte. Er bestieg ein kleines holländisches Schiff, das ihn nach Negapatnam führen sollte, von da er sicher nach Tritchinapoly gelangen konnte. Die Einschiffung geschah in der Nacht vom 20sten December; den folgenden Morgen rieth man allen übrigen seines Gefolges für ihre Sicherheit zu sorgen, da sie sich denn in der Nacht fast alle aus dem Staube machten.

1758. Die englischen Gefangenen, 100 an der Zahl, wurden unter einer Escorte von 190 Europäern, größtentheils Cavallerie, und 500 Sepoys nach Pondichery geschickt. Sie marschirten langsam, und machten Halt bey Cobelong. Der Commandant von Chinglapet, Capitain Preston, wünschte sehr die Gefangenen zu befreyen, und nahm daher von seiner Besatzung 80 Europäer und 400 Sepoys, mit denen er in der Nacht vom 20sten December nach Sadras marschirte; er kam aber zu spät, denn der Feind hatte schon den Fluß passirt.

Issoof, den das Regenwetter in Outatore aufgehalten, hatte diese Zeit genutzt, um 100 Reiter in Sold zu nehmen, zu denen der Kettibar Kistnarow mit 250 Mann stieß, und so vereinigt berennten sie Elavanasore, das mit 200 französischen Sepoys besetzt war. Diese Besatzung vertheidigte sich nur bis gegen Abend, da sie das Fort übergab; 50 Mann nahmen unter Issoof Dienste, die übrigen entwaffnete man und ließ sie laufen; vier Europäer aber, die sich auch im Fort befanden, worunter der Commandant Dumesnil war, wurden nach Tritchinapoly geschickt. Kistnarow entfernte sich den folgenden Tag, um mit den Seinigen auf Plünderung auszugehn; Issoof aber ging, um Tricolore, eine befestigte Pagode, in Besitz zu nehmen. Hier stießen 1500 Colleries und einige hundert andere Soldaten zu ihm, die der Polygar Tondiman abgeschickt hatte. Die Pagode wurde von 300 Sepoys bis in die Nacht muthig vertheidigt, da sie denn sich erboten, den Ort zu übergeben, wenn man ihnen erlaubte mit ihren

Zehntes Buch.

Waffen und Bagage abzuziehn. Issoof, der schon 1758. 70 Mann Todte und Verwundete hatte, gestattete ihnen dieses, und sodann folgte er den Fußtapfen des Kistnarow und verheerte das ganze Land, von dem die Franzosen die Einkünfte zogen, bis ans Seeufer. Diese Truppen kamen sogar ins Gesicht von Pondichery und verbreiteten so viel Schrecken, daß alle Einwohner aus den französischen Dörfern haufenweise davon flohen. Der große Wasserbehälter bey Valdoor, von dem die Cultur des Landes abhing, wurde durchschnitten, und das Wasser abgelassen. Man brauchte das Schwert wenig, allein überall das Feuer, das Vieh aber wurde nach Tricalore geschleppt. Lally, durch diese Verheerungen aufgebracht, ließ an Pigot sagen, daß er auf dem Gebiete von Madras Repressalien gebrauchen und Männer, Weiber und Kinder niedermachen lassen würde; er vollzog jedoch seine Drohung nicht. Da der König von Tanjore keine von seinen eignen Truppen hergeben wollte, so bewirkte der thätige Issoof wenigstens von ihm die Erlaubniß, 500 Reiter im Lande anwerben zu können, die er auch bald zusammen brachte, und sodann nordwärts marschirte, seine Verheerungen noch eine Zeitlang fortsezte, und endlich in Chinglapet zum Capitain Preston stieß.

Ein Theil des von den Franzosen längst erwarteten schweren Geschützes kam endlich in dem Schiffe Harlem an, das unterweges ein englisches kleines Fahrzeug weggenommen hatte; es war mit 1000 Säcken Reiß beladen, an dem man im französischen Lager großen Mangel litt. Hiedurch erfuhr man die

1758. Niederlage des Conflans bey Pedipore. Die angekommene Artillerie war jedoch nicht für alle Batterien hinreichend, auch war man nicht überflüßig mit Pulver versehn, das von Pondichery zu Lande herbeygeschafft wurde, und zwar sehr langsam, da es an Zugochsen fehlte.

Iſſoof schickte nach seiner Ankunft in Chinglapet seine Cavallerie, die bis 1000 Mann angewachsen war, um die Districte bey Conjeveram zu verheeren, von denen die Franzosen Einkünfte, und ihre Truppen bey Madras Proviant erhielten; den 27ſten December folgte er ihnen selbſt mit seiner Infanterie nach, um einen Versuch zu machen, die Stadt St. Thomas zu überrumpeln. Preſton, der dieses für eine gewagte Unternehmung hielt, beschloß ihn mit 80 Europäern und 600 Sepoys von seiner Besatzung zu begleiten. Sie langten den 29ſten in der Nacht auf dem Berge vor der Stadt an, wo sie sich mit der Cavallerie vereinigten. Lally, der von diesem Marsche Nachricht bekommen hatte, schickte Soupire mit 500 Europäern, 600 Sepoys und 800 schwarzen Reitern ab, um die Engländer zu überfallen. Sie näherten sich dem Berge mit Anbruch des Tages, da man von ihrer Annäherung nicht das geringſte wußte; die Thätigkeit aber des Preſton und des Iſſoof verhinderte die Folgen dieser unvermutheten Erscheinung, und sezte die Truppen in den Stand, dem Feinde entgegen zu rücken. Man kanonirte sich einige Stunden lang, bis Preſton seinen Vortheil ersah, sich zweyer feindlicher Kanonen zu bemächtigen, worauf die Franzosen sich zurückzogen, und zwar in guter Ordnung, denn

Zehntes Buch.

Iſſoofs Reiter waren ſo verzagt, daß ſie ſich nicht 1758. unterſtanden, dem fliehenden Feinde zu nahe zu kommen. Von den Franzoſen waren, außer den Sepoys, 15 Europäer todt auf dem Plaße geblieben, die Verwundeten aber nahmen ſie mit. Die Engländer hatten nur einen Europäer und einige Sepoys verloren.

Die Engländer im Fort St. George beſchloſſen, den lezten Tag des Jahres durch einen ſtarken Ausfall zu bezeichnen, der auch glückte; ſie verjagten alle ſüdlichen Poſten, und trieben die Feinde bis ins Dorf Triplicane. Bey dieſer Gelegenheit fingen ſie einen Courier auf, der mit Briefen beladen ins franzöſiſche Lager abgeſchickt war. Dieſe Briefe gaben Nachricht, daß ein Schiff von der Inſel Mauritius mit ſiebenzig Kiſten Silber in Pondichery angekommen ſey.

Die Franzoſen, nachdem ſie das Fort St. George 1759. unter la Bourdonnais eingenommen, hatten die Feſtungswerke deſſelben verbeſſert, dennoch war es gar nicht in Stand geſezt, dem regelmäßigen Angriff eines europäiſchen Feindes lange Widerſtand zu thun; auch hatten ſie das Innere des Forts, das nur funfzehn Morgen Grund enthielt, nicht erweitert. Die Engländer ließen es ſo, als die Franzoſen es ihnen 1751 wieder übergaben, bis zum Anfange des Jahres 1756, da die Nachricht von dem ausgebrochenen Kriege ſie von der Nothwendigkeit überzeugte, das Fort in den beſtmöglichſten Stand zu ſetzen. Alle Coolies, Arbeitsleute und Waſſergräber, die das Land nur verſchaffen könnte, wurden jezt bey den Feſtungs-

1759. werken in Bewegung gesezt. Es arbeiteten daran täglich an 4000 Menschen, Männer, Weiber und Kinder. Man legte neue Bastionen und Raveline an, füllte einen Theil des Flußbettes mit Erde, grub tiefe Graben und pallisadirte sie.

Lally wollte mit dem Neujahrstage die Beschiessung des Forts anfangen, allein die späte Rückkehr der Truppen unter Soupire verursachte, daß er es bis zum folgenden Tage verschieben mußte, da denn der Angriff mit Bomben und Kugeln sehr lebhaft geschah. Das gewaltige Feuer aus dem Fort aber ruinirte in Zeit von einer Stunde die Hauptbatterie der Kanonen, allein den Mörserbatterien konnte man keinen Schaden thun. Achtzig Bomben fielen an diesem Tage in den innern Theil des Forts, und zertrümmerten viele Gebäude, ohne daß jedoch ein einziger Mensch dabey umkam oder verwundet wurde. Mit anbrechender Nacht schiffte man die vornehmsten europäischen Frauenspersonen nebst den Kindern auf drey indischen Schiffen ein, um sie nach Sadras in der holländischen Faktorey in Sicherheit zu bringen. Sie waren kaum zwey Stunden weg, als die Nachricht kam, daß die Franzosen das Fort von Sadras überrumpelt, die Stadt in Besitz genommen, und die Besatzung nebst allen holländischen Einwohnern zu Gefangenen gemacht hätten; es war jedoch nun zu spät, die abgeschickten Schiffe wieder zurück zu rufen. Am folgenden Morgen kam ein Brief von Preston, der von einem vorgefallenen Treffen Meldung that.

Die Stadt St. Thomas war für die französische Armee ein Posten von großer Wichtigkeit. Der Rest eines alten Grabens, ein böser Boden rund um die 1759. Stadt, der Fluß und eine Redoute, sicherten den Ort gegen Ueberfälle. Die Böte wurden daher hier aufbehalten, wie auch Interims-Magazine angelegt, von allem was die Convoys zu Lande brachten, desgleichen war hier das Feldlazareth. Die Vereinigung von Issoofs und Prestons Truppen erregte wegen diesem Orte nicht geringe Besorgniß, daher sich Soupire mit seinen geschlagenen Franzosen hinein warf, bis Sally weitere Verfügung treffen würde. Preston erhielt mittlerweile Nachricht, daß der Parteygänger Lambert sich mit einer großen Convoy unter einer starken Escorte näherte; um diese aufzufangen, ging er ihm entgegen, und Issoof folgte ihm. Man war übereingekommen, um alle Eifersucht und Verwirrung zu vermeiden, daß sich die beiden Corps abgesondert lagern sollten. Issoof hatte 4000 Mann bey sich, und Preston war 680 Mann stark. Sally verstärkte die Besatzung vom Fort St Thomas indessen, so daß sie sich jetzt 650 Mann stark befanden, die alle Europäer waren. Diese nahm Soupire, um in der Nacht Issoofs Lager zu überfallen; er erreichte es auch, ohne daß man die Annäherung merkte. Das Schrecken und die Verwirrung war so groß, daß Issoof selbst Mühe hatte sich zu retten, und seine Truppen allenthalben davon liefen. Die Flüchtigen kamen in Prestons Lager, das sich in der Nähe befand. Dieser wackre Befehlshaber besann sich nicht lange, sondern rückte mit seinen Truppen gleich aus; er urtheilte sehr richtig, daß die Feinde durch den Angriff und die Dunkelheit der Nacht, in einem unebenen

1759 Lager, in große Unordnung gekommen seyn müßten, und griff sie also unvermuthet in der Flanke an. Die Franzosen, die an keine Feinde mehr dachten, waren mit Plündern beschäftigt, und konnten durch alle Bemühungen ihrer Offiziers nicht in Ordnung gebracht werden. Preston ließ indessen durch ein starkes Kartätschenfeuer das Lager reinigen. Dieser muthige Anfall brachte viele von Issoofs entflohenen Sepoys wieder zurück, die zu den Engländern stießen. Dennoch versuchten einige Haufen der Feinde sich zu setzen, allein ihr Widerstand war zu ohnmächtig, sie zogen endlich ab, und ließen die in Issoofs Lager erbeuteten Feldstücke zurück. Von ihren Europäern waren 36 todt auf dem Platze geblieben, ohne eine Menge Verwundeter. Die Engländer hatten nur zwey Todte und sechs Verwundete, von den Sepoys aber waren der erstern 60 und der lezteren 121. Da man am folgenden Tage die Musterung hielt, fand man nur 700 von Issoofs Sepoys von 3500; alle übrigen waren nebst den Reitern und den Colleries davon geflohen, aus Furcht, daß die Engländer eben sowohl wie sie zurückgeschlagen werden würden; sie hielten sich nicht eher sicher, als bis sie sich unter den Kanonen von Chinglapet befanden. Ihrem Beyspiele folgten die Marketender und die Proviantknechte mit ihren Zugochsen und Lebensmitteln, so daß nicht zu einer einzigen Mahlzeit Proviant im Lager übrig geblieben war. Dieser Mangel nöthigte die Truppen nach Wendalore zu marschiren, um dort von Chinglapet aus versorgt zu werden.

Zehntes Buch.

Die Belagerung des Forts St. George wurde 1759. indessen lebhaft fortgesezt, und täglich passirten Fahrzeuge zwischen St. Thomas und der schwarzen Stadt von Madras, welche die Franzosen völlig im Besitz hatten. Die drey Fahrzeuge, welche mit den englischen Frauenspersonen nach Sadras gekommen waren, wurden weggenommen, von den dortigen Franzosen mit 50 Pulverfässern und andern Kriegsbedürfnissen beladen, und mit den nämlichen Bootsleuten zu ihren Truppen nach der schwarzen Stadt geschickt. Es befand sich auf jedem Fahrzeuge nicht mehr als ein einziger französischer Soldat, die sämtlich schliefen, als man sich in der Nacht dem Fort näherte. Die Bootsleute nußten diesen Umstand, nahmen unter einander Abrede in ihrer Sprache, in der Gewißheit nicht verstanden zu werden, wenn man es auch hören sollte; und nun gossen sie erst Wasser in die Musketen, sodann fielen sie über die Soldaten her, banden sie, und landeten die Böte am Seethor. Dieses ungewöhnliche Beyspiel von Treue und Entschlossenheit von Menschen, die zu einer ehrlosen Caste gehören, wurde von den Engländern großmüthig belohnt; sie bezahlten ihnen sogleich den völligen Werth der ganzen Ladung.

Es geschahen von Zeit zu Zeit Ausfälle, und ein Pulvervorrath mit gefüllten Bomben flog in die Luft, dennoch fuhr man mit dem Feuer aus den Batterien ununterbrochen fort. Die Besaßung selbst bewunderte die Thätigkeit der Feinde, und schrieb Briefe über Briefe an Preston und Issoof, um sie herbey zu ziehn, und alle übrigen Entwürfe fahren zu lassen.

1759. Diese Befehlshaber aber waren nicht mehr Meister ihrer Handlungen. Sie hatten in Vendalore etwas Proviant gefunden. Prestons Division war noch ganz vollständig, allein von Issoofs Truppen waren nur noch einige hundert übrig; denn selbst nach dem Treffen hatten ihn sehr viele verlassen, und waren zu den andern nach Chinglapet geflohen. Hier hatte sich alles gelagert; außer den Sepoys waren die von Tondiman geschickten Hülfstruppen hier, 1500 Colleries und 500 Reiter, desgleicheen 600 andre Reiter, die Issoof angeworben hatte. Alle diese Truppen schlugen es ab, nach Vendalore zu marschiren. Ihre Widerspenstigkeit war in der gegenwärtigen Lage ein wahres Unglück, daher entschlossen sich die beiden Befehlshaber, nach einigen fruchtlosen Botschaften, selbst zurück nach Chinglapet zu marschiren. Es geschahen nun nachdrückliche Vorstellungen. Die Cavallerie klagte über den Verlust ihrer Bagage, ob er gleich ihrer eignen Feigherzigkeit zuzuschreiben war, und gaben deutlich zu verstehn, daß sie nicht deswegen in englische Dienste getreten wären, um ihre Pferde wider Europäer zu wagen, sondern um auf ihre gewöhnliche Art Krieg zu führen. Preston verstand diesen Wink, der sich aufs Plündern bezog, und um ihren Wunsch zu erfüllen, willigte er ein, mit ihnen in die Districte von Conjeveram zu marschiren, wo sie einige Tage lang alles ausplünderten und verheerten; kein Winkel, selbst die, wo man die Pferde tief in die Erde eingegraben hatte, blieben von den Colleries unausgespäht. Durch diese Beute glaubte sie Preston gewonnen zu haben, und nahm nun seinen Zug nach

Madras; auf den ersten Halt aber, den er machte, 1759. verließen ihn alle Truppen, sowohl Colleries als Reiterey, und gingen über den Paliar. Er sahe nun ihre Nußlosigkeit völlig ein, und beschloß, mit ihnen nichts weiter zu thun zu haben, wenn sie auch von selbst wiederkommen sollten. Da aber der gänzliche Mangel an Cavallerie, gegen einen Feind, der damit reichlich versehn war, es unmöglich machte, das französische Lager mit Nachdruck zu beunruhigen, so beschloß Preston nach Arcot zu marschiren, und sich dort mit einer bessern Cavallerie zu vereinigen, denn er hatte vernommen, daß sich daselbst mehrere Haufen befänden, die Dienste suchten. Der Gouverneur Pigot bekam den 16ten Januar von diesem Marsche und dessen Bewegungsgründen Nachricht, er verheelte sie aber, so wie alle andre, die den Muth der Besatzung hätten schwächen können.

Den folgenden Tag kamen zwey Schiffe aus Pondichery an, die mit Bomben und Kugeln beladen waren. Das Feuer der Belagerer wurde nun vermehrt, so daß mehrere Werke völlig ruinirt wurden. Kein Tag verging, ohne daß man im Fort Todte und Verwundete zählte. In der Nacht vom 24sten kam ein Bote aus Tritchinapoly mit Briefen vom Capitain Smith, die eine wichtige Nachricht enthielten. Die Regierung in Madras hatte schon einige Tage zuvor erfahren, daß der Admiral Pocock den 10ten December in Bombay angelangt war, und daß er hier sechs Compagnieschiffe und zwey Linienschiffe gefunden hatte. Diese Schiffe hatten außer ihrer Equipage noch 600 Mann königlicher Truppen am Bord, und

1759 waren wegen der Paſſatwinde verhindert worden geradezu nach der Küſte von Coromandel zu ſegeln. Der Capitain Smith meldete nun, daß die Compagnieſchiffe mit allen Soldaten unter der Bedeckung von zwey Fregatten den 31ſten December bereits von Bombay abgeſegelt wären. Man war noch mit dem leſen dieſer Briefe beſchäftigt, als die Spione aus dem feindlichen Lager mit der Nachricht ankamen, daß man dort dieſe unerwartete Hülfe auch ſchon erfahren, und Lally deshalb beſchloſſen hätte, noch in der nämlichen Nacht einen Hauptſturm zu wagen. Die ganze Beſatzung und alle Einwohner eilten nun auf ihre Poſten, wo ſie bis Anbruch des Tages in Gewehr blieben; allein es fiel nichts vor.

Es kamen nun auch Briefe von Preſton und Iſſoof. Sie waren, um Cavallerie aufzuſuchen, nach Arcot marſchirt, und hatten auch wirklich 500 mohtiſche Reiter und 600 Maratten in Sold genommen. Abdulwahab Cawn, des Nabobs Bruder, befand ſich damals in Chitore, und ließ ſich durch die dringenden Vorſtellungen bewegen, ſeine Truppen, die er in eigenem Solde hatte, den Engländern zu überlaſſen; es waren deren 1000 Reiter und 2000 Mann Fußvolk. Man trat auch in Unterhandlung mit Gopaulharry, der ein Corps von 3000 Maratten commandirte, die ſich bey Damalcherry gelagert hatten. Dieſer Befehlshaber beſtand darauf, Geld voraus zu empfangen, ehe er ſich in Bewegung ſetzte. Preſton ſchickte ihm eine Anweiſung von 60,000 Rupien auf einen reichen Wechſler, der das Geld auszahlen ſollte, ſobald die Maratten bey Velore eingetroffen

troffen seyn würden. Diese Botschaften aber erfoderten Zeit, die in der jetzigen Lage überaus kostbar war, daher Preston nach Trivalore marschirte. Die unter französischem Schutze stehende Stadt Pondamalee wurde ausgeplündert. Außer der Beute fand man hier 3000 Stück Schafe und Ochsen, die man aus den umliegenden Gegenden zusammen gebracht hatte, um sie nach dem französischen Lager bey Madras zu treiben. Der feindlich gesinnte Bruder des Nabobs, Nazeabulla, der Moracin nach Pondichery begleitet hatte, und sich jetzt in Nelore befand, wurde durch das Beyspiel und die Vorstellungen seines Bruders Abbulwahab wenigstens dahin bewogen, daß er versprach, die Franzosen zu verlassen, und den Engländern seine Truppen zu übergeben. Da er aber zögerte, so wollte Preston nicht warten, sondern ging den 27sten nach Trimliwasch, zwölf englische Meilen von Madras. Sobald das Lager hier aufgeschlagen war, nahm Issoof einen Trupp Reiter, und näherte sich dem Fort St. George bis auf zwey Meilen, wo er wußte, daß die Franzosen ihr meistes Vieh unter einer Bedeckung von Sepoys aufbehielten; diese wurden zerstreut, und fast alles Vieh weggeschleppt. Lally wurde hiedurch aufmerksam gemacht, und war genöthigt seine Armee zu theilen, um diesen neuen Feind zu beobachten. Von dieser Stunde an wurden die Operationen gegen das Fort schwächer, so nahe auch die Franzosen mit ihren Arbeiten bereits gekommen waren, und der Muth der Besatzung wurde von neuem belebt.

1759.

Dritter Band.

1759. Den 30sten entdeckte man ein Schiff; da es sich näherte, erkannte man an der Flagge, daß es ein englisches, und an der Form, daß es ein Compagnieschiff war. Alle französische kleine Fahrzeuge, die sich hier befanden, fünf an der Zahl, steckten sogleich auch englische Flaggen auf, und zwey große Schiffe, die lezthin Munition gebracht hatten, machten Anstalt, auf das ankommende Schiff loszugehn. Ein Courierboot wurde unverzüglich vom Fort abgeschickt, um die Gefahr zu melden. Das Schiff ließ sich weder durch diese Nachricht, noch durch die Annäherung des größten der französischen Schiffe schrecken, das herbey kam, und mit einer Lage den Ostindienfahrer bewillkommte, sondern warf Anker, da die Nacht einbrach. Es war eins von denen, die von Bombay kamen, und Truppen am Bord hatten; da es aber nicht so gut wie die andern segelte, so wurde ein Hospitalschiff daraus gemacht, und es auf der Höhe von Ceylon zurück gelassen; ein günstiger Wind aber trieb hernach dieses Schiff allen andern vor. Der darauf befindlichen Kranken waren 36, welche die Verlegenheit der Besatzung vermehrten, allein die übrige Ladung war desto angenehmer, die aus siebenunddreißig Kisten Silber und vielen Kriegsbedürfnissen bestand; unter diesen befanden sich auch Handgranaten und Bomben vom größten Caliber, an denen man im Fort anfing Mangel zu leiden. Die Communication zwischen dem Schiffe und dem Fort war leicht, sobald es nur geankert hatte. Man kam überein, daß es den folgenden Tag die Zeichen eines Kriegsschiffs geben sollte, worauf es vom Fort mit dreyzehn Kanonen salutirt wurde.

Die Franzosen fingen nun an es vom Ufer zu beschießen, und bemannten ihre großen Schiffe mit Soldaten, da es denn zu einem zweystündigen Treffen kam, wobey das englische Schiff sehr am Tau- und Segelwerk litt, allein keinen Todten hatte, nur einem Offizier war der Arm abgeschossen. In der Nacht wurden durch indische Fahrzeuge die Kranken und die Silberkisten abgeholt, und da man fürchtete, daß die Feinde mit bewaffneten Böten das Schiff vielleicht zu ersteigen suchen würden, so ließ der Gouverneur dem Capitain die Wahl, entweder die Rhede schleunig zu verlassen, oder sich auf seinem Ankergrund zu behaupten, oder auch das Schiff am Ufer stranden zu lassen. Der Capitain, Namens Inglis, erwählte das gefährlichste, und beschloß, sich nicht zu entfernen. Die Kanonade von den Schiffen und vom Ufer dauerte den folgenden Tag fort, in der Nacht aber segelte eins der französischen Schiffe fort nach Pondichery, und das andere ging in einer großen Entfernung vor Anker, so daß nur blos das Feuer von den Landbatterien fortgesezt wurde. Man schoß mit glühenden Kugeln, wovon einige in den Körper des Schiffs drangen.

Den 2ten Februar frühmorgens entdeckte man in der Ferne Truppen, die sich näherten, und bald darauf zeigte sich die Armee unter Preston und Issoof. Lally ließ seine ganze Cavallerie ihnen entgegenrücken, die von seiner besten Infanterie unterstützt wurde. Er selbst, Bussy, und die vornehmsten französischen Befehlshaber, befanden sich in Person dabey. Es kam jedoch blos zu einer Kanonade, und Preston,

1759. der keine Hoffnung hatte durchzudringen, und dem es an Proviant fehlte, ging nach Trimliwasch zurück.

Das Feuern auf das englische Schiff wurde endlich eingestellt, so daß es sich nun einen ruhigen Ankerplatz aussuchen konnte, nachdem es in einen erbärmlichen Zustand gerathen war. Den 5ten des Morgens verließen alle französische Fahrzeuge ihre verschiedenen Posten, und segelten in der größten Eil davon. Die Ursache dieser schleunigen Abfahrt war eine Nachricht von Pondichery, daß man Kriegsschiffe bey Negapatnam gesehen hätte. Den folgenden Tag ward man von weitem eine rothe Flagge gewahr; dieses war das Signal, daß sich Preston abermals im Anzuge befand. Er hatte die Nothwendigkeit vorgestellt, so lange entfernt zu bleiben, bis er mit Munition von Chinglapet, mit Proviant vom Lande, und mit Geld von Madras versehen worden wäre. Pigot aber hatte befohlen alles zu wagen, um wo möglich sich einen Weg ins Fort zu bahnen. Um es jedoch nicht am Gelde fehlen zu lassen, schickte er zehn europäische Reiter ab, die jeder tausend Pagoden trugen. Diese fuhren übers Wasser, schlugen sich durch die feindlichen Wachen durch, und kamen glücklich in Prestons Lager an.

Die Breschbatterie war mittlerweile fertig geworden und hatte seit einigen Tagen gewaltig gefeuert; die Wirkung entsprach jedoch nicht der Erwartung. Lally, der voller Ungeduld war, verlangte das Gutachten der vornehmsten Ingenieurs und Artillerie-Offiziers in Ansehung eines Sturms, und erklärte sich

zum voraus ganz für den guten Erfolg. Die Offi- 1759.
ziers aber waren sämtlich anderer Meynung, und bewiesen durch triftige Gründe, daß die Unternehmung
unausführbar wäre; sie fügten dazu ein Gutachten,
darum sie nicht befragt worden waren, daß nämlich,
nach einer genauen Vergleichung zwischen ihren und
den feindlichen Kräften, die Fortsetzung der Belagerung zu nichts dienen würde, als das Leben vieler
Menschen aufzuopfern, ohne die geringste Wahrscheinlichkeit den Ort zu erobern.

Man hatte schon einige Tage zuvor im Fort erfahren, daß der Major Calliaud mit einer Verstärkung von Süden aus im Anzuge wäre. Alle Briefe,
die er seit zwey Monaten geschrieben, waren entweder
den Feinden in die Hände gefallen, oder von den Boten, die sich einem belagerten Platze nicht nähern
wollten, weit weggeschleppt worden. Mannichfaltige
unvorhergesehene Vorfälle hatten seinen Auftrag sehr
verzögert. Er war erst den 17ten December in
Tanjore angekommen, wo er den König nicht geneigt
fand, die verlangten 1000 Mann Hülfstruppen zu
geben. Alle bisherigen Vorstellungen des Capitain
Smith waren fruchtlos gewesen; er begehrte 400,000
Rupien zum voraus, und sagte frey heraus, daß die
Engländer sich nicht um die Länder ihrer Bundsgenossen bekümmerten, wenn sie nur ihr eigen Land vertheidigen könnten. Dieser Vorwurf war ungerecht,
wovon der vorige zum Vortheil des Nabobs geendigte
Krieg den Beweis gab. Die wahre Ursache dieser
Abneigung aber war das Vorurtheil, daß ihre Sage
in Indien verzweiflungsvoll sey. Calliaud erneuerte

C 3

1759. nun seine Vorstellungen mit größerm Nachdrucke. Der König sagte, er hätte sich schon genug dem Hasse der Franzosen dadurch ausgesezt, daß er Issoof erlaubt habe, 300 Reiter in seinem Lande anzuwerben, und daß, wenn Madras sollte erobert werden, er dafür viel würde leiden müssen; alles was er daher für jezt thun könnte, wäre, den Engländern noch 400 Mann zu überlassen, wenn Calliaud die rückständigen Gelder bezahlen wollte. Dieser, um die Gesinnungen des Königs zu prüfen, verlangte von ihm die zwey französischen Geisel, die sich in Tanjore befanden, den Obersten Kenneny und den Jesuiten Estevan; allein der König schlug es ab, und ließ sie abreisen. Die Cavallerie war indessen so höchst nöthig, daß Calliaud seinen Unwillen unterdrückte, da er immer noch Hoffnung hatte sie zu bekommen; er wandte sich um Geld an einen der größten Wechsler im Carnatick, Namens Buccangee, der mit der englischen Compagnie in merkantilischer Verbindung stand, aber seine Agenten in Tanjore wollten für Wechsel, auf Madras gezogen, kein Geld hergeben. Der König, der dieses wußte, versprach nunmehr die Cavallerie gleich marschiren zu lassen, sobald das Geld bezahlt sey. Calliaud wandte sich nun an die Holländer in Negapatnam, die auch die verlangten Summen vorschießen wollten, allein unter Bedingungen, die man ohne Schimpf nicht annehmen konnte.

Diese widrigen Zufälle vermochten Calliaud, das Geld in Tritchinapoly zu suchen; er eilte dahin, und erhielt auch das Versprechen, damit versorgt zu werden, worauf er unverzüglich sich wieder nach Tanjore begab. Hier war mittlerweile die Nachricht ange= 1759. kommen, daß der Nabob, der, wie oben erzählt wor= ben, Madras den 10ten Januar verlassen hatte, in Negapatnam eingetroffen, und daß seine Gemahlin auf der See niedergekommen war. Der Agent des Nabobs in Tanjore meldete dem Könige zugleich, daß der Nabob auf seinem Wege nach Tritchinapoly hier durch kommen würde, und daß er erwartete, so wie gewöhnlich, auf der Heerstraße empfangen zu werden. Diese Flucht aus Madras, die üble Jahreszeit, und noch dazu in den lezten Stunden der Schwangerschaft einer so großen Fürstin, alles dieses überzeugte den König, daß nichts als die äußerste Verzweiflung die Engländer dahin gebracht haben könnte, den Nabob einer solchen Gefahr auszusetzen. Der seines ehedem mächtigen Bundsgenossen beraubte Nabob, ob er gleich sein Oberherr war, schien ihm nun ein Gegen= stand der Verachtung. Hiezu kam seine Furcht vor den Franzosen; kurz, er schlug es geradezu ab, weder dem Nabob entgegen zu kommen, noch ihn durch die Stadt passiren zu lassen. Dieses Betragen sezte den Wechsler in Tritchinapoly in so große Furcht, daß er sein Versprechen zurück nahm, und unter keinen Be= dingungen Geld hergeben wollte.

Calliaud empfing jedoch einige Tage nachher 20,000 Pagoden, die man Mittel gefunden hatte aus Madras zur Verpflegung der Besatzung in Trit= chinapoly abzuschicken. Dieses Geld hob nun zwar den Vorwand des Königs, jedoch wollte er keine Rei= ter hergeben. Der Major ging dem Nabob entge= gen, nachdem er zuvor aus Tritchinapoly 500 Sepoys

1759. hatte kommen laſſen ihn zu eſcortiren. Dieſe Eſcorte wirkte mehr als alle Vorſtellungen beym Könige, und vermochte ihn, den Nabob mit den gewöhnlichen Ceremonien zu beſuchen. Calliaud, um den Nabob deſto mehr zu ehren, ſtellte ſich ſelbſt an die Spitze der Eſcorte, und begleitete ihn nach Tritchinapoly, hernach aber ging er nach Candore zurück, um in den König wegen der Reiter zu bringen. Die erneuerten Ausflüchte dieſes Fürſten erregten ſeinen höchſten Unwillen, den er auch nicht verbarg, und der die Wirkung hatte, daß ihm die verlangte Cavallerie endlich bewilligt wurde. Er ging mit ihnen den folgenden Tag über den Coleroon, da denn 300 Sepoys zu ihm ſtießen, und nun marſchirte man nach Thiagar, wo die Reiter ſich weigerten weiter vorzurücken, wenn man ihnen nicht den Sold auf vierzehn Tage voraus gäbe. Dieſes geſchah, und ſo wurde der Marſch nach Villaporam fortgeſezt, wo das Corps wegen Mangel an Proviant abermals einige Tage liegen bleiben mußte; endlich erreichten die Truppen Chinglapet, wo Calliaud ſie ausruhen ließ, und zu dem Corps nach St. Thomas eilte: hier übernahm er als der älteſte Offizier das Commando über Preſtons, Iſſoofs und Abdulwahabs Truppen.

Dieſe vereinigte Armee beſtand nun aus 2500 Sepoys, 2200 Reitern und 103 Europäern. Calliaud konnte ſich nur auf 1200 Sepoys verlaſſen, die übrigen, und noch weniger die Cavallerie, waren in der Gefahr nicht zu gebrauchen; er beſchloß daher, die Ebene zu vermeiden und ſich auf dem ſogenannten

Mount, einem großen zackigen Felsen, zu poſtiren, 1759. der dazu vortreflich war, und auch an den Seiten Flächen für die Reiterey hatte. Mit Anbruch des folgenden Tages, den 9ten Februar, ſahe man den Feind ſich nähern, der 600 Mann europäiſche Infanterie, 300 Mann europäiſche Cavallerie, 1200 Sepoys und 500 ſchwarze Reiter ſtark war. Dieſes Corps wurde von dem Oberſten Lally commandirt, einem Verwandten des Generals. Da die franzöſiſche Cavallerie anrückte, ſo formirte Calliaud die ſeinige in eine Linie und poſtirte ſie ſo, daß ſie von den Kanonen ſecundirt werden konnte, wobey er ihnen befahl, ſich ganz vertheidigungsweiſe zu betragen; kaum aber waren die Franzoſen in der Nähe, als alle Reißaus nahmen und Calliaud mit einigen europäiſchen Reitern allein zurückließen, welcher ſich mit vieler Mühe rettete und kaum in Sicherheit war, als ſein verwundetes Pferd unter ihm todt niederfiel. Die franzöſiſchen Dragoner verfolgten die Flüchtlinge, bis ſie durch die Kanonen zurückgewieſen wurden. Das Treffen dauerte den ganzen Tag, mit verſchiedenem Erfolg auf beiden Seiten; in der Nacht betrog Calliaud den Feind durch unterhaltene Wachfeuer, und zog ſich in der Stille zurück. Er marſchirte nach Chinglapet, um ſich hier mit den entflohenen Reitern zu vereinigen, und ſich wieder mit Munition zu verſehen. Der Verluſt der Engländer beſtand in 7 todten und 13 verwundeten Europäern; von den Sepoys waren 50 todt auf dem Platze geblieben und 150 verwundet worden. Der feindliche Verluſt war ungefähr 50 Todte und Verwundete, ſämtlich Europäer.

1759. Man hatte das Feuer im belagerten Fort gehört, und durch Ferngläser alles beobachtet.

Die Belagerer hatten ungeachtet der abgeschickten starken Detaschements dennoch ihr Feuer lebhaft fortgesezt, das sie nun nicht mehr auf die Festungswerke, sondern ganz auf die Gebäude richteten.

Den 14ten langten zwey mit Munition beladene Fahrzeuge aus Pondichery auf der Küste an; da aber das oft erwähnte ostindische Schiff auf sie los ging, entfernten sie sich eiligst. Den folgenden Tag sahe man eine große Menge Coolies mit Lasten beladen aus der schwarzen Stadt abgehn; dieser Umstand bestätigte die Nachricht eines Spions, daß die Feinde einen Theil ihrer Bagage und der gemachten Beute nach Pondichery schickten, und die Belagerung aufheben wollten. Es liefen Briefe vom Major Calliaud ein, daß er gesonnen sey, einen forcirten Marsch zu thun, und einen Versuch auf Sabras zu machen, welches Fort die Franzosen immer noch in Besiz hatten; er bat daher, daß man ihm Geld und Munition dahin schicken möchte. So nöthig auch der lezte Artikel den Belagerten selbst war, so sandten sie doch, was sie davon nur entbehren konnten, nebst 10,000 Pagoden an Gelde. Die Schatzkammer befand sich in gutem Stande, denn man hatte sie von Bengalen aus reichlich mit Gold und Silber versehn; wenn dieses aber auch nicht gewesen wäre, so waren doch die baaren Reichthümer der Privatpersonen im Fort so groß, daß keine Vertheidigungsentwürfe sie hätten erschöpfen können. Der Zustand der Finanzen bey den Franzosen war gerade das Gegentheil. Die öffent-

liche Schatzkammer in Pondichery war leer, und die 1759.
Privatpersonen, welche Lally verabscheuten und verwünschten, waren nicht geneigt das geringste fürs allgemeine Beste herzugeben, so sehr auch ihr eigen Wohl damit verbunden war. Die eingenommenen Ländereyen von Devi Cotah an bis nach Arcot und Madras waren durch Gewaltthätigkeiten und üble Verwaltung so herunter gebracht worden, daß ihre Einkünfte bey weitem nicht zum Unterhalt der Belagerungstruppen hinreichten, die sechswöchentlichen Sold zu fodern hatten, und überdem an allem Mangel litten; dennoch gehorchten sie mit unabläßigem Eifer, obgleich ihre Offiziers, die alle Beute sich allein zugeeignet hatten, sehr unzufrieden waren. Lally fühlte dieses ehrenvolle Betragen der gemeinen Soldaten, und behandelte sie auszeichnend. Dies betraf jedoch nur die Europäer; denn die Sepoys, die nicht solche Grundsätze hatten, wurden von ihm, so wie überhaupt alle Eingeborne, mit der äußersten Verachtung und Strenge behandelt. Dieses rächten sie jezt, da ihre Dienste am unentbehrlichsten waren; sie drohten die Armee zu verlassen, wenn man sie nicht gleich bezahlte. Durch ihr Beyspiel gereizt, revoltirten 500 Sepoys, die unter dem Commando europäischer Offiziers im Fort Tripassore zur Besatzung lagen; sie verließen es mit den Waffen in der Hand, und plünderten das Land, unter dem Vorwande, sich für ihren rückständigen Sold bezahlt zu machen. Diese Nachricht kam den 15ten nach der schwarzen Stadt, und erregte große Besorgniß, weil aller Proviant für die Truppen über Tripassore kommen mußte, und

1759. daher durch diese Aufrührer leicht weggenommen werden könnte. Fast alle vornehme Offiziers waren der Meynung, daß die Belagerung unverzüglich aufgehoben werden müßte; Lally aber erklärte, daß er die Unternehmung nicht aufgeben würde, bis er nicht zuvor einen Hauptsturm versucht hätte.

Am folgenden Morgen war das Feuer der Belagerer stärker, als es seit langer Zeit nicht gewesen war; gegen Mittag erhielt man im Fort die frohe Nachricht von der Annäherung der Schiffe aus Bombay, und einige Stunden nachher sahe man sie gerade auf die Rhede zu segeln; dennoch dauerte das feindliche Feuer mit der größten Lebhaftigkeit bis Sonnenuntergang. Die Engländer glaubten, daß, wenn man noch einen Sturm wagen wollte, es gewiß diese Nacht geschehen würde, ehe die Hülfstruppen gelandet wären; daher jedermann sich auf seinen Posten verfügte, und auf die feindlichen Werke ein gewaltiges Feuer gemacht wurde. Man steckte Laternen im Fort auf, um die ankommenden Schiffe zu leiten, die auch in der Nacht glücklich auf der Rhede ankerten. Das ungewöhnliche starke Feuer der Belagerer dauerte bis zwey Uhr des Morgens, da es denn etwas nachließ, und um drey Uhr gänzlich aufhörte. Man ward keine weitere Bewegung des Feindes gewahr, nur sahe man einige große Holzstöße in Flammen stehen.

Mit Tagesanbruch entdeckte man die Franzosen in vollem Marsch. Sie hatten die große Reboute und Pulvermühle bey Egreore unterminirt, die des Morgens um neun Uhr in die Luft gesprengt wurde, und beide Werke gänzlich ruinirte, deren Errichtung 1759. den Engländern 30,000 Pfund Sterling gekostet hatte. Der übereilte Abzug rettete die schwarze Stadt von der Einäscherung, die ihr Lally zugedacht hatte, wenn er gezwungen werden sollte, die Belagerung aufzuheben. Gegen Mittag wurden die Truppen aus den Schiffen gelandet, die 600 Mann betrugen.

Die Freude über diese glückliche Befreyung war außerordentlich. Jedermann verließ das Fort, um die Werke zu betrachten, aus welchen man zweyundvierzig Tage lang so sehr geängstigt worden war. Man fand hier 33 Kanonen, theils achtzehnpfündige theils vierundzwanzigpfündige, von denen 26 Stück unbrauchbar waren, allein keine Mörser; besgleichen fand man viele Kriegsbedürfnisse, und eine Menge Pulver in Fässern, die in den Laufgräben zerstreut lagen. St. Thomas, wie auch alle von den Franzosen besezte Posten, wurde zu gleicher Zeit verlassen. Einige Haufen englischer Partengänger beobachteten den fliehenden Feind, und erbeuteten noch 19 Kanonen. Im Fort St. Thomas fand man 150 Pulverfässer, und eben so viel Kasten mit schadhafter Munition. Der stärkste Beweis aber von ihrer Uebereilung und Verwirrung, mit welcher sie die Belagerung aufhoben, war die Zurücklassung von 44 Kranken und Verwundeten, sämtlich Europäer, die Lally in einem Briefe der Menschenliebe des englischen Gouverneurs empfahl. Sie wurden auch von den Engländern mit der nämlichen Sorgfalt behan-

1759. delt, als ob sie ihre Landsleute gewesen wären, und der größte Theil derselben ward wieder hergestellt.

Das Fort feuerte während der Belagerung 26,554 Schüsse aus ihren Kanonen, warf 7502 Bomben und 1990 Handgranaten, und zum Musketenfeuer wurden 200,000 Patronen verbraucht. Der Aufwand an Pulver war 1768 Fässer. Dreißig Kanonen und fünf Mörser waren schadhaft geworden. Dennoch war noch Artillerie genug im Fort übrig, um eine neue Belagerung auszuhalten; überdem hatte man noch 30,767 Kanonenkugeln, 481 Bomben und 663 Pulverfässer. Die Feinde hatten alle in den Magazinen von Pondichery vorhandenen großen Bomben weggeholt und 8000 ins Fort geworfen, und zwar den größten Theil auf die Gebäude, die auch alle in Trümmern lagen.

Der Verlust der Engländer war an Offizieren 15 Todte und 14 Verwundete; von den Gemeinen waren 198 erschossen, 52 im Lazareth gestorben, 20 desertirt, 122 zu Gefangenen gemacht, und 167 verwundet worden. Von den Lascars waren 9 todt und 15 verwundet; die Sepoys aber zählten 109 Todte, 217 Verwundete und 440 Ueberläufer. Der Verlust der Europäer wurde jedoch durch die angekommenen Truppen hinlänglich wieder ersezt.

Sobald sich der Feind entfernt hatte, entsagte der Gouverneur Pigot der ihm anvertrauten Autorität, die ihn einem Dictator gleichgemacht hatte, und die Administration wurde so wie vorher dem Conseil übergeben, dessen Präsident er war. Er empfing feyerliche Danksagungen für seine bezeigte Entschlossenheit und Thätigkeit; denn er hatte täglich die Werke 1759. besucht, und die Besatzung durch seine Gegenwart und durch Belohnungen an Gelde aufgemuntert. Proviant aller Art war in den Magazinen im Ueberfluß und im besten Zustande gewesen, sowohl als alle nur erfoderliche Kriegsbedürfnisse, die so wie die Lebensmittel von den Bedienten der Compagnie mit großer Ordnung täglich unter die Soldaten vertheilt worden waren.

Die Regierung zeigte auch ihre Empfindungen der Dankbarkeit gegen die brave Besatzung, bey welcher man, ungeachtet der außerordentlich gefahrvollen Strapatzen, kein Murren gehört hatte. Alles war Nacheiferung. Dieser Muth und die Beharrsamkeit wurde selbst von den Feinden geehrt, so wie die Engländer gestehen mußten, daß die unter so viel Nachtheil streitenden französischen Truppen eine seltene Tapferkeit bewiesen hatten. Der würdige Oberste Lawrence, welcher die Besatzung commandirte, wurde sowohl von Offiziers als Gemeinen wie ein Vater geliebt.

Den folgenden Tag kam ein Expresser von Calliaud in Madras an. Dieser Offizier war den 14ten bey Sadras eingetroffen, da er zu seiner Verwunderung erfuhr, daß die holländischen Einwohner der Stadt, ob sie gleich unter dem Joche der Franzosen seufzten, die ihr Fort im Besitz hatten, dennoch gegen seine Betretung des der holländischen Compagnie gehörigen Gebietes protestirten. Zu gleicher Zeit warf sich ein Detaschement französischer Truppen, die von Pondichery kamen und zu Lally's Armee stoßen

1759. wollten, auch ins Fort, worauf denn keine Hofnung war, es ohne einen regelmäßigen Angriff zu erobern, wozu Calliaud das nöthige schwere Geschütz fehlte. Er berennte jedoch das Fort, und fing einen Brief auf, welchen Lally an den Gouverneur Deleyrit geschrieben hatte, und der voll der bittersten Vorwürfe war; er schob die Schuld der mißlungenen Unternehmung auf Madras, die er damals schon als geendigt betrachtete, auf die Treulosigkeit und Verrätherey der Compagniebeamten, und weissagte, daß, wenn das Feuer vom Himmel nicht auf Pondichery fiele, diese Stadt gewiß vom Feuer der Engländer verzehrt werden würde. Bald nach dieser fruchtlosen Expedition schrieb Lally an einen seiner Freunde in Europa einen Brief, der bey seinem Prozeß bekannt gemacht wurde, und sich mit den Worten anfing: „L'enfer m'a „vomi dans ce pays d'iniquité." Unleugbar ists indessen, daß das Unglück großentheils seinem rauhen und höchstunpolitischen Betragen zuzuschreiben war.

Den Verlust der Franzosen hat man nicht erfahren. Sie waren 2700 Europäer stark, da sie von Conjeveram aufbrachen, und in dem aufgefangenen Briefe sagt Lally, daß er noch 2000 Europäer habe; von Sepoys hatte er damals nicht mehr als 1000 Mann. Den Verlust an Kanonen und Munition, die man hatte im Stiche lassen müssen, schrieb er den fehlenden Zugochsen, und diesen Mangel wieder der Raubsucht der Lieferanten zu, welche mit dem Conseil in Pondichery in einer geheimen Verbindung stünden. Seine Armee marschirte jetzt in zerlumpten Kleidern, ohne Bagage und Proviant; den letztern aber erpreßten

ten sie, wo sie hinkamen, und so ging der Zug nach Arcot. Calliaud hatte kaum diesen Abzug erfahren, so schickte er Issoof mit 1200 Sepoys von Sadras ab, um die Besatzung von Chinglapet zu verstärken, im Fall die Franzosen etwas gegen diesen Ort unternehmen sollten; er selbst aber mit 600 Sepoys und der ganzen Cavallerie marschirte nach Madras.

So endigte sich diese Belagerung, ohne Zweifel die ernsthafteste und regelmäßigste, die man je in Indien erlebt hat.

Eilftes Buch.

1759. Nicht allein der Carnatick und die davon abhängenden Länder, sondern auch alle benachbarte Mächte hatten aus mannichfaltigen Bewegungsgründen ihre Aufmerksamkeit auf die Belagerung von Madras gerichtet, als auf eine Begebenheit, wobey sie sehr interessirt waren. Man glaubte, und dieses mit Recht, daß die Vertheidigung dieses Orts einen ausgebreiteten Ruf in ganz Indien erzeugen würde, daß aber derselbe bald geschwächt werden dürfte, wenn die angränzenden Ländereyen nicht wieder erobert und beschützt würden; daher beschlossen die Engländer, unverzüglich ins Feld zu rücken. Nebst der Verstärkung von den Schiffen befanden sich jezt 1900 europäische Soldaten in der Stadt, von denen 1500 sogleich Dienste thun konnten, und diese Zahl war hinreichend, die Franzosen aufzusuchen. Diesem Entschlusse standen jedoch mancherley Hindernisse entgegen. Es fehlte an Wagen und andern Kriegsbedürfnissen, die Zurüstung erfoderten; der Arbeiter waren wenige, und diese größtentheils Eingeborne, die sich zerstreut hatten; man mußte erst Zug- und Lastvieh anschaffen, von denen der Feind kein Stück im Lande übrig gelassen hatte: hiezu kam die Seltenheit der Lebensmittel; dennoch beharrte man auf dem gefaßten Vorsatze.

Da Chinglapet in Sicherheit gesezt war, so bezogen die übrigen Truppen des Issoof, die Reiterey des Abbulwahab, und die Hülfstruppen des Königs 1759. von Tanjore und des Polygars Tondiman ein Lager nahe bey Madras, welches täglich mit Europäern von der Besatzung verstärkt wurde. Die Armee war jedoch nicht eher zum Aufbruche fertig bis den 6ten März; in dieser Zwischenzeit kamen noch 200 Mann königlicher Truppen in Schiffen an, welche wegen der späten Jahrszeit ihren Lauf nach Bengalen hatten nehmen müssen. Die Macht also, die nun ins Feld rückte, bestand in 1156 Europäern, 1570 Sepoys, 1120 Colleries und 1956 Reitern. Auf die Nachricht von ihrer Annäherung brach Lally von Arcot auf, und postirte sich in einer vortheilhaften Lage bey Conjeveram. Da seine Gesundheit sehr geschwächt war, so ging er nach Pondichery, nachdem er das Commando der Armee dem Marquis von Soupire mit dem Befehl übergeben hatte, kein Treffen zu wagen. Der Mangel an Bedürfnissen hemmte die Progressen der Engländer, so daß sie erst den 1ten in der Nähe von Conjeveram anlangen konnten; sie bemühten sich, den Feind zum Schlagen zu bringen, allein vergebens.

In dieser Zeit kamen Briefe vom Obersten Forbe, welcher sich bey Masulipatnam befand, und aufs bringendste um Geld und Truppen ansuchte. Weil man nun keine Wahrscheinlichkeit sah, die Franzosen zu einem Treffen zu vermögen, und die Feldkriegskosten der ohnehin geschwächten Schatzkammer sehr zur Last fielen, so war die Regierung geneigt, die Truppen in Cantonirungsquartiere zu verlegen, und einige Hundert Mann an Forbe zu schicken; Law-

1759. rence aber hielt diese Maaßregel, im Angesicht eines nicht ohnmächtigen Feindes zu cantoniren, für sehr mißlich, und kam selbst nach Madras, um diesen Entschluß zu hintertreiben. Seine Gründe wurden auch gebilligt. Zugleich erklärte er wegen seinem schlechten Gesundheitszustande sein Unvermögen, die Armee ferner zu commandiren. Er verließ Indien unter dem allgemeinen Bedauern sowohl seiner Landsleute als der Bundesgenossen, und unter den höchsten Lobsprüchen für seine großen Dienste, welche durch die Vertheidigung von Madras waren gekrönt worden. Der Oberstlieutenant, welcher auch kränklich war, schiffte sich bald nachher ebenfalls ein und ging nach Europa. Das Commando der königlichen Truppen fiel nun dem Major Brereton zu, und der Major Calliaud übernahm die Anführung der Truppen der Compagnie.

Nazeabulla, des Nabobs Bruder, der es so lange mit den Franzosen gehalten hatte, allein theils durch die Vorstellungen und das Beyspiel seines Bruders, Abdulwahab, theils durch seinen Zweifel wegen des Ausgangs der Belagerung unschlüssig geworden war, befand sich in Nelore, wo sich Lally wenig um ihn bekümmerte. Da er jedoch sich noch immer als einen Freund der Franzosen zeigte, so hatte er eine kleine Anzahl von ihren europäischen Soldaten und 200 von ihren Sepoys bey sich behalten; sobald er aber die Aufhebung der Belagerung vernahm, beschloß er sich ganz für die Engländer zu erklären. Um nun dabey seinen Eifer für die neuen Freunde zu bezeigen, beging er die schwarze That, alle Franzosen, die bey ihm waren, umbringen zu laſſen, die Sepoys aber wurden entwaffnet und zum Fort herausgejagt. Mit der Nachricht von dieſer Handlung war der Antrag verbunden, der Regierung in Madras jährlich 30,000 Pagoten zu bezahlen, wenn man ihn in der Statthalterſchaft von Nelore beſtätigen wollte. Da die Erhebung der Einkünfte in dieſem Lande ſehr mißlich war, bis die Engländer völlig die Oberhand gewonnen hatten, ſo wurde ſein Anerbieten angenommen. Die Dienſte des Abdulwahab belohnte man durch die Beſtätigung der Diſtricte von Chandergherry und Chitore. Die nordlichen großen Polygars ſchrieben Glückwünſchungsbriefe an die Regierung, die man freundlich erwiederte, die kleinen aber in der Nähe von Madras waren voller Furcht, und erwarteten, für die während der Belagerung begangenen Räubereyen auf engliſchem Boden, beſtraft zu werden; man hielt aber für rathſamer dieſe Verbrechen zu überſehn.

Selbſt der ſo vorſichtige Mortiz-alty in Velore gratulirte den Engländern; dagegen ſpielte Gepaulrow eine andere Rolle, der mit einem Maratten Corps bey dem Paß Damalcherry den Erfolg der Belagerung abgewartet hatte. Sobald ſich die Franzoſen zurückgezogen hatten, begehrte er von den Engländern 1200,000 Rupien, unter dem Vorwande einer Schadloshaltung wegen ſeiner Unthätigkeit, da er immer auf den endlichen Entſchluß der Regierung wegen des Tractats gewartet, und blos die Furcht vor ſeinen Maratten die Franzoſen von Madras weggetrieben habe. Man wußte, daß er dieſen ſeinen

1759. Dienst auch angeboten hatte, daher man ihm ironisch antwortete, und ihn ersuchte, die feindliche Armee ehe sie Pondichery erreichte niederzuhauen, da er denn das verlangte Geld haben sollte. Diese Antwort und die fehlgeschlagene Hoffnung des Geldes brachte ihn auf; er schrieb Briefe voller Drohungen, die man aber nicht achtete, worauf er 500 Maratten zur französischen Armee schickte. Der Gouverneur Deleyrit rieth jedoch Lally sie nicht anzunehmen, weil sie durch ihre Plünderungen den mehr ausgedehnten französischen Districten größern Schaden als den englischen thun würden. Man entließ sie daher mit Complimenten und einem kleinen Geschenk. Um diese Abweisung zu rächen, schickte Gopaul-row ein Detaschement ab, um die Pagode von Tripetti in Besitz zu nehmen, und den Franzosen den Pilgertribut zu entziehen, da sich das große Fest näherte.

Der König von Tanjore ließ wegen der Befreyung von Madras die Kanonen in seiner Hauptstadt abfeuern. Um seine Freundschaft auf die Probe zu stellen, trug man ihm an, den Engländern beyzustehn, das Fort Carical zu überrumpeln, sobald die Escadre auf der Küste anlangen würde. Er antwortete, daß die Franzosen sein Land ruinirt hätten, und die jetzige Aernte auch völlig verloren gehen müßte, wenn er von neuem sich in den Krieg mischte; da aber die Engländer die Franzosen von Madras weggetrieben hätten, so sollten sie nun solche auch aus Pondichery verjagen, da denn Carical von selbst fallen würde. Man bat ihn, zu erlauben, daß man in seinem Lande Kühe als Proviant für die Escadre aufkaufen dürfte;

da aber nach den Grundsätzen seiner Religion dieses eine Abscheulichkeit gewesen wäre, so wollte er nichts davon hören, und sich von dem Dolmetscher nicht einmal den Brief über diesen Gegenstand vorlesen lassen.

Der Nabob war seit seiner Ankunft in Tritchinapoly beständig krank gewesen, welches die lezt erlittenen großen Demüthigungen veranlaßt hatten. Die aufgehobene Belagerung von Madras trug nicht wenig zu seiner Wiederherstellung bey, ob er gleich in steter Angst wegen der Zukunft war. Die Wachsamkeit des Capitain Smith hatte die von der Stadt abhangenden Districte in Ruhe zu erhalten gewußt, und ihre Einkünfte waren mehr als hinreichend für die Kosten der Besatzung und den Unterhalt der Familie des Nabobs. Es befanden sich in der Stadt 500 französische Kriegsgefangene, dagegen die Europäer von der Garnison nur 70 Mann stark waren. Dieser Umstand erregte unaufhörliche Besorgnisse, und beständig wurden Verschwörungen entdeckt, um aus den Gefängnissen zu entfliehen, daher Smith gezwungen war, sie aufs engste einzusperren. Der Rheddy von Terriore, den er im vorigen Jahre vertrieben, hatte sich an die Gränzen von Mysore geflüchtet, wo er seine Anhänger versammelte, und mit ihnen auf Plünderung auszog. Ihre Anzahl vermehrte sich beständig, auch unterhielten sie einen Briefwechsel mit den vornehmsten in Terriore. Da Issoof im November nach Madras marschirte, und gern so viel Truppen als möglich mitnehmen wollte, so rief er von den 500 in Terriore befindlichen Sepoys 300 ab,

1759. und nahm sie mit sich. Kaum waren sie weg, als der vertriebene Rheddy mit seinen Soldaten sich vor dem Eingange des Waldes zeigte; die bestochene Wache, die aus lauter Colleries bestand, verstattete ihm den Durchzug, so daß er ohne allen Widerstand auf die Stadt anrücken konnte. Das Schrecken, das vor ihm herging, war so groß, daß der regierende Rheddy mit seinen eignen Truppen und allen Einwohnern davon floh, und die englischen Sepoys ihrem Schicksal überließ. Diese wurden von einem englischen Unteroffizier commandirt, der sogleich den Palast in Besitz nahm; allein der Feind umringte ihn in den daranstoßenden Häusern, so daß keiner der Sepoys sich zeigen durfte, ohne daß gleich auf ihn gefeuert wurde. Da es nun auch an Proviant fehlte, und keine Hülfe zu hoffen war, so capitulirte die Besatzung. Man erlaubte ihr einen freyen Abzug mit ihren Waffen und sämtlicher Bagage, worauf sie nach Tritchinapoly marschirte. Dieser Vorfall geschah am Ende des Novembers. Der Rheddy unterwarf sich dem Nabob, und versprach seinen Tribut regelmäßig zu bezahlen. Die jetzige Lage der Angelegenheiten machte, daß man damit zufrieden war, und ihn in seiner Würde bestätigte, die ihm jetzt zum viertenmal zu Theil wurde.

Die Länder von Madura und Tinivelly waren in ihren vorigen Zustand von Verwirrung und Anarchie zurückgefallen, sobald Issoof mit seinen Truppen sich entfernt hatte. Alles, was die in Madura zurückgebliebenen 700 Sepoys thun konnten, war, im Lande so viel Lebensmittel zusammen zu treiben, als zu ihrem Unterhalt erfoderlich war. Die in einiger Ent- 1759. fernung von der Hauptstadt wohnenden Polygars plünderten die Länderenen nach Wohlgefallen. In Tinivelly war es noch ärger. Maphuze Khan vergaß alle seine Versprechungen, und verband sich fester als jemals mit dem Pulitaver, der die westlichen Waldfürsten anführte, und mit Catabominaig. Sie waren sämtlich der Meynung, daß der Nabob und die Engländer im Carnatick sich wegen der größern französischen Macht nie wieder erholen würden, und nahmen daher alle Ländereyen in Besitz, die ihnen bequem lagen. Die in Palamcotah liegenden 500 Sepoys, die alles Beystandes beraubt waren, unterstanden sich nicht diese Unternehmungen zu hemmen, ja nicht einmal die Stadt Tinivelly zu beschüzen, von welcher Maphuze Khan abermals Besitz nahm. Sie begnügten sich, das Fort von Palamcotah wider die unaufhörlichen Angriffe der Colleries zu vertheidigen, wodurch ihre Munition verbraucht wurde. Sie meldeten ihre Lage nach Madras und Tritchinapoly; allein die Briefe wurden von einem Topassen geschrieben, und zwar so unverständlich, daß man sie schlechterdings nicht dechiffriren konnte, ja nicht einmal wußte wo sie herkamen. Endlich erhielten sie Briefe von Issoof mit Geldanweisungen, wodurch sie in den Stand gesezt wurden, nicht allein Proviant, sondern auch Pulver und Bley an der Seeküste zu kaufen. Diese Treue der Sepoys war ein Glück für die Engländer; denn wären die beiden wichtigen Pläze, Madura und Palamcotah, verloren gegangen, so war keine Wahrscheinlichkeit sie wieder zu erobern; man hätte Ma-

1759. dura dem mysoreschen Feldherrn, Hyder-Ally, als den Preiß seiner Allianz übergeben, die eben jezt ein vornehmer französischer Offizier bey ihm sollicitirte.

Die Vertreibung der Franzosen bey Madras hatte die Besorgniß vermehrt, diese Länder zu verlieren, weil die Feinde nun nicht länger nöthig hatten, ihre ganze Macht zusammen zu halten, sondern große Detaschements zu mehrern Unternehmungen absenden konnten. Der Parteygänger Lambert streifte mit seinem fliegenden Corps in den westlichen Gegenden herum, und man fürchtete nicht wenig für Madura. Diese Betrachtungen vermochten die Regierung in Madras, Issoof nach diesen Ländern zurückzuschicken, und sein Anerbieten, selbst fürs künftige Jahr Pachter zu seyn, anzunehmen. Er erbot sich, für Madura und Tinivelly 500,000 Rupien reine Pacht zu geben, und dabey alle Kosten selbst zu tragen, außer die durch die Nothwendigkeit erzeugt würden, diese Provinzen wider die Franzosen, Mysoren, oder Maratten zu vertheidigen. Der Nabob, der den Issoof haßte, war jedoch mit dieser Anordnung gar nicht zufrieden.

Die französische und englische Armee blieben einander zweyundzwanzig Tage lang im Gesicht gelagert; die erstere wünschte in ihrer vortheilhaften Position angegriffen zu werden, und die leztere sehnte sich nach einer Schlacht in der Ebene; kein Theil wollte des andern Willen erfüllen. Die meisten südwärts vom Paliar gelegenen Districte waren unter dem Schuze der Franzosen; der Major Brereton beschloß daher daselbst Einfälle zu thun, um die Feinde zum Treffen zu bringen, oder sie wenigstens dahin 1759. zu vermögen, ihr Lager bey Conjeveram zu verlassen. Auf diesen Ort hatten die Engländer ihre Aufmerksamkeit gerichtet, weil dessen Besitz zur Behauptung ihrer wieder eroberten Ländereyen höchst nothwendig war. Diesem Entwurf zufolge brach die englische Armee den 1sten April auf, und kam den 6ten bey dem Fort Vandiwasch an, das, in Erwartung des schweren Geschützes aus Madras, sogleich berennt wurde.

Soupire ließ die Engländer ruhig abziehen, weil ihm Lally befohlen hatte, nichts zu wagen, und seine Truppen überdem an Geld und Proviant großen Mangel litten. Die Belagerung von Madras hatte die Schatzkammer in Pondichery ausgeleert, und die künftigen Revenüen waren sogar gegen Darleihen verpfändet; alle Gelder, die man im Lande zwischen Conjeveram und Arcot auftreiben, oder im Lager borgen konnte, waren kaum für den täglichen Unterhalt hinreichend; hiezu kam noch, daß die Einwohner der benachbarten Dörfer so viel wie möglich auswichen, ihre Lebensmittel ins französische Lager zu bringen, sondern sie lieber den Engländern brachten, die richtiger und mehr dafür bezahlten. Die Pächter der nahe liegenden Districte verzögerten ihre Zahlungen, und entschuldigten sich mit dem im Kriege erlittenen Verluste. In dieser Lage betrachtete Soupire den Abmarsch der Engländer als ein Glück, da er hiedurch die Freyheit bekam, ungehindert nach Arcot zu marschiren. Er ließ in Conjeveram 300 Sepoys und 100 Reiter zurück, unter dem Befehl des Mur-

1759. zafabeg, der den Engländern entlaufen war. Die Pächter in Arcot verschafften Soupire Geld und Proviant auf acht Tage, wodurch wenigstens die dringendsten Bedürfnisse befriedigt wurden.

Sobald Lally hörte, daß die Engländer Vandlwasch berennt hatten, verließ er selbst Pondichery mit 300 Europäern und befahl Soupire, ihm bey Chittapet entgegen zu kommen. Von diesem Marsche erhielt Brereton Nachricht, worauf er sogleich in der Nacht sein Lager verließ, und nach den Feldern von Conjeveram eilte. Der Commandant, Murzafabeg, hatte sich erboten, die Pagode zu verrathen, allein seine Foderungen waren so ausschweifend, daß man deutlich sah, er wünschte bloß Zeit zu gewinnen, um Hülfe von den Franzosen zu bekommen. Es wurde daher beschlossen, die Pagode zu stürmen, worauf denn Murzafabeg alle Verstellung bey Seite sezte und ein starkes Feuer machen ließ. Die Mauern wurden muthig erstiegen, die französischen Sepoys flohen und postirten sich hinter einer großen Kanone, welche mit gehacktem Eisen geladen war. Ein Schuß aus diesem Geschütz that auf die anrückenden Engländer eine schreckliche Wirkung, und da so viele Offiziers sich an die Spitze gestellt und sich dicht vor der Mündung befanden, so wurden von ihnen allein viere todtgeschossen und fünf verwundet; unter den leztern befand sich auch der Major Calliaud. Issoof hatte mittlerweile die hintern Mauern der Pagode erstiegen, und brachte dadurch die Besatzung zwischen zwey Feuer. Jedermann warf nun das Gewehr weg und bat um Gnade, die auch mit mehr Menschlichkeit bewilligt wurde, als man in dieser Wuth erwarten 1759. konnte. Murzafabeg ergab sich auch zum Gefangenen, und wurde eben von einigen Sepoys zum Major Brereton geführt, als ihnen Issoof begegnete, und mit den Worten: „so muß man einen Verräther behandeln," ihm mit seinem Säbel den Kopf spaltete. Die Nachricht von der Einnahme von Conjeveram kam in Madras zu eben der Zeit an, da wichtige Neuigkeiten vom Obersten Forde eingelaufen waren.

Der Rajah Anunderauze begriff so wenig die Vortheile, die man erlangen könnte, wenn man die Franzosen nach ihrer Niederlage bey Peddipore verfolgte, daß er mit seinen Truppen erst den 16ten December (1758), zehn Tage nach dem Treffen, in Rajahmundrum eintraf. Er hatte versprochen, die erste tractatmäßige Zahlung zu leisten, sobald er im Besitz des Forts von Rajahmundrum seyn würde. Forde verließ sich auf sein Wort so sehr, daß er ihm selbst 20,000 Rupien baar geliehen hatte. Diese Summe, die Bedürfnisse der Faktorey in Vizagapatnam, und die täglichen Kriegskosten im Felde, hatten alles aus Bengalen mitgebrachte Geld weggenommen, so daß Forde für den fernern Unterhalt seiner Truppen nichts als des Nabobs Versprechungen übrig blieben. In dieser Zuversicht ging er über den Gobaveri, und hoffte Masulipatnam zu erreichen, ehe die Franzosen sich von ihrer Niederlage würden erholen können. Der Rajah aber folgte ihm nicht nach, und schickte auch kein Geld. Forde wurde dadurch verhindert, weiter vorzurücken, und ging voller Unwillen wieder

1759. über den Fluß zurück. Die schleunige Rückkehr machte den Rajah glauben, daß man ihn bestrafen wollte; in dieser Furcht flohe er in die Gebirge, an den Gränzen der Provinz. Forde lagerte sich unweit Vizagapatnam, und erhielt von dem Oberfaktor dieses Orts, Andrews, 20,000 Rupien zum Unterhalt der Truppen. Andrews suchte den Rajah selbst in den Gebirgen auf, der voller Furcht war, und dennoch kein Geld hergeben wollte, vielmehr schien er sich wenig um den Erfolg der Expedition zu bekümmern. Sein Betragen war desto beunruhigender, da die Nachricht von der Belagerung von Madras den Credit der Engländer in diesen Ländern sehr geschwächt hatte, und nur allein der Name des Rajah konnte ihn wieder herstellen. Wenn man seine Truppen nicht haben konnte, mußte man andere miethen, und hiezu hatte man kein Geld. In dieser Verlegenheit änderte Andrews den gemachten Tractat, und es wurde festgesezt: „daß alle Summen, die der Rajah „hergeben würde, als ein Darlehn angesehn werden, „und daß die Einkünfte aller Länder, die man jenseit „des Gobaveri erobern dürfte, die den Franzosen ei„genthümlich gehörigen allein ausgenommen, in glei„che Theile zwischen ihm und den Engländern getheilt „werden sollten." Auf diese Bedingungen kam er wieder ins Lager zurück, und der Marsch nach Masulipatnam wurde beschlossen; sieben Tage aber verstrichen, ehe man wegen dem Gelde die nöthigen Verfügungen treffen konnte. Der geizige Rajah gab nur 6000 Rupien baar Geld her, und 60,000 Rupien in Wechselbriefen auf kurze Sicht. Endlich sezte sich die Armee in Bewegung, nachdem man 1759. funfzig Tage Zeit verloren hatte, von denen die Hälfte hinreichend gewesen wäre, den Krieg in diesen Gegenden zu endigen; nunmehr aber zeigten sich mancherley Schwierigkeiten, da die Feinde Zeit gehabt hatten, sich völlig zu erholen.

Forde hatte, um fernere Streitigkeiten mit dem Rajah zu vermeiden, ihn nach seinem Gefallen marschiren lassen, da er langsam vorrückte, und immer links und rechts Detaschements ausschickte, um zu brandschatzen; er versprach jedoch in Elore nachzukommen, wo Forde den 6ten Februar eintraf. Dieser Ort ist die Hauptstadt einer kleinen Provinz, welche Bussy vom Salabad-jing erlangt hatte. Die Engländer kannten die Stadt sehr wenig, und hatten seit dem vorigen Jahrhundert hier kein Verkehr getrieben. Sie ist groß, und hat in ihrer Mitte ein sehr ansehnliches Fort, worin die Franzosen gewöhnlich eine mohrische Besatzung hielten; Conflans aber hatte sie herausgezogen und mit sich genommen. Der lange Verzug der Engländer, ihm zu folgen, schien ihm etwas Entschlossenheit eingeflößt zu haben, denn er sammelte die zerstreuten Truppen, und formirte mit ihnen ein Corps von 200 Europäern und 2000 Sepoys, das er seine Observations-Armee nannte. Mit dieser zog er herum und erpreßte den Tribut. Forde, um vor der Ankunft des Rajah nicht unthätig zu seyn, schickte den Capitain Knox mit 500 Sepoys ab, um die französische Faktorey in Narsipore zu erobern, wo sich jezt eine Besatzung von 100 Europäern und 400 Sepoys befand. Voraus aber wur-

1759. den Briefe an den Zemindar oder Generalpachter des Districts abgesandt, mit Drohungen, das Land zu verwüsten, wenn er den Franzosen den geringsten Beystand leistete; dabey trug man ihm ein Bündniß an, wenn er mit seinen Truppen zu den Engländern stoßen wollte. Der Zemindar ging den Antrag willig ein. Die französische Besatzung in Narsipore, die sich auf seine Unterstützung verlassen hatte, marschirte gleich ab, sobald sie seinen Abfall hörte, und ließ in der Faktorey außer einer Menge Waaren einige Kanonen und Schiffsbedürfnisse zurück; die Munition aber, die sie nicht mit fortbringen konnten, wurde ins Wasser versenkt. In dem Flusse fand man mehrere Fahrzeuge und Böte. Knor ließ einige Soldaten bey dieser Beute zurück, und ging wieder nach Elore, woselbst endlich der Rajah den 16ten mit allen seinen Truppen auch eintraf; desgleichen stellte sich den folgenden Tag der Zemindar von Narsipore mit 1500 Mann Fußvolk ein. Ob man gleich schon so viel Zeit verloren hatte, so zögerte der Rajah immer noch weiter zu marschiren, und hielt die Armee bis zum 1sten März auf.

Conflans hatte nach seiner Niederlage bey Pedbipore an Salabad-sing geschrieben, und ihn bringend gebeten, mit seiner ganzen Macht nach Masulipatnam zu kommen, um mit ihm in Vereinigung die Engländer auf einmal aufzureiben, und die Fürsten zu bestrafen, die sich mit ihrem gemeinschaftlichen Feinde verbunden hatten. Bussy's Entfernung hatte den Ehrgeiz des Nizam-Ally wieder rege gemacht, wobey er heimlich durch die Anhänger des Schanavaze

Eilftes Buch.   65

vaze Khan und des Mohameb Hussein, die beide für 1759. seine Sache ihr Leben verloren, unterstützt wurde. Diese Conföderation hielt sich ganz stille, bis Bussy weit genug von Hyderabad entfernt, und kein Anschein zu seiner Rückkehr war; nunmehr handelte man freyer, und Nizam-Ally sah sich bald durch den Beystand seiner Freunde an der Spitze von 15000 Reitern, mit welchen er von Brampore aufbrach und nach Aurengabad marschirte, wo er mit Unterwürfigkeit empfangen wurde; die Festung Doltabad aber wollte sich nicht an ihn ergeben. Der von Natur träge Salabad-jing sah kein anderes Mittel, seinen Bruder zum Gehorsam zu bringen, als durch die Hülfe der Franzosen, die er sich jezt durch den von Conflans verlangten Beystand am besten verschaffen zu können glaubte; allein seine Großen waren gar nicht geneigt, die Wiederherstellung einer Macht zu befördern, die so sehr ihrer eignen Autorität Eintrag gethan hatte. Dennoch hofften sie, daß der gegenwärtige Krieg zwischen den Engländern und Franzosen ihnen Mittel an die Hand geben würde, die abgetretenen Länder wieder der Subahschaft einzuverleiben. In dieser Rücksicht riethen ihm die meisten, nach Masulipatnam zu marschiren; auch sein Bruder, Bassaulet Jung, war dieser Meynung, brach mit seinen Truppen von Aboni auf, und vereinigte sich mit Salabad-jing beym Kristna Fluß. Die Armee bestand nun aus 10,000 Mann Infanterie und 1500 Mann Cavallerie. Ihre Annäherung aber vermochte den Obersten Forde nicht, seinen Vorsatz auf Masulipatnam aufzugeben. Es war augenscheinlich, daß die

Dritter Band.   E

Rache des Subah auf den Rajah fallen würde, im Fall die Engländer gezwungen werden sollten, sich zurückzuziehn; allein diese Betrachtung, die sich nur auf eine entfernte Gefahr bezog, hatte bey dem geizigen Fürsten kein Gewicht, da ihm die gegenwärtigen Plünderungen seiner allenthalben zerstreuten Truppen so große Vortheile brachten.

Die Engländer vernahmen die Aufhebung der Belagerung von Madras an dem nämlichen Tage, als sie vor Masulipatnam anlangten. Die Stadt und das Fort dieses Namens sind einige Kanonenschüsse von einander entfernt, und lezteres liegt anderthalb englische Meilen vom Seeufer. Conflans hatte sich mit allen seinen Truppen in der Stadt gelagert, wegen der Bequemlichkeit Wasser zu bekommen, welches im Fort fehlte, wo kein anderes war, als was in Cisternen aufbehalten wurde. Hätte er in dieser Lage durch eine Verschanzung zwey nahe bey der Stadt liegende Moräste mit einander verbunden, so wäre es den Engländern nicht wohl möglich gewesen durchzudringen. Sein Corps war, ohne die noch nicht abgerufenen Observationstruppen, 500 Europäer und 2000 Sepoys stark, mit welchen er sich, sobald er die Engländer gewahr wurde, ins Fort warf.

Die Franzosen hatten die Festungswerke desselben modernisirt, seitdem sie davon 1751 Besitz nahmen. Die Mauern waren von Leim, mit Ziegeln bedeckt; man sahe eilf Bastionen, von mannichfaltigen Formen und Größen, mit Pallisaden und Gräben, allein kein Glacis. Man durfte nicht an regelmäßige Aufgräben denken, da die englische Armee so 1759. schwach war; denn zu solchen Arbeiten waren damals die schwarzen Soldaten ganz untauglich, und wurden für nichts gerechnet.

Salabad=jing hatte sich indessen mit den Observations=Truppen vereinigt. Diese Nachricht sezte den Rajah in solches Schrecken, daß er kein Geld mehr hergeben wollte; und in der Kriegscasse war nichts mehr vorhanden. Forde hatte von seinen Offizieren alles aufgeborgt, was sie im ganzen Feldzuge erbeutet hatten, so daß keine Resource mehr übrig blieb. Es waren zwar große Summen von Bengalen nach Vizagapatnam für die Truppen geschickt worden, allein sie waren von diesem Orte abgeschnitten; überdem zeigten sich die Hindernisse, das Fort zu erobern, unübersteiglich, daher das Misvergnügen der Engländer außerordentlich war, so daß sie den 19ten März sämtlich ihre Waffen ergriffen, und weg zu marschiren drohten. Forde brachte es mit vieler Mühe dahin, daß sie sich zurück begaben, um ihm durch Abgeordneten ihre Klagen vorzustellen. Diese Abgeordneten erklärten: daß alle Europäer entschlossen wären, nicht die Belagerung vorzunehmen, es sey denn, daß man ihnen gleich die ihnen zuständigen Summen bezahlte und ihnen die ganze Beute zusicherte, im Fall Masulipatnam eingenommen werden sollte. Nach den Compagnie=Verordnungen, die von der Krone bestätigt sind, wird den Truppen in Indien nur allein die Hälfte von allem dem zugetheilt, was sich in den eroberten Forts findet; die andere Hälfte fällt der Compagnie anheim.

1759. Forde versprach ihnen das Geld zu bezahlen, sobald es ihm nur immer möglich seyn würde; und da er die Verordnungen nicht übertreten konnte, so versicherte er ihnen wenigstens, durch die Vorstellung von ihren Strapatzen und Diensten die Compagnie dahin zu vermögen, ihren Antheil an der Beute aufzugeben; diesen wollte er zurückhalten, bis er ihren Entschluß erfahren habe. Diese Versprechungen beruhigten sie. Man fing nun an Batterien zu errichten, auf welche die Feinde ein beständiges Feuer machten.

So wie Salabab-jing sich näherte, schickte er Briefe und Boten voraus, mit Befehl an Anunberauze und die Zemindars, sogleich die Engländer zu verlassen, und als Vasallen mit ihren Truppen zu ihm zu stoßen. Man erfuhr den 27sten im Lager die Nachricht, daß er beym Kristna eingetroffen sey, und daß die französischen Observationstruppen Rajahmundrum wieder eingenommen hätten.

Der Rajah, welcher schon lange zweifelhaft gewesen war, gerieth nun in solche Furcht, daß er noch in der nämlichen Nacht mit allen seinen Truppen heimlich abzog, um sich nach seinem Lande zu begeben; so langsam auch seine Bewegungen sonst immer gewesen waren, zeigte er sich bey dieser Gelegenheit doch überaus eilfertig, so daß er bey Tagesanbruch schon sechszehn englische Meilen zurückgelegt hatte. Forde schickte Boten an ihn ab, um ihm das Unsinnige seines Betragens vorzustellen, da es für ihn nicht möglich wäre, auf der einen Seite der zahlreichen Cavallerie des Subah und auf der andern den Franzosen in Rajahmundrum zu entgehen; dagegen, wenn er bey den Engländern bliebe, würde er seines sichern Rück- 1759. zuges versichert seyn, ja selbst Masulipatnam dürfte vielleicht eingenommen werden. Diese vernünftige Vorstellung brachte ihn mit seinen Truppen zurück. So wenig Hofnung auch Forde hatte, den Subah von den Franzosen abzuziehen, so wollte er doch kein Mittel unversucht lassen, um ihn von dem Entsatz von Masulipatnam abzuhalten; er bat daher um Erlaubniß, einen Abgeordneten an ihn zu schicken, und versicherte keine andere Absicht zu haben, als nur die französischen Forts und Faktoreyen in Besitz zu nehmen, ohne sich der Autorität anzumaßen, welche die Franzosen in dem innern Lande behaupteten. Salabad-jing bewilligte die Ambassade, und Johnstone wurde den ersten April in sein Lager geschickt.

Die Batterien sezten ihr Feuer mit Lebhaftigkeit vom 25sten März bis zum 4ten April fort. Den folgenden Tag meldeten die Artillerie-Offiziers, daß nur noch für zwey Tage Munition zum Dienste der Batterien vorhanden sey. Zu gleicher Zeit erhielt man die Nachricht, daß der Subah anrücke, und die französischen Observationstruppen ihm folgten. Es war nun den Engländern nicht möglich, den langen Weg zurück zu marschiren, wo sie hergekommen waren, weil sie von allen den verschiedenen Corps und von der ganzen Besatzung von Masulipatnam verfolgt werden würden. Man konnte jedoch alle englischen Truppen einschiffen; denn es waren Fahrzeuge in der Nähe, und das Seeufer ist hier nicht steil. Forde aber betrachtete diese Art des Rückzuges als einen unerträglichen Schimpf, und beschloß das Fort zu stürmen; er urtheilte, daß die Besatzung diesen Versuch am wenigsten zu einer Zeit ahnten würde, wo ein häufig gefallener Regen den Morast noch weniger wadbar gemacht hatte, als zuvor. Er befahl daher, den folgenden Tag das Feuer zu verdoppeln, und alle Truppen ergriffen bey einbrechender Nacht das Gewehr.

Nach Mitternacht versuchte man den Entwurf auszuführen; man kannte den Ort gar nicht, deswegen liefen die ersten Anfälle fruchtlos ab, und kosteten viel Blut. Es wurden jedoch einige Werke muthig erstiegen, worauf Conflans am folgenden Morgen zu capituliren begehrte; allein Forde gab die Antwort zurück, daß er die Uebergabe nicht anders als auf Discretion anzunehmen gesonnen sey; würde man aber fortfahren Widerstand zu thun, so sollte die ganze Besatzung niedergehauen werden. Diese Drohung that die erwartete Wirkung bey Truppen, die an der Stelle ihres vorigen vortreflichen Befehlshabers, des Bussy, von einem unerfahrnen Offizier commandirt wurden; sie ergaben sich ohne Verzug zu Kriegsgefangenen. Die Anzahl derselben überstieg bey weitem die Stärke der Engländer; denn es waren 500 Europäer und 2537 Sepoys, Topassen und Kaffern, die das Gewehr streckten. Der Verlust der Stürmenden bestand in 22 todten und 62 verwundeten Europäern; von den Sepoys waren 50 todt geblieben und 150 verwundet worden. Im Fort fand man 120 Kanonen und einen Ueberfluß an Munition. Die sonstige Beute war auch sehr beträchtlich: alles, was nicht Kaufmannsgüter waren, wurde den Gefangenen zurückgegeben; von dem übrigen aber wurde die Hälfte unter die Soldaten vertheilt, und die andere Hälfte dem Versprechen gemäß aufbewahrt.

Die Unwahrscheinlichkeit des Versuchs war die Hauptursache des glücklichen Erfolges; denn die Besatzung hatte vom Anfang an über die Belagerung gespottet, und da sie täglich Truppen erwartete, die von Pondichery zur See kommen sollten, so wurden allerhand Entwürfe gemacht: man wollte sodann die Engländer mit der vereinigten Macht der Franzosen und des Salabab-jing umringen, und sie folglich auf einmal vernichten. Wäre diese Operation von des Eubah Truppen und den bey ihm befindlichen Franzosen früher geschehen, ohne erst die Verstärkung abzuwarten, so wären die Engländer verloren gewesen; denn hätten sie auch Widerstand thun wollen, so wäre ihnen doch durch die Maratten aller Proviant abgeschnitten worden; auch hätten sie sich nicht ohne große Gefahr einschiffen können, und ohne alle ihre Bagage und Geschütz im Stiche zu lassen.

Die Minister des Salabab-jing waren daher über diesen Verlust außerordentlich betreten, weil sie überzeugt waren, daß sie ihn durch ihre Nachläßigkeit veranlaßt hatten. Sie beschlossen jezt dennoch die Verstärkung abzuwarten, in der Hofnung, die Engländer zu zwingen, durch die Uebergabe von Masulipatnam ihren Rückzug alsdann zu erkaufen. Der Rajah Anunderauze fürchtete etwas ähnliches, und wollte daher gleich nach Eroberung des Ortes sich in sein Land begeben; Forde, der ihn äußerst verachtete, hatte nichts dawider einzuwenden, daher denn dieser Rajah den 12ten April mit allen seinen Indiern ab-

1759. zog. Einige Tage nachher kamen zwey französische Schiffe auf der Rhede an, die mit einem Boot Briefe an Conflans schickten; sie enthielten die Nachricht, daß diese Schiffe von Pondichery kämen, und 300 Europäer und Topassen am Bord hätten. Dieses war die erwartete Verstärkung. Da keine Antwort zurückkam, ahnete man auf den Schiffen den Verlust des Ortes, und den folgenden Tag gingen beide unter Segel.

Salabad-jing befand sich jezt mit seiner Armee bey Masulipatnam. Er hatte die Ankunft der französischen Schiffe vernommen, und wartete stündlich, daß sie zurückkommen und die Truppen landen würden; diese Landung zu decken, hatte er alle Maratten am Seeufer postirt. Forde vertheilte seine Truppen, so groß auch die Zahl der Gefangenen war, die bewacht werden mußten; er ließ die Hälfte im Fort zurück, und bezog mit den übrigen sein altes Lager. Dieses muthige Betragen hielt die Maratten zurück, dagegen verbrannten und verheerten sie alles rund herum. Der Subah verlor jezt alle Hofnung, Masulipatnam wieder einzunehmen, und wünschte eine Unterhandlung anzufangen; Forde begab sich in sein Lager, wo er mit vieler Achtung empfangen wurde. Diese Veränderung der Gesinnungen des Subah gegen die Engländer hatte noch einen andern Bewegungsgrund. Die Nachricht von dem Meuchelmorde des Duans und von Nizam-Ally's Flucht nach Brampour hatte Bengalen erreicht, ehe Forde noch seinen Marsch von dort antrat. Clive urtheilte, daß die Größe der Beleidigung dem Nizam-Ally einen

Eilftes Buch. 73

solchen Abscheu gegen die französische Nation einge- 1759.
flößt haben müßte, daß er keine Aussöhnung mit ihnen wünschen würde; er schrieb deswegen an ihn,
und bat um seinen Beystand zur Vertreibung der
Franzosen aus den Provinzen, welche sie der Subahschaft von Decan entzogen hatten. Forde schickte
diesen Brief ab, und schrieb auch selbst an Nizam-
Ally. Ob diese Briefe seine Operationen bestimmten, ist ungewiß; genug, sobald er erfuhr, daß der
Subah gegen die Engländer zu Felde zöge, rückte er
auch mit seinen Truppen ins Feld, marschirte auf Hyderabad los und sprengte aus, daß seine Absicht sey,
die Regierung zu verbessern. Diese Nachricht beunruhigte Salabad-jing sehr; er war daher entschlossen,
nicht allein schleunig zurück zu marschiren, sondern
auch sich von einem Corps englischer Truppen begleiten zu lassen; denn er fürchtete, daß, wenn er mit
Franzosen zurückkäme, keine Aussöhnung mit seinem
Bruder Nizam-Ally Statt finden würde. Die Achtung aber, worin der Befehlshaber der sogenannten
französischen Observations-Armee bey des Subah
jüngstem Bruder Bassaulet Jung stand, welcher jetzt
den größten Antheil an der Regierung hatte, verzögerte die Schließung des Tractats mit Forde bis zum
12ten May, an welchem Tage er unterzeichnet
wurde.

Der Tractat bestand aus vier Artikeln. Vermöge des ersten wurden den Engländern alle von Masulipatnam abhängende Ländereyen, in acht Districte
abgetheilt, desgleichen die Jurisdiction über das Land
von Nizamapatnam, nebst den Districten von Coda-

E 5

ver und Wacalmannar, eingeräumt; und zwar mit allen Vorrechten, und ohne zu Kriegsdiensten verbunden zu seyn. Im zweiten Artikel versprach Salabadjing, die bey sich habenden Franzosen zu vermögen, in funfzehn Tagen über den Kristna zu gehn; auch gelobte er an, dieser Nation ferner nicht zu erlauben, sich in Decan niederzulassen, desgleichen keine französischen Truppen in seinen Dienst zu nehmen, ihnen weder beyzustehen, noch sie je zu Hülfe zu rufen. Im dritten Artikel versprach er, von Anunderauze keine Rechnung zu fodern, in Ansehung der Summen, die er in den französischen Ländereyen erpreßt hatte, auch nicht den Tribut von seinen eignen des gegenwärtigen Jahres abzufodern; dagegen sollte er aber hernach den Tribut so wie Vizeramrauze und dessen Vorfahren bezahlen. Würde Anunderauze es hieran fehlen lassen, so könnte Salabab-jing ihn ganz nach Wohlgefallen behandeln; in keinem Falle aber sollte er den Feinden der Engländer weder beystehen noch sie beschützen. Im vierten Artikel verbanden sich die Engländer, seinen Feinden auch nicht beyzustehn. Das Land, das hiedurch der Compagnie abgetreten wurde, erstreckte sich achtzig englische Meilen längs der Seeküste und zwanzig Meilen landeinwärts; die Einkünfte desselben betrugen jährlich an 400,000 Rupien.

Sobald der Tractat unterzeichnet war, bot Salabad-jing Forde einen kleinen District nahe bey Masulipatnam als eine unabhängige Pension für sich an, wenn er ihn mit seinen Truppen begleiten wollte. Forde wollte dieses nicht eher bewilligen, bis ihm der

Subah seinen Beystand versprechen würde, die fran- 1759. zösischen Observationstruppen gefangen zu nehmen, die sich in der Nähe, unter dem Schutze des Bassaulet Jung, gelagert hatten; kein Theil wollte dem andern willfahren, daher Salabad-jing endlich voller Zorn gegen die Engländer abmarschirte. Er hatte ihnen, ohne die geringsten Vortheile für sich auszubedingen, den höchst vortheilhaften Besitz eines grossen Landes bestätigt, das über alle ihre gegenwärtigen Hofnungen ging, so daß sie jezt die ganze Küste von Coromandel von Ganjam bis zum Vorgebirge Comorin gewissermaßen beherrschten. Die französischen Truppen gingen über den Kristna, allein sie zogen sich westwärts, da sie von Bassaulet Jung die Versicherung erhalten hatten, daß er sie in Sold nehmen wollte, sobald er von Hyderabad nach seinem eignen Gouvernement von Adoni gekommen seyn würde. Die Regierung in Madras betrachtete Masulipatnam jezt als ganz abhängig von ihrer Autorität, es wurde daher eine untergeordnete Regierung daselbst angelegt, und die Administration dem Oberfaktor Andrews übergeben; der Oberste Forde aber blieb mit seinen Truppen hier, und erwartete wegen seiner fernern Operationen Verhaltungsbefehle aus Bengalen.

Lally war mit den französischen Truppen im vollen Marsche den Engländern zu folgen, als er die Nachricht erhielt, daß sie Conjeveram weggenommen hätten, worauf er Halt machte und den Parteygänger Lambert detaschirte, um wenigstens die Engländer von Arcot abzuhalten. Diese Vorsicht war jedoch überflüssig, denn die Engländer hatten keine Nei-

1759. gung den Krieg in dieses Land zu spielen, das sie als ihr eigenes betrachteten, und bald wieder zu besitzen hofften. Lambert hatte 300 Europäer, 700 Sepoys und 200 Reiter bey sich, mit denen er sich blos vertheidigungsweise verhielt. Die Engländer fürchteten die Feinde jezt so wenig, daß sie Issoof mit 600 Sepoys und 1650 Mann, theils Tanjoren, theils Colleries, nach Madura schickten. Die Franzosen litten an Lebensmitteln, Kleidungsstücken und Geld den größten Mangel. Dieser nachtheiligen Lage wegen konnte sich Lally nicht auf ihren guten Willen verlassen, bis er im Stande seyn würde, ihren Klagen abzuhelfen. Aus dieser Ursache ging er nach Arcot, um dort Geld aufzutreiben. Er entdeckte einige Betrügereyen des Generalpachters, und verdammte ihn daher zu einer Strafe von 40,000 Rupien; desgleichen empfing er 10,000 Rupien von Mortiz-ally, nebst dem Versprechen, Proviant zu liefern, wenn die Franzosen Velore verschonen wollten. Die Zufriedenheit des Lally über diese geringe Hülfe aber wurde durch die Nachricht sehr gehemmt, daß eine englische Flotte von neun Linienschiffen und drey Fregatten bey Negapatnam angekommen sey. Ihre Erscheinung beunruhigte die Besatzung in Carical, ja selbst die Bewohner von Pondichery. Lally zeigte sich doch dabey sehr gelassen, theilte das erhaltene Geld unter die Truppen aus, und marschirte sodann nach den Gegenden von Conjeveram, wo er nahe bey der englischen Armee ein festes Lager bezog.

Man war einige Zeit zuvor wegen Auswechselung der Gefangenen übereingekommen, daher denn hundert im Fort St. David gefangen genommene Engländer nach Madras kamen. Hieher wurde auch der Oberste Brereton gebracht, der sehr krank war, und das Commando der Armee dem Obersten Monson übergeben hatte, der sogleich alle Mittel versuchte, dem Feinde ein Treffen zu liefern, und daher drey Tage hinter einander mit seinen Truppen ausrückte; die Franzosen aber zeigten sich hiezu nicht geneigt, und sie mit Gewalt in ihrem festen Lager anzugreifen, war nicht ausführbar. Die kürzlich erlangten Hülfsmittel an Geld und Proviant waren bald erschöpft, und die Soldaten fingen wieder an zu murren; selbst die Offiziers, die fast alle Lally persönlich haßten, stimmten mit ein. Der General fand daher nicht rathsam, sich in ein Treffen einzulassen, so sehr er es auch wünschte; denn er selbst war ein Mann von vielem Muthe, und hatte jezt 2000 Europäer bey sich im Felde. Er wollte jedoch versuchen, ob ihr Haß gegen ihn größer als das Gefühl ihrer Pflichten wäre, und machte daher mit den Truppen verschiedene Bewegungen, die ihn bald überzeugten, daß er bey ihren gegenwärtigen Gesinnungen gar nicht auf sie rechnen könne; er verlegte daher die Armee in Cantonirungsquartiere in Arcot, Carangoly, Chittapet und Vandiwasch, er selbst aber mit 1300 Europäern marschirte nach Pondichery, entschlossen, sich den Engländern nicht zu nähern, bis die französische Flotte ankäme, die täglich erwartet wurde. Er zog auch die Truppen aus Sadras, und ließ den Holländern das Fort und die Stadt wieder überliefern.

1759.

1759. So endigte sich dieser Feldzug, nachdem er hundert Tage gedauert hatte; 10,000 Mann waren dabey in den Waffen gewesen, allein nicht fünfe waren dabey umgekommen. Die Hauptabsicht beider Theile war, ihre Ländereyen zu beschützen, und nichts unvorsichtig aufs Spiel zu setzen.

Lally war wider den Gouverneur von Pondichery, wider das Conseil und alle Civilbeamten mehr als jemals aufgebracht, und schrieb ihrer üblen Verwaltung und ihren Betrügereyen alle Hindernisse zu, welche die Fortschritte seiner Waffen gehemmt hatten. Er behauptete, daß die Mitglieder des Conseils von den Pächtern der Districte Geschenke erhielten, und dadurch Nachsicht bey den unregelmäßigen Zahlungen erlangten, auch wohl gar Nachlaß in Ansehung der festgesezten Summen bekämen; ferner führte er an, daß, während die Schatzkammer so freventlich um ihre rechtmäßigen Einkünfte gebracht wäre, die Ausgaben auf die leichtsinnigste Art verschwendet würden, weil die vornehmsten Beamten Antheil an allen Lieferungen hätten, sowohl zu den Bedürfnissen in der Stadt als im Lager. Etwas von diesen Beschuldigungen mochte wohl wahr seyn, allein der Gouverneur de Leyrit war ein Mann von ausgezeichneter Rechtschaffenheit; auch andre Mitglieder des Conseils waren würdige Männer, und dergleichen niedriger Handlungen unfähig. Die Schuldigen aber verbargen sich hinter diesen, welche die Verläumdung verachteten, und sich auf ihren anerkannten Charakter stützten. Da Bussy sich seit der Belagerung von Madras in Pondichery krank

Eilftes Buch. 79

befand, und so allgemein geliebt wurde, so verdop- 1759
pelte sich nun, nach Lally's tobendem Betragen, die
Verehrung aller Volksklassen gegen diesen vortreflichen Offizier, und jedermann klagte laut über die Unbedachtsamkeit des französischen Ministerii, einem Manne wie Lally das Commando in Indien zu übergeben, und die außerordentlichen Talente des Bussy dabey hintanzusetzen.

Nichts von Erheblichkeit war zwischen beiden Armeen vorgefallen, seitdem sie die Cantonirungsquartiere bezogen hatten; man that blos Streifereyen, um Vieh zusammen zu treiben; die Engländer sammelten davon 6000 Stück. Die französische Besatzung im Fort Arcot bestand in 60 Europäern und 600 Sepoys; da sie, so wie die übrigen Truppen, schlecht bezahlt waren, so wandten sich die Sepoys an den Obersten Monson, und erboten sich, ihm das Fort für Geld zu überliefern; auch die Kellidars von Coorepauk und Timery thaten wegen ihrer Forts an Monson ähnliche Anträge. Timery schien wegen der Entfernung nicht den Kaufpreiß zu verdienen, die andern beiden Forts aber waren zu wichtig, um nicht das Anerbieten anzunehmen, so groß auch die dazu erfoderlichen Geldsummen waren. Allein da sich der Tag der Uebergabe näherte, bekannten die Sepoys, daß sie ihr Wort nicht halten könnten, weil eine Verstärkung von 200 Europäern ins Fort gerückt wäre. Durch diesen Marsch wurde auch der Kauf von Coorepauk rückgängig.

Gegen Ende des Junius kamen drey Compagnieschiffe aus England an, die 200 Rekruten an Bord

1759 hatten, und die Nachricht brachten, daß das 84ste Regiment königlicher Truppen, 1000 Mann stark, in andern Schiffen unterweges sey, und zwar unter Commando des Obersten Coote, der schon ehemals in Bengalen gedient hatte, und nun zum Anführer aller dortigen Truppen war ernannt worden. Jedoch hatte man ihm die Wahl gelassen, auf der Küste von Coromandel zu bleiben, wenn er es nöthig fände. Diese angenehme Nachricht aber ward durch eine andre verbittert. Die Directoren der Compagnie nämlich, durch die großen in Bengalen erworbenen Reichthümer geblendet, hatten beschlossen, vor dem Jahre 1760 keine Gelder nach Indien zu schicken. Dieser Entschluß wurde jedoch von der Regierung in Madras sorgfältig verschwiegen. Es kamen abermals 200 englische Kriegsgefangene aus Pondichery an, die Hälfte derselben waren Seeleute, die man aus den gestrandeten Schiffen aufgefangen hatte, und nun nach der Flotte geschickt wurden, die südwärts kreuzte.

Der Subah, Salabad jing, hatte sich mittlerweile Hyberabad bis auf wenige Meilen genähert, und fing hier eine Unterhandlung mit seinem Bruder Nizam-Ally an. Es kam zu einer Unterredung, die eine Aussöhnung bewirkte, und die Folge hatte, daß Nizam-Ally ganz die vorige Gewalt wieder bekam, die er in Decan gehabt, und die Bussy's Furcht so sehr erregt hatte. Diese Veränderung in der Administration beraubte den andern Bruder, Bassaulet Jung, aller Gewalt, die er als Duan unter dem trägen Subah sehr ausgedehnt hatte. Er entfernte sich daher mit großem Unwillen gegen seine beiden

Brü-

Brüder, und nahm die Truppen mit sich, die unter 1759. dem Titel der französischen Observationsarmee vorher figurirt hatten. Sie bestanden aus 200 Europäern und 2000 Sepoys; er selbst hatte überdem 1500 Reiter und 5000 Fußsoldaten, mit einem Zuge schwerer Artillerie. Er ging mit diesen über den Kristna, plünderte das Land, und lagerte sich bey Condavire. Von hier schickte Bassaulet Jung drohende Briefe an Nazeabulla und alle Polygars, die längs dem Pennarflusse wohnten, mit Befehl, an ihn den Tribut zu bezahlen, den sie dem Subah von Decan noch rückständig wären, dessen Abgeordneter er zu seyn vorgab. Um ihr Schrecken zu vergrößern, meldete er ihnen, daß er durch ihre Länder ziehen, und sich mit den Franzosen in Arcot vereinigen würde.

Der Stil seiner Briefe, und noch mehr seine Annäherung, hatten sowohl Nazeabulla als die nordlichen Polygars abgehalten, den Engländern Hülfe zu leisten, Tripetti wieder zu erobern. Da sich das jährliche Fest in dieser Pagode näherte, und die Regierung in Madras selbst sehr wünschte, bald wieder im Besitz dieses einträglichen Ortes zu seyn, so wurde der Major Calliaud mit 200 Europäern und 500 Sepoys dahin geschickt, der auch den 10ten Jullus die Pagode mit Sturm glücklich erstieg.

Der Oberste Monson war indessen mit seinen Truppen gegen Arcot zu gerückt, und marschirte bey Coorepauk vorbey. Er machte Miene, das Fort zu belagern, und ließ es wenigstens der Form gemäß auffodern, da er sich nicht einbilden konnte, es so leicht zu bekommen. Seine Verwunderung war daher

Dritter Band. F

1759. groß, als die Antwort erfolgte, daß man es übergeben wollte, wenn es der Besatzung verstattet würde, sich mit allen Habseligkeiten nach Arcot zu begeben. Die Capitulation war in einer Stunde gemacht. Ein so unerwarteter Erfolg flößte Muth ein, und erzeugte die Hofnung, daß Arcot selbst nicht außerordentlich vertheidigt werden würde, daher Monson ohne Verzug dahin marschirte. Die Besatzung dieses Forts aber zeigte viel Muth, und ihr Geschütz war so zahlreich und wohlbedient, daß nichts ausgerichtet werden konnte, wenn man nicht Artillerie aus Madras bekäme. Allein es war zu besorgen, daß, ehe dieses geschähe, die Franzosen zum Entsatz herbey kommen würden, daher Monson nach Conjeveram zurückmarschirte, nachdem er zuvor in Coorepauk 400 Europäer zurück gelassen hatte.

Der Admiral Pocock, in Erwartung der französischen Flotte, kreuzte mit der seinigen auf der Höhe von Negapatnam, wo er vom Capitain Smith aus Tritchinapoly reichlich mit Vieh versorgt wurde. Am Ende des Junius langte ein dänisches Schiff zu Trankebar an, und brachte die Nachricht, daß zwölf französische Schiffe im Meerbusen von Trinconomaly auf der Insel Ceylon lägen. Pocock eilte sogleich dahin, konnte aber weder die französischen Schiffe sehen, noch sonst etwas von ihnen vernehmen; er fuhr jedoch fort, an den Küsten dieser Insel zu kreuzen, und begegnete fünf von den aus England erwarteten Schiffen, die einen Theil von Coote's Regiment am Bord hatten; er segelte mit ihnen zurück nach Negapatnam, um die Kriegs- und Mundbedürfnisse einzu-

nehmen, die sie für seine Flotte mitgebracht hatten. 1759.
So nöthig man auch Truppen am Lande brauchte, so
ersuchte die Regierung in Madras doch den Admiral,
die neuangekommenen bey sich zu behalten, damit
seine Schiffe bey dem bevorstehenden Treffen mit den
Franzosen desto besser bemannt wären. Es waren
auch Nachrichten eingegangen, daß die Holländer in
Batavia eine Flotte ausrüsteten, um sie nach dem
Meerbusen von Bengalen zu schicken. Den 8ten
Julius kamen auch wirklich sechs holländische Schiffe
in Negapatnam an; sie hatten am Bord 500 europäische Soldaten und 1590 disciplinirte Maleyen,
mit einem Ueberfluß an Kriegsbedürfnissen. Die
Bestimmung dieser Escadre war ein Räthsel, und
erzeugte mancherley Gerüchte. Die Holländer gaben vor, der Endzweck derselben sey, ihre Besatzungen an der Küste zu verstärken; andre aber
versicherten, daß sie zum Beystand der Engländer
auf der Küste von Coromandel bestimmt wären.
Pocock wußte, wie sehr die Truppen in Bengalen
durch das nach Masulipatnam abgeschickte Detaschement geschwächt wären, und wie viel sie wahrscheinlich von dem bösen Clima leiden würden; da ihm
überdem die große Eifersucht der Holländer über die
anwachsende Macht der Engländer in Bengalen bekannt war, so argwöhnte er, daß die angekommene
Escadre wohl dahin bestimmt seyn dürfte. Diese
Idee feuerte seinen Eifer fürs allgemeine Wohl an,
davon er bey allen Gelegenheiten ausgezeichnete Proben gegeben hatte; er schickte daher alle Truppen nach
Madras, und empfahl der Regierung, einen Theil

F 2

derselben unverzüglich nach Bengalen zu senden. Sie wurden alle den 25sten gelandet, und nach Conjeveram zur Hauptarmee geschickt, über welche der wiederhergestellte Brereton nun abermals das Commando übernahm.

Die Unzufriedenheit und der Mangel an allen Bedürfnissen war bey der französischen Armee so groß als jemals, obgleich die Kosten jezt in den Cantonirungsquartieren sehr vermindert waren. Im Anfange des August empörte sich das ganze Regiment des Lally, nur die Offiziers, Unteroffiziers und funfzig gemeine Soldaten allein ausgenommen. Diese Aufrührer verließen das Fort Chittapet und erklärten, daß sie nicht eher zurückkommen würden, bis sie ihren seit vielen Monaten rückständigen Sold empfangen hätten. Ihre Offiziers schossen alles Geld zusammen, was sie nur besaßen, und verpfändeten ihre Ehre, mehr zu verschaffen. Durch diese Maaßregel brachten sie sie wieder zurück, bis auf dreißig, die sich im Lande zerstreuten. Da dieser Aufruhr aus mannichfaltiger Rücksicht nicht bestraft werden konnte, so erhielt dadurch die Disciplin bey der ganzen Armee einen tödtlichen Stoß.

Am 10ten September liefen in Madras wichtige Nachrichten von der Flotte ein. Die Holländer in Negapatnam, unter dem Vorwande, daß ihre Schiffe aus Batavia zu ihrem Dienste alle indischen Fahrzeuge brauchten, die sich im dortigen Hafen befanden, wollten keinem erlauben, die englischen Schiffe mit Wasser zu versehen. Pocock segelte darauf nach Trinconomaly, um sich dort dieses Bedürfniß zu verschafsen. Den 2ten September ward man hier des Morgens einige Schiffe gewahr, die man bald für den längst erwarteten Feind erkannte. Der Admiral ließ gleich die Anker lichten und ging auf sie zu, konnte aber wegen des Windes den ganzen Tag nicht bis auf einen Kanonenschuß nahe kommen; er ward jedoch gewahr, daß die Anzahl und Größe der Schiffe weit beträchtlicher als im vorigen Jahre war.

Ache, welcher den 3ten September 1758, wie bereits erzählt worden, die Küste von Coromandel verlassen hatte, war nach einer dreißigtägigen Fahrt in Isle de France angelangt; er fand hier eine Verstärkung von drey Kriegsschiffen unter Commando eines erfahrnen Offiziers, Namens Aguille; auch waren hier einige Compagnieschiffe aus Frankreich angekommen. Alle diese Schiffe zusammen waren mit 5500 Mann besetzt. Diese Anzahl erzeugte einen großen Mangel an Lebensmitteln, denn alles was man aus den Inseln, ja selbst aus Madagascar ziehen konnte, war nebst dem aus Europa mitgebrachten Vorrath von Proviant für diese Menge Menschen und eine ohnehin zahlreiche Colonie nicht hinreichend. Man hielt wiederholte Versammlungen, und beschloß endlich ein Kriegsschiff und acht Compagnieschiffe mit 3 bis 4000 Mann nach dem Vorgebirge der guten Hoffnung zu senden, wo sie Proviant genug für die Flotte einkaufen, und während der Zeit verpflegt werden könnten, ohne den gemeinschaftlichen Vorrath anzugreifen. Diese Schiffe langten im Januar am Vorgebirge an, und zwey von ihnen waren so glücklich, sich eines englischen

1759. Compagnieschiffes zu bemächtigen, das reich beladen von Madras nach Europa segelte. Die Absicht des Einkaufs wurde völlig erreicht, allein mit sehr großen Kosten. Sie kauften eine erstaunliche Menge von Getreide, Fleisch und Wein, und kehrten im April wieder nach Isle de France zurück, da denn vier große Compagnieschiffe stark mit Kanonen besezt und in Kriegsschiffe verwandelt wurden. Hiedurch verzog sich die Abfahrt der Flotte bis zum 17ten Julius. Nun segelte man erst nach der Insel Bourbon, sodann nach Madagascar, wo Reiß und andrer Proviant noch eingenommen wurde, und endlich langte die Flotte den 30sten August bey Batacola, einem Hafen von Ceylon, an, wo sie von der englischen Nachricht einzog, und sie zwey Tage nachher selbst zu Gesichte bekam. Die Land- und Seewinde nahe am Ufer waren sehr abwechselnd, und die Ströme mannichfaltig; hiezu kam ein starker Nebel, daher man aufs Gerathewohl herumschiffte, ohne auf einander zu stoßen, bis zum 10ten September, wo sie beym Fort St. David zusammen kamen.

Die englische Flotte bestand aus neun Linienschiffen, einer Fregatte, zwey Compagnieschiffen und einem Brander. Die Linienschiffe waren eins von 68, eins von 66, eins von 64, drey von 60, eins von 58 und zwey von 50 Kanonen. Der Admiral Stevens commandirte mit vier Schiffen die Avantgarde und der Admiral Pocock den Mittelpunkt des Treffens. Die Franzosen hatten eilf Linienschiffe und drey Fregatten: drey Schiffe von 74, eins von 68, vier von 64, eins von 56 und zwey von 54

Kanonen. Die Avantgarde commandirte der Ad- 1759.
miral Aguille, und das Centrum der Admiral Ache.
Die französische Flotte hatte 174 Kanonen mehr als
die englische.

Das Treffen fing Nachmittag um zwey Uhr an,
und dauerte zwey Stunden lang mit einem sehr lebhaften Feuer von beiden Seiten; alle Schiffe kamen
zum Schlagen, und viele derselben wurden sehr beschädigt. Ein Kartätschenschuß riß dem Admiral
Ache das Fleisch an den Lenden bis auf die Knochen
weg, so daß er sinnlos zur Erde stürzte. Die Franzosen machten endlich dem Gefecht ein Ende und zogen sich zurück. Pocock versuchte sie zu verfolgen,
allein die Segel waren so zerschossen, daß man den
Vorsatz aufgeben mußte. Der Verlust der Engländer in diesem Treffen war 114 Todte und 369 Verwundete; unter den erstern befanden sich einige würdige Offiziere, die man sehr bedauerte. Die Franzosen hatten auch ungefähr so viel verloren, ihre Segel aber waren in besserm Stande.

Noch ehe man diese Nachricht in Madras erhielt, hatte man beschlossen, den muthlosen Zustand
der Feinde zu benutzen und einen Versuch auf Wandiwasch zu machen, den wichtigsten Ort zwischen Madras und Pondichery; jezt aber, da die Engländer
nicht wußten, wie viel Truppen am Bord der Flotte
seyn mochten, fand man rathsam, den vorhabenden
Angriff zu verschieben. Brereton aber widersetzte
sich diesem Aufschub aus allen Kräften, und da die
Regierung seinen Eifer nicht gern niederschlagen wollte,

1759. so hielt man ihn wenigstens durch ausdrückliche Befehle nicht davon ab.

Das Regenwetter hatte die Wege und Flüsse ungangbar gemacht bis zum 26sten September, da die ganze Armee von Conjeveram aufbrach. Die Truppen bestanden aus 1500 Europäern, 80 Kaffern und 2500 Sepoys Infanterie, nebst zwölf Kanonen, desgleichen aus 100 europäischen und 700 schwarzen Reitern. Brereton konnte weder durch eigne Beobachtungen noch durch Spione etwas gewisses von der Macht der Feinde erfahren, die theils in der Stadt Vandiwasch einquartirt waren, theils unter den Mauern des Forts ihr Lager aufgeschlagen hatten.

Die Besorgniß wegen Arcot hatte Lally dahin vermocht, die zerstreuten Detaschements zusammen zu ziehen, die größtentheils jezt auf dem Marsche nach Vandiwasch begriffen waren, und zwar, wie das Gerücht ging, unter Bussy's Anführung. Brereton, der dieses erfuhr, allein von der Truppenzahl in Vandiwasch falsche Nachrichten hatte, glaubte, daß nur 900 Europäer sich daselbst befänden; da er nun fast doppelt so stark war, beschloß er, keine Zeit zu verlieren, sondern den Feind noch vor Ankunft der Verstärkung anzugreifen. Hiezu wurden 1000 Europäer, 80 Kaffern und 600 Sepoys bestimmt, die man in drey Divisionen theilte. Die erste von 360 Europäern und 100 Sepoys commandirte der Oberste Monson; hierunter waren alle englische Grenadiers, der Kern der Truppen, 260 an der Zahl. Die zweyte Division, 200 Europäer und 80 Kaffern stark, commandirte der Major Gordon, und die dritte der Oberste Brereton selbst, der 360 Europäer und 500 Sepoys bey sich hatte.

Der Angriff geschah in der Nacht, die Gassen in der Stadt waren enge, und die Franzosen auf ihrer Hut; sie warfen Lichtkugeln, die Engländer zu entdecken, die auf mehrern Seiten zugleich anrückten. Die Verwirrung, die in der Dunkelheit unvermeidlich ist, und besonders bey dem angreifenden Theile leicht entsteht, war auch hier nicht geringe. Man vermißte bald den Major Gordon, und da man ihn nicht fallen gesehn hatte, so wollte der ihm folgende Offizier nicht willkührlich das Commando übernehmen, daher die Division eine lange Zeit unthätig blieb. Monson war indessen mit der seinigen zurückgetrieben worden; er erneuerte jedoch immer seine Angriffe, die wegen des ungewissen Bodens mit vieler Beschwerlichkeit und Gefahr verknüpft waren. Endlich brach der Tag an, und die Engländer wurden abermals in die Flucht getrieben; sie flohen zu ihrem Reserve-Corps. Brereton kam ihnen entgegen, bemühte sich sie zu sammlen, und stieß einem der Flüchtlinge den Degen durch den Leib. Unglücklicherweise war dieses einer der bravsten Soldaten, so daß dies strenge Beyspiel wenig Einfluß auf die übrigen hatte. Es blieb endlich nichts übrig, als ein förmlicher Rückzug, nachdem 12 Offiziers und 195 Gemeine, theils todt, theils verwundet, theils gefangen worden waren. Breretons Ehrgeiz war die Hauptursache dieser gewagten Unternehmung, weil er noch vor der Ankunft des Obersten Coote, der das Commando übernehmen sollte, sich gern durch eine muthige That auszeichnen wollte. Die Franzosen zählten auch an 200 Todte und Verwundete.

Die beiden Flotten legten sich den Tag nach dem Treffen vor Anker; die englische auf der Rhede von Negapatnam, und die französische vier Seemeilen weiter nach Süden, zwey Tage nachher aber segelte die leztere nach Pondichery. Die Schiffe landeten gleich alles, was sie zum Dienst der Colonie mitgebracht hatten. Das baare Geld belief sich aber nicht höher als 16000 Pf. St., und die Diamanten, welche man auf dem englisch-ostindischen Schiffe erbeutet hatte, waren 17000 Pf. St. werth. Die Anzahl der Landtruppen war nur 180 Mann. Ache, der stark verwundet war, wollte nicht ans Land gehn, sondern erklärte, daß er ohne Verzug nach den Inseln zurück segeln würde. Die Jahreszeit war für die Schiffahrt noch nicht gefährlich, auch waren seine Schiffe nicht mehr beschädigt als die englischen. Sein Entschluß aber wurde durch die Nachricht veranlaßt, daß vier englische Kriegsschiffe unter dem Admiral Cornish unterwegs wären, um zu Pocock zu stoßen, und daß sie wohl nicht lange mehr ausbleiben dürften. Daher gab er den 19ten September, neun Tage nach dem Treffen, das Signal die Anker zu lichten.

Die Hülfe, die man in Pondichery an Soldaten, Geld und andern höchst nöthigen Bedürfnissen durch die Flotte bekommen hatte, war so tief unter der Erwartung der Colonie, daß jedermann muthlos wurde; da man aber jezt vollends sahe, wie die eben ange-

Eilftes Buch.

kommenen und so sehnlich gehofften Schiffe sich zur Abfahrt rüsteten, so gerieth alles in die äusserste Bestürzung. Alle Offiziers, die vornehmsten Einwohner der Stadt, selbst die Clerisey, kamen beym Gouverneur zusammen, und formirten gleichsam eine Nationalversammlung. Man war einmüthig der Meynung, daß die zeitige Abfahrt der Flotte die allernachtheiligsten Folgen für den Staat haben müßte, und bey allen indischen Mächten den Franzosen den größten Schimpf zuziehen würde, da es ein augenscheinlicher Beweis sey, daß die Flotte im lezten Treffen gänzlich geschlagen worden wäre, und kein andres aushalten könnte, ja daß die Franzosen selbst alles zu lande so gut wie verloren ansähen. Diesem Gutachten zufolge wurde gleich ein förmlicher Protest entworfen, worin dem Admiral Ache für den Verlust der Colonie (dieses waren die eignen Worte des Protests) dereinst Rechenschaft zu geben auferlegt wurde, mit dem Zusatze, daß man gesonnen sey, den König um öffentliche Gerechtigkeit wegen seines strafbarem Betragens anzuflehen.

Mittlerweile waren alle Schiffe unter Segel gegangen, nur eins war noch auf der Rhede wegen eines Unfalls zurückgeblieben, das sich nun auch anschickte, den andern zu folgen. Dem Befehlshaber dieses Schiffs wurde der Protest zur Ueberlieferung an den Admiral anvertraut, nebst Abschriften desselben für alle Capitains der Flotte. Ache war bereits zwölf Seemeilen entfernt, als er diese feyerliche Erklärung erhielt; er berief gleich einen Kriegsrath, und kam den 22sten wieder auf die Rhede von Pon-

1759. dichern zurück, worauf er sich gleich ans Land begab, um sich mit Lally zu unterreden. Den 25sten erschien die englische Flotte und stellte sich auf der Rhede in Schlachtordnung. Die Franzosen hatten den Vortheil des Windes, sie hielten sich aber zurück, und vermieden sorgfältig ein Treffen. Pocock, der unfähig war sich ihnen zu nähern, blieb in Schlachtordnung bis zum Abend, da er denn nach Madras segelte. Ache bestand indessen immer darauf, sobald als möglich nach den Inseln zurück zu kehren. Die Regierung in Pondichery war endlich gezwungen, obgleich sehr ungern, nachzugeben, jedoch mit der Bedingung, daß er 500 Europäer, theils Seesoldaten theils Matrosen, und alle auf den Schiffen befindlichen Kaffern, 400 an der Zahl, zurücklassen sollte. Diese wurden in der Geschwindigkeit gelandet, und den 30sten segelte die Flotte ab. Lally brandmarkte diese Europäer, deren Bestimmung eigentlich der Seedienst war, mit der Benennung: der Abschaum des Meeres; in der That waren sie auch eine Zeitlang zum Dienst im Felde nicht sehr brauchbar.

Der Haß des Lally gegen Bussy dauerte indessen ununterbrochen fort. Der General war sogar so niederträchtig gewesen, Leute anzustellen, um Bussy zu bereden, ihm ein Geschenk an Gelde zu machen, als ein gewisses Mittel, sich mit ihm auszusöhnen; seine Absicht dabey war, das Anerbieten als ein Geständniß von Bussy's Verbrechen zu nutzen, wovon er allenthalben Beweise aufzusuchen bemüht war. Bussy, der sein Vermögen nach Europa geschickt hatte, trug seinen Credit an, wenn er in Verbindung

mit dem Gouvernement und Lally gebraucht werden 1759.
sollte, Geld fürs allgemeine Beste zu negociiren, dagegen wieß er den andern Antrag wegen der Geschenke
an den General verächtlich von sich. Sie sahen sich
einander nur selten; gewöhnlich correspondirten sie,
wo es nöthig war, über die öffentlichen Angelegenheiten. Die Briefe des Lally waren voller Verdacht,
Eifersucht, Kunstgriffe, Insolenz und Witz; dagegen zeigten die Briefe des Bussy Klugheit, Behutsamkeit, Nachgeben, eine vollkommene Kenntniß der
Landesgeschäfte und des damaligen Zustandes, ein-
sichtsvolle Vorschläge, und die weisesten Mittel sie
auszuführen. Lally selbst war bisweilen gezwungen,
die ausgebreiteten Talente seines Gegners zu ehren.

So war ihre Lage in Rücksicht ihrer Harmonie,
als den 20sten August eine Fregatte aus Frankreich
ankam; sie brachte königliche Befehle, wodurch alle
nach dem Rang über Bussy erhabene Offiziers zurückgerufen, und ihm der Rang gleich nach Lally angewiesen wurde. Diese Distinction des Hofes erzeugte
von Seiten des Generals mehr Höflichkeit, der sich
jezt auch herabließ ihn um seinen Rath zu fragen.
Er ertheilte ihm auch gleich einen sonderbaren. Rajahsaheb, der unglückliche Sohn des Chunda-saheb,
hatte kurz zuvor Mittel gefunden, Lally zu überreden,
ihn als Nabob vom Carnatick zu erkennen; die In-
stallirungs-Ceremonie war auch im Julius mit gros-
sem Pomp sowohl in Arcot als in Pondichery voll-
zogen worden. Diese Promotion, die ohne die Zustimmung des Salabad-jing, als Subah vom De-

can, geschah, war gleichsam eine öffentliche Entsagung seiner Allianz, und konnte leicht von Nizam-Ally benutzt werden, sich mit den Engländern fest zu verbinden. Die Annäherung des Bassaulet Jung, der sich jezt mit seinen Truppen an den nordlichen Gränzen des Carnaticks befand, schien Bussy ein gutes Hülfsmittel, nicht allein den vorigen Bund mit Salabad-jing wieder herzustellen, sondern auch den gegenwärtigen Operationen der französischen Armee ein großes Gewicht zu geben; er schlug daher vor, dem Bassaulet Jung die Regierung des Carnaticks mit allen davon abhängenden Ländern, unter der Sanction des Salabad-jing, anzutragen, wenn er mit seinen Truppen zu den Franzosen stoßen wollte. Lally verwarf anfangs diesen Vorschlag, und zwar nicht sowohl aus Eifersucht über die wichtige Rolle, die Bussy wahrscheinlich bey einem Prinzen spielen würde, der so lange gewohnt gewesen war, ihn mit Ehrfurcht zu betrachten, sondern aus Dankbarkeit für Rajahsaheb, der, wie man versichert, von Lally die Nabobswürde gekauft hatte. Endlich aber, da die französische Flotte von Pondichery abgesegelt war, willigte er ein, daß Bussy mit einem Detaschement zu Bassaulet Jung stoßen und die Unterhandlung schließen sollte. Am Tage seines Abmarsches kam die Nachricht von dem verunglückten Ueberfalle der Engländer in Vandiwasch an, den Lally als einen vollkommenen Sieg betrachtete, alle Kanonen auf den Wällen abfeuern ließ, und die Umstände davon mit vielen Zusätzen allenthalben in den benachbarten Provinzen bekannt machte.

Eilftes Buch. 95

Bussy langte den 5ten October in Vandiwasch 1759. an. Die Engländer hatten sich bey Trivatore gelagert, wo das heftige Regenwetter und ein schlechtes Trinkwasser unter ihnen viele Krankheiten erzeugte; daher Brereton diesen Posten verließ und nach Conjeberam zurückging. Bussy wünschte ein Treffen; er zog daher alle Truppen in Vandiwasch zusammen, die sich auf 1800 Europäer beliefen, ohne die schwarzen Soldaten zu rechnen; allein die Engländer waren schon abmarschirt, und hatten in Trivatore eine Besatzung von 100 Sepohs zurückgelassen, die sich an Bussy auf Discretion ergaben. Er nahm nicht mehr als 400 europäische Fußsoldaten und 150 Reiter mit sich, um ihn zu Bassaulet Jung zu begleiten, die übrigen Truppen schickte er nach Vandiwasch zurück.

Bassaulet Jung hatte sich indessen in den Ebenen von Sangam, am Ufer des Pennar, unweit Nelore gelagert. Hier foderte er den Nazeabulla und die vornehmsten Polygars zu sich, um ihm, der Landessitte gemäß, ihre Ehrfurcht zu bezeigen. Nazeabulla entschuldigte sich, und fand Mittel ihn glauben zu machen, daß seine Besatzung in Nelore sehr stark sey, und überdem noch Hülfstruppen aus Madras unterweges wären. Dieses erzeugte einen höflichen Briefwechsel, worin Bassaulet Jung sehr nachgiebig war; allein die Polygars verachtete er, und verlangte durchaus ihre Erscheinung. Diese fürchteten durch einen solchen Schritt die Engländer zu beleidigen, und brachten allerley Entschuldigungen vor. Bassaulet Jung aber wollte keine annehmen, sondern schickte

1759. seine Cavallerie über den Fluß, um in den fruchtbaren Ländern zu fouragiren und Vieh herauszuschleppen. Da dies noch nicht wirkte, so ging er mit seiner ganzen Armee über den Fluß, und lagerte sich bey der Stadt Sydaporum. Hier erwartete er, durch großen Geldmangel in Verlegenheit gesetzt, die Ankunft des Bussy, der schon über Arcot hinaus war, als sein Marsch auf einmal durch außerordentliche Neuigkeiten aus Vandiwasch gehemmt wurde.

Die ganze Armee hatte jezt einen mehr als zwölf monatlichen Sold zu fordern; das Geld, das sie von Zeit zu Zeit empfangen hatten, war anstatt der ihnen zukommenden Lebensmittel gewesen, weil diese nicht regelmäßig geliefert wurden. Die Soldaten glaubten, daß die Flotte sehr große Summen mitgebracht hätte, und was noch übler war, daß ihr General viele Reichthümer heimlich verborgen hielt. Ihr beym Ueberfall in Vandiwasch bewiesener Muth vermehrte das Gefühl ihrer Noth. Sie beklagten sich beständig und laut; ihre Offiziers wagten es nicht, sie deshalb zu bestrafen, weil ihre Klagen gerecht waren. Dagegen bemühten sie sich bey andern Gelegenheiten, die gewöhnliche Disciplin aufrecht zu erhalten. Den 16ten October wurden einige Soldaten vom Regiment Lothringen wegen mancherley Vergehungen bestraft. Eine Stunde nachher versammelten sich funfzig Soldaten und zwangen die Tambours Regimentslärm zu schlagen. In wenig Minuten war alles unter Waffen, und es wurde einmüthig eine Revolte beschlossen. Sie wollten keinem Offizier mehr gehorchen, ja von allen Unterossiziers wähl-

wählten sie nur zwey aus, um sie anzuführen, und verließen in der besten Ordnung das Lager. Die Offiziers vom Regiment von Lothringen und das französische Bataillon von Indien ließen ebenfalls Lärm schlagen, und rückten aus, in der Meynung, daß die Engländer das Lager angreifen wollten. Einige Offiziers von Lothringen, die wider den Willen der Aufrührer mitgegangen waren, vermochten sie dahin Halt zu machen. Vom Umkehren aber wollten sie nichts hören, bis sie von den Absichten des Regiments von Lothringen und der andern französischen Soldaten näher unterrichtet seyn würden, weil sie fürchteten, von ihnen umringt und angegriffen zu werden. Zu diesem Endzweck detaschirten sie einen Haufen, um mit ihnen eine Conferenz zu halten. Der Redner dieses Haufens war der Verwegenste aller Aufrührer, und anstatt Bedingungen vorzuschlagen, ermahnte er vielmehr alle zurückgebliebenen Truppen, ihrem Beyspiele zu folgen, und mit ihnen gemeinschaftliche Sache zu machen, bis die ganze Armee ihren völligen Sold erhalten hätte. Seine Worte liefen wie Feuer durch alle versammelte Haufen, und alle, wie von Einem Geiste belebt, schrien aus: Marsch! Die Vorstellungen und Bitten ihrer Offiziere waren vergebens; man rief ihnen zu, sich zu entfernen, wenn sie nicht niedergeschossen werden wollten. Alles geschah mit großer Ordnung. Es wurden Detaschements commandirt, um das Geschütz, die Munitionswagen, die Ochsen, Zelter und Bagage zu bedecken; selbst die Marktleute, deren Anzahl sich auf zweytausend belief, und welche eine Menge Thiere bey sich hatten, wurden

1759. gezwungen, mit ihnen aufzubrechen. Sie schickten auch hin, um die Fahnen abzuholen; da sie aber sahen, daß die Offiziers entschlossen waren, eher zu sterben als sie zu überliefern, so ließen sie davon ab. Sobald alles zusammen war, setzten sich sämtliche Truppen mit siebzehn Kanonen in Marsch, und machten auf einem nahe liegenden Berge Halt. Hier erwählten sie einstimmig einen Grenadier-Unteroffizier vom Regiment Lothringen, Namens la Joye, zu ihrem obersten Anführer; er ernannte sogleich einen andern Unteroffizier zu seinem Generalmajor, und die besten unter den gemeinen Soldaten wurden zu Lieutenants, Hauptleuten und Stabs-Offizieren ernannt; sodann entwarf man ein Reglement in Artikel abgetheilt, das öffentlich vorgelesen wurde. Man schlug ein Lager auf, stellte Feldwachen und Vorposten aus, ließ Ronden gehn, kurz, man beobachtete die Kriegsdisciplin aufs genaueste. Es fanden sich bald hier einige Offiziers zum Besuch ein; obgleich die Befehlshaber dieses nicht gern sahen, so widersetzten sie sich doch nicht, nur verboten sie alle Autoritätshandlungen. Auf die Frage dieser Offiziere, ob sie nämlich Willens wären zu den Engländern überzugehen, zeigten sie auf ihre Kanonen, die in der Fronte des Lagers gegen Norden aufgeführt waren, von wo die Engländer erwartet werden konnten. Die Nacht verging ohne Tumult oder Unordnung.

Mittlerweile wurden Eilboten nach Pondichery geschickt, wo sich sogleich alle Mitglieder der Regierung bey Lally versammelten, der sie alle als die Urheber dieser Revolte anklagte. Er zog aus seinem

Kasten 10,000 Pagoden hervor und übergab sie dem 1759. Vicomte Fumel, um sie den Truppen nebst seinem Generalpardon zu überbringen. Die Regierung gab ebenfalls Versicherung, daß alles Rückständige in Monatsfrist bezahlt werden sollte. Um ihren Ernst zu beweisen, schickten sie ihr Silberzeug in die Münze, welchem Beyspiele auch viele Einwohner nachfolgten. Fumel kam den 20sten im Lager der Aufrührer an, die weiter westwärts nach Arni zu marschirt waren. Man erlaubte ihm mit ihren Befehlshabern zu reden, gegen die er seine ganze Beredsamkeit ausschüttete, und die Gegenstände von Desertion, Schande und der Vernichtung aller französischen Besitzthümer in Indien umständlich behandelte. Da er sie gerührt zu seyn glaubte, wünschte er auch mit den gemeinen Soldaten zu reden, die sich auf sein Ansuchen 2000 Mann stark in der Ebene versammelten. Er erneuerte hier seine Rede, und gab ihnen Nachricht von dem mitgebrachten Gelde und dem Generalpardon. Seine Vorstellungen fingen an zu wirken, als siebenzig bis achtzig der desperatesten Aufrührer, die sich nicht hatten versammeln wollen, auf einmal mit ihren Gewehren herbeystürzten und erklärten, daß nichts ohne ihre Zustimmung beschlossen werden sollte, und diese würden sie nicht eher zu einer Aussöhnung geben, bis sie den lezten Heller ihres rückständigen Soldes empfangen hätten. Fumel, der ihre Anzahl nicht stark genug hielt, um die günstigen Eindrücke auszulöschen, die er durch seine Rede gemacht hatte, entließ die Versammlung mit dem Bedeuten, daß er nach Wandiwasch zurückkehren, und

G 2

1759. daselbst drey Stunden auf ihre endliche Entschließung warten würde. Die Antwort kam auch innerhalb dieser kurzen Frist. La Joye war ein kluger Kopf, und ob er gleich die Aufrührer commandirte, war er doch mit der Revolte unzufrieden; er bewog sie daher, sich für jezt mit einem sechsmonatlichen Solde zu begnügen, und den Rest in einem Monate zu empfangen; dabey verlangte er einen förmlichen Generalpardon, unterzeichnet von Lally und allen Mitgliedern des Gouvernements von Pondichery. Während daß Eilboten dahin abgeschickt wurden, verhielten sich die Truppen in ihrem Lager so regelmäßig als zuvor. Der Pardon kam endlich an, und das Geld wurde den 21sten October bezahlt, worauf alle Soldaten, dreißig ausgenommen, die desertirt waren, nach Wandiwasch unter den Befehl ihrer vorigen Offiziere zurückkehrten. Gegen Abend war im ganzen Lager nichts als Freude und Lustbarkeiten, Tänze und Schmausereyen zu sehen, als ob man einen großen Sieg gewonnen hätte.

Bussy machte auf die erste Nachricht von diesem Aufruhre Halt; er wollte nicht weiter vorrücken, bis er den Erfolg sähe. Das Mißvergnügen schlich sich auch unter seinen Truppen ein, und er war gezwungen, sie durch einen monatlichen Sold zu befriedigen. Die Nachricht von dem gemachten Vergleiche kam hier an, und auch sie erhielten die Bezahlung für sechs Monate, so wie die andern Truppen. Ehe Bussy seinen Marsch fortsetzte, ereigneten sich Zufälle, die ihn nöthigten, seine Marschroute und überhaupt seinen Plan zu ändern.

Sobald die Engländer in Conjeveram angekommen waren, wurden 200 Europäer, 500 Sepoys und 200 Reiter, unter Anführung des Capitain More, nach Sidaporum abgeschickt, wo sich Bassaulet Jung gelagert hatte; unterweges stießen noch 1600 Sepoys und 70 Europäer aus Tripetti und Melore zu ihnen. Mit diesen Truppen wollte man Bassaulet Jungs Armee necken, wenn sie sich in Bewegung setzen sollte, um zu Bussy zu stoßen. Die beiden Polygars Bangar Yatcham und Damerla Venkatyppettah, geschreckt durch die Reiterey des Bassaulet Jung, und voller Zweifel wegen dem entfernten Schutze der Engländer, unterwarfen sich und kamen in sein Lager, in Begleitung des Sampetrow. Dieser Mann, dessen schon ehemals gedacht worden, kam mit dem Nabob Anwar-odean Khan nach dem Carnatick, und diente ihm als Duan bis zu seinem Tode; nachher bediente sich Mahomed-Ally zwar seiner und frug ihn um Rath, allein er trauete ihm nicht. Seit einiger Zeit lebte er zu Kalastri von einem großen Vermögen, das er zusammen gescharrt hatte. Sein Haß wider den jetzigen Nabob hatte ihn mit Maphuze Khan in Verbindung gebracht, der immer noch hülflos herumirrte, und in Tinivelly die Unruhen unterhielt. In dieser Beider Namen kam ein Offizier zum Bassaulet Jung, sobald es bekannt war, daß er sich von seinen Brüdern, Salabad-jing und Nizam-Ally, getrennt hatte, und unterstützte den Antrag der bey ihm befindlichen Franzosen, im Carnatick einzubringen. Die Absichten bey diesem Rathe aber waren sehr verschieden; denn Sampetrow hatte

1759. den Plan gemacht, daß Baſſaulet Jung ſich ſelbſt zum Nabob und ihn zum Duan ernennen ſollte. Er ſahe voraus, daß die Angelegenheiten ſeiner andern Länder am Kriſtna ihn bald von hier abrufen würden, ſodann wollte er ihn vermögen, Mophuze Khan zu ſeinem Vice-Statthalter im Carnatick zu ernennen, da er denn als Duan unter einem ſo ſchwachen Prinzen die ganze Regierung in Händen haben würde. Auf die Frage: Welche Verbindung man mit den Franzoſen treffen müßte? antwortete Sampetrow: Wo möglich keine, weder mit den Franzoſen noch mit den Engländern, und daß Mophuze Khan daher der beſte Vice-Statthalter ſeyn würde, weil er für keine dieſer beiden Nationen eine beſondre Zuneigung habe. Zum Beweis ſeiner Fähigkeiten beredte er die beiden Polygars, daß jeder dem Baſſaulet Jung ein Geſchenk von 40,000 Rupien machte, wozu er eben ſo viel aus ſeinem eigenen Schatze legte.

Dieſe Hülfe kam ſehr zur gelegenen Zeit, und gab ſeinem Rathe ein großes Gewicht. Sampetrow erwartete den Erfolg, als ein vornehmer Indier von Salabad-jings Hofe, ein Vertrauter des Nizam Ally, im Lager eintraf, mit Anerbietungen von Ausſöhnung, Freundſchaft und Ländereyen, wenn Baſſaulet Jung kein Bündniß mit den Franzoſen wider die Engländer ſchließen wollte. Nizam-Ally ſahe vorher, daß ſein Bruder mit ſeinen Truppen und ſeinem unternehmenden Geiſte, in Verbindung mit den Franzoſen, im Carnatick eine Revolution bewirken könnte, und wenn dieſes geſchähe, und die Franzoſen über die Engländer die Oberhand behielten, ſo fürchtete er die für ihn

schrecklichsten Folgen, nämlich die Wiederherstellung 1759
des Bussy am Ruder der Staatsgeschäfte im Decan,
und dadurch den Ruin aller seiner ehrgeizigen Absichten. Bassaulet Jung war jedoch für die Ausführung
des ihm von Sampetrow ertheilten Raths eingenommen, und würde wahrscheinlich im Carnatick eingerückt seyn, wenn die englischen Truppen nicht bey
Kalastri angekommen wären. Diese Erscheinung
bestürzte ihn desto mehr, da ihm sowohl die Franzosen
bey seiner Armee, als auch die aus Pondichery angekommenen Agenten fest versichert hatten, daß Bussy
noch vor dem 10ten October zu ihm stoßen würde.
Es war jezt der 19te dieses Monats; Bassaulet Jung
hielt sich hintergangen, und wollte nicht einmal glauben, daß Bussy Pondichery verlassen hätte, als nur
noch dazu die Nachricht von dem Aufruhr in Wandiwasch kam. Nunmehr hielt ihn nichts mehr zurück,
er ging wieder über den Pennar, und marschirte nach
Cudapah. Die französischen Truppen begleiteten ihn,
entblößt von allen Nothwendigkeiten. Ihr Befehlshaber in großer Verlegenheit, vermochte ihn endlich
dahin, Bussy zu ersuchen, sobald als möglich in Cudapah zu ihm zu stoßen. Bussy erhielt diesen Brief
den 24sten, und brach noch den nämlichen Tag auf;
da aber der Weg größtentheils durch Gebirge ging,
nahm er nur 300 Sepoys, 100 europäische und 200
schwarze Reiter mit, die er auf seine eignen Kosten in
Arcot angeworben hatte, weil die andern, die er von
Wandiwasch mitgebracht hatte, wegen Sold-Mangel
davon gegangen waren. Bussy nahm jezt kein Geschütz und nur sehr wenig Bagage mit sich.

G 4

1759. Die Monsun, die sich bereits durch stürmisches Wetter ankündigte, erinnerte den Admiral Pocock, die Küste zu verlassen. Die Regierung in Madras bemühte sich, ihn zu überreden, diejenigen Schiffe, die keiner Ausbesserung bedurften, in der Bay von Trinconomaly zurück zu lassen, da sie denn nach geendigter Monsun gleich wieder bey der Hand seyn würden, um den französischen Schiffen Widerstand zu thun, die man vielleicht in Abwesenheit der englischen Flotte schleunig aus den Inseln auslaufen lassen dürfte. Pocock war abgeneigt seine Macht zu vermindern, bis er um Ceylon herumgesegelt, und weit genug an der Küste von Malabar heraufgeschifft wäre, um sicher zu seyn, daß die Feinde hier nicht etwa auf ihn lauerten; er versprach aber, sobald er davon nichts zu besorgen haben würde, die Schiffe unter dem Admiral Cornish nach Madras zu senden, im Fall er ihm begegnen würde. Man hatte bereits Nachricht erhalten, daß diese Escadre mit drey ostindischen Schiffen, die den Obersten Coote mit 600 Mann an Bord hätten, sich auf dem Wege nach Madras befände. Pocock segelte den 18ten October mit Tagesanbruch von der Rhede ab, und begegnete noch dieselbe Nacht der Escadre des Cornish auf der Rhede von Pondichery; er ließ sogleich alle Truppen, die sich auf den Kriegsschiffen befanden, in eine Fregatte einschiffen, und schickte diese mit den drey ostindischen Schiffen nach Madras, wo sie wegen des widrigen Windes erst in zehn Tagen anlangten, da es sonst nur eine Passage von eben soviel Stunden ist. Sobald man die Truppen gelandet hatte, schiffte man 200 Mann aus dem Lager auf fünf ostindischen Schiffen ein, die 1759. nach Bengalen bestimmt waren. Der Major Calliaud ging auch mit ihnen ab, da Clive ihn ausdrücklich verlangt hatte, um ihm das Commando der Armee zu übergeben, im Fall der Oberste Coote auf der Küste von Coromandel zurück bleiben sollte. Kurz zuvor waren alle übrige englische Kriegsgefangenen, 170 an der Zahl, ranzionirt worden, und in Madras angekommen.

Da Brereton nach Vandiwasch marschirte, hatte er den Commandanten in Tritchinapoly, Smith, ersucht, etwas zu unternehmen, um die Feinde am Pallar zu theilen, und sie nach Süden zu ziehen. Smith machte darauf den Entwurf, Devi Cotah durch Ueberrumpelung wieder zu erobern, da dieses der englischen Flotte vortheilhaft seyn würde, um Wasser und Proviant dort einzunehmen, ohne daß man ferner nöthig hätte, wie jetzt, bey den Holländern und Dänen darum Ansuchung zu thun. Die Gelegenheit dazu schien sehr vortheilhaft, da Lally dies Fort, wegen der Entfernung von den englischen Posten, für sicher hielt, und daher die Besatzung bis auf 30 Europäer und 100 Sepoys geschwächt hatte. Es wurde auch ein Versuch gemacht und einige hundert Mann, theils Europäer theils Sepoys, eingeschifft; allein die Unternehmung mislang, durch mancherley Unfälle, und das ausgeschickte Detaschement marschirte wieder nach Tritchinapoly.

Alle Einkünfte, welche die Franzosen aus ihren indischen Besitzungen gezogen hatten, selbst zu der Zeit, da diese am weitläufigsten waren, hätten nie zu den

1759. Kriegskosten zugerichet. Die Engländer hatten seit kurzem viel Land wieder erobert; ihr neulicher, obgleich mißlungener Angriff auf Wandiwasch, beunruhigte die Bewohner der südwärts vom Paliar gelegenen Länder, so daß viele ihre Felder verließen; ein Umstand, der den Pächtern den besten Vorwand gab, einen Nachlaß der contractmäßigen Summen von der Regierung in Pondichery zu verlangen. Hier war die Schatzkammer ganz leer, anstatt Geld hatte sie zahlreiche Schulden. Der lezte Aufruhr der Truppen bewieß, daß man sich auf sie nicht länger verlassen könnte, wenn sie nicht genau bezahlt würden. Der einzige Theil vom Carnatick, der bey diesem Kriege noch von Verheerungen, Brandschatzungen und überhaupt von militärischen Operationen verschont geblieben, war der Landstrich von Outatore bis zum südlichen District von Tritchinapoly, worin sich auch die reiche und fruchtbare Insel Seringham befand, woselbst die herannahende December-Aernte, die größte im Jahre, einen ungewöhnlichen überflüßigen Ertrag versprach. Die Engländer zogen davon für ihre eigene Rechnung den Werth von 600,000 Rupien, und diese Einkünfte waren im Februar zahlbar. Lally machte daher den Entwurf, diese Ländereyen in Besitz zu nehmen, und zwar mit einer solchen Macht, welche hinreichend wäre, die Besatzung in Tritchinapoly innerhalb ihren Mauern zu halten. Da dieses aber nicht geschehen konnte, ohne die Posten und Ländereyen in der Nähe des Paliar von Truppen zu entblößen, so beschloß er, 800 Mann bey Arcot zu postiren, um sogleich dem Orte zu Hülfe zu eilen, der etwa angegriffen werden möchte. Er schmeichelte sich, 1759. daß die Hoffnung auf dieses Hülfscorps die obgleich sehr schwachen Besatzungen der Forts dahin vermögen würde, sich aufs äußerste zu vertheidigen, und die Progressen der englischen Truppen aufzuhalten, bis er seinen Zweck in Süden erreicht hätte. Deleyrit und die Regierung in Pondichery waren mit der Trennung der Armee nicht zufrieden, weil sie die gefährlichsten Folgen haben könnte. Lally warf ihnen vor, ihre Einwendungen kämen von der Furcht her, daß er selbst die einzunehmenden Ländereyen verpachten dürfte, wobey sie ihre gewöhnlichen Sporteln verlieren würden; sie erwiederten diese Beschuldigungen dadurch, daß sie ihm ähnliche eigennützige Bewegungsgründe bey seiner Unternehmung zur Last legten.

Die zu der südlichen Expedition bestimmten französischen Truppen bestanden in 900 Europäern, worunter 100 Reiter waren, 1000 Sepoys und 200 schwarzen Reitern, nebst zehn Kanonen. Der Befehlshaber dieses Corps war Crillon. Der Sammelplatz war Thiagar, wo die Truppen sich auf verschiedenen Wegen einfanden. Die Engländer weder in Madras noch in Tritchinapoly erhielten genaue Nachricht von ihrer Stärke und ihren Absichten. Crillon schickte ein Detaschement von 35 Europäern, 100 Caffern und 500 Sepoys voraus nach Samiaveram. Der Capitain Joseph Smith in Tritchinapoly bekam davon Nachricht, und schickte ihnen den Capitain Richard Smith mit 120 Europäern, 1000 Sepoys und 400 Reitern entgegen. Die vertraute

1759. Freundschaft, die unter diesen beiden Offizieren von gleichem Namen herrschte, veranlaßte den Commandanten von Tritchinapoly, seinen ihm untergebenen Freund als Volontär zu begleiten. Die Franzosen glaubten sich sicher und wurden den Marsch der Engländer nicht gewahr, welche durch den Cooleron an einem seichten Orte wadeten, und auf einmal die Feinde überfielen, die davon flohen. Eine Menge wurden auf der Flucht niedergemacht, und 16 Europäer nebst 30 Caffern gefangen genommen. Die zwey Kanonen, die sie bey sich hatten, sehr viel Munition, und die ganze Bagage nebst einem Elephanten fiel den Siegern in die Hände. Smith erfuhr nunmehr durch die Gefangenen die wahre Stärke des Crillon, und hörte mit Verwunderung, daß er in der Nähe und Willens wäre, sich den folgenden Tag bey Utatore zu lagern. So ermüdet die Truppen sich auch befanden, so war doch keine Zeit zu verlieren. Man trat sogleich den Rückmarsch an bis ans Ufer des Coleroon, und erwartete hier den anbrechenden Tag, um ihn zu passiren. Der Fluß schwoll während dem Uebergange so, daß ein Theil der englischen Truppen sich der Böte bedienen mußte. Die lezten waren kaum vom Ufer abgestoßen, als der Vortrab des Crillon erschien. Die Fluth hielt die Franzosen hier acht Tage lang auf, da sie denn auch den Fluß passirten, und so in der Insel Seringham landeten. Das Lager wurde nahe bey der großen Pagode aufgeschlagen, in welche Smith eine Besatzung von 300 Sepoys und 500 Colleries, mit langen Lanzen bewaffnet, gelegt hatte; er hatte ihnen auch zwey Kanonen gegeben, die von Europäern

bedient wurden. Die äußere Mauer dieses Tempels 1759.
ist vierzig Fuß hoch, und kann weder vertheidigt noch
erstiegen werden; wollte man sie niederschießen, so
würde dieses langweilig und die Ruinen schwer zu passiren seyn. Die Franzosen fanden Mittel ein Thor
zu forciren, und so herein zu stürmen. Die Sepoys
thaten muthigen Widerstand, allein die Colleries
wehrten sich fast gar nicht. Selbst da keine Hoffnung
den Platz zu behaupten mehr vorhanden war, wollten
sich die Sepoys eine Zeitlang durchaus nicht ergeben,
ob man ihnen gleich Pardon zurief. Endlich gaben
sie der Gewalt nach, und da die Europäer in Indien
nie Sepoys als Gefangene behandeln, weil der Unterhalt dieser Soldaten in der Gefangenschaft viel
Geld kosten und viele Europäer in der Unthätigkeit
erhalten würde, so ließ man auch diese abziehen; die
Franzosen aber waren so grausam, auf die Sepoys zu
feuern, als sie vorbey marschirten, die europäischen
Reiter folgten ihnen nach, und hieben viele nieder;
beides geschah jedoch ohne Erlaubniß ihrer Offiziers.
Die Besatzung von Tritchinapoly sahe von den Mauern
diese frevelhafte Grausamkeit, allein sie konnten keinen Beystand leisten. Nur wenige Sepoys erreichten die Stadt. Der Capitain Smith machte Crillon wegen dieser Barbarey die bittersten Vorwürfe.

Die Regierung in Madras, die nunmehr die
Absichten des Feindes wußte, beschloß alle ihre Truppen sogleich ins Feld rücken zu lassen. Den Operationsplan überließ man dem Obersten Coote, der sich
den 21sten November nach Conjeveram begab. Er

1759. hielt sogleich Kriegsrath, worin man übereinkam, daß die Zerstreuung der feindlichen Truppen eine gute Gelegenheit gäbe, das Fort von Vandiwasch zu erobern, womit man jezt einen Versuch machen wollte. Um dieses Vorhaben zu verbergen, vertheilte man die Armee und bedrohete zu gleicher Zeit Chittapet, Trivatore und Arcot.

Brereton rückte auf Trivatore los, und überrumpelte es in der Nacht. Er besezte es mit 100 Sepoys, und marschirte gleich nach Vandiwasch, wo er mit geringem Widerstande die Stadt einnahm, und dann eine Batterie gegen das Fort aufführen ließ. Den Tag darauf traf auch Coote ein, der den französischen Commandanten auffoderte. Die Antwort war: man würde das Fort bis auf den lezten Mann vertheidigen. Die Batterien, mit schwerem Geschütz besezt, sezten ihr Feuer ununterbrochen fort. Gegen Abend traf Monson mit den übrigen Truppen ein.

Der Kellidar, der im Fort wohnte, schickte den folgenden Morgen Abgeordnete, um für seine Sicherheit zu sorgen. Der Oberste Coote versprach ihn im Fort ruhig zu lassen, und ihn als einen Unterthan der Compagnie in Schutz zu nehmen, wenn er mit seinen eignen Truppen die französische Besatzung überfallen und ausliefern würde. Er verlangte eine Antwort in wenigen Stunden. Diese kam aber nicht zur bestimmten Zeit; dagegen erschienen französische Soldaten auf den Mauern und schrien, daß sie das Fort übergeben wollten. Coote ließ sogleich hundert Sepoys anrücken, um den Zugang zum Thore zu

besetzen. Man sagte ihnen, daß der Kellidar die 1759.
Schlüssel hätte. Dieser Umstand würde vielleicht
üble Folgen gehabt haben, wenn Coote sich nicht
selbst genähert, und ohne auf die Thorschlüssel zu warten Befehl gegeben hätte, die bereits gemachte Bresche zu ersteigen; welches denn auch ohne Widerstand
geschah. Die französische Besatzung bestand aus
68 Europäern und 100 Sepoys; der Kellidar aber
hatte 500 Mann. Diese wichtige Eroberung machten die Engländer ohne einen Mann zu verlieren,
nur allein fünf wurden verwundet. Der Kellidar
hatte eben den Tractat unterschrieben, als die Truppen ins Fort kamen. Man kehrte sich jedoch hieran
nicht; denn seine Verwandtschaft mit der Familie
des Chunda-saheb, seine lange Verbindung mit den
Franzosen, und sein unversöhnlicher Haß gegen den
Nabob Mahomed-Ally, überwogen alle andre Betrachtung. Er wurde nach Madras gebracht, wo er sich
sehr stolz betrug, und von seinen Schätzen keine Nachricht geben wollte; er hatte sie nach Coilas Guddy
geschickt, einem Fort auf einem hohen Hügel bey Velore gelegen. Die Engländer überließen diesen Gefangenen dem Nabob, der ihm für eine Million Rupien seine Freyheit versprach.

Coote beschloß nunmehr Carangoly anzugreifen.
Er langte daselbst den 4ten December an, nahm die
Stadt ein, und eröffnete sogleich die Trencheen gegen
das Fort. Es wurde in kurzer Zeit Bresche geschos-
sen, worauf Coote den Commandanten, Obersten
O Kenelly, einen Irländer, auffoderte, mit dem Bedeuten, daß, wenn er sich nicht ergäbe, man wegen

1759. der Grausamkeiten in Srringham Repressalien gebrauchen würde. O Kenelly antwortete, daß, da der Brief nicht in französischer Sprache addressirt wäre, er ihn nicht geöffnet hätte; kaum war der Trompeter zurück, so fing er wieder zu feuern an, und fuhr damit drey Tage lang lebhaft fort. Den 10ten des Morgens hatten die Engländer nicht mehr Munition übrig, als nur für zwey Stunden; die Batterien wollten eben aufhören, als man die Friedens-fahne auf den Mauern sahe. Coote, der nicht die geringste Hoffnung mehr gehabt hatte, das Fort zu erobern, bewilligte fast alles, was man verlangte. Die Besatzung erhielt einen freyen Abzug mit ihren Waffen, und auf sechs Tage Proviant. Sie marschirte aus mit fliegenden Fahnen und klingendem Spiel; die Sepoys wurden auch frey gelassen, aber vorher entwaffnet.

Coote hatte während der Belagerung den Capitain Wood nach der Stadt Arcot geschickt, um der dortigen französischen Besatzung im Fort den Proviant abzuschneiden. Wood kam mit funfzehn Europäern und 300 Sepoys daselbst an, und nahm ohne Widerstand von dem Palaste des Nabobs Besitz. Der französische Oberpachter sowohl als die vornehmsten Einwohner wurden gezwungen, eine große Menge Reiß für den Marktpreis zu liefern, da der Mangel an diesem Hauptbedürfnisse alle Tage größer wurde, weil die Aernte in Arcot überaus schlecht gerathen war. Coote selbst war entschlossen, mit seinen Truppen nach Arcot zu kommen, sobald er Carangoly eingenommen haben würde. Ehe dieses aber noch

geschah

geschah, rückte Bussy mit einem zahlreichen Heere 1759. auf Arcot los, worauf sich Wood zurück ziehen mußte.

Dieser würdige Feldherr war endlich den 10ten November in Bassaulet Jungs Lager eingetroffen, das in einer Ebene unweit der Stadt Cudapah aufgeschlagen war. Er fand hier seine Landsleute, den Rest seines ehemals so siegreichen Heers, in dem erbärmlichsten Zustande; es fehlte ihnen nicht allein an Geld, sondern sogar an den nöthigsten Kleidungsstücken und Nahrungsmitteln. Die Offiziers hatten alle ihre Effekten verkauft, um sich und ihren Leuten das Leben zu fristen, und nichts war übrig geblieben, als was sie auf dem Leibe hatten. Die Truppen des Bassaulet Jung litten zwar auch Mangel, allein nicht in dem Grade, dennoch waren sie im Begriff zu revoltiren. Dieser Prinz that nun an Bussy den Antrag, „daß die Franzosen ihn als unumschränkten „Herrn der Provinz Arcot betrachten, und seiner Au„torität alle Länder unterwerfen sollten, die sie sowohl „hier als in den Districten von Tritchinapoly besäs„sen; dafür wollte er ihnen den dritten Theil der „sämtlichen Einkünfte bewilligen; was aber sodann „erobert werden würde, sollte ganz sein eigen seyn, „ohne den geringsten Abzug. Alle Angelegenheiten „und Tributeinrichtungen sollten von dem Duan be„sorgt werden, den er ernennen würde. Die Fran„zosen sollten sich eidlich verbinden, ihm wider Ni„zam-Ally beyzustehen, im Fall er nach dem Carna„tick käme, wie auch keinen Tractat mit ihm ohne „Bassaulet Jungs Theilnehmung zu schließen; viel-

Dritter Band. H

1759. „mehr, nach geendigtem Kriege mit den Engländern,
„sollten sie ihm Truppen geben, Nizam-Ally zu be-
„kriegen. Wenn der Frieden völlig wieder herge-
„stellt wäre, sollte er in den Besitz des ganzen Carna-
„ticks und aller Ländereyen, die davon abhangen,
„dem alten Gebrauch gemäß gesezt werden, und die
„Franzosen nicht länger auf die Einkünfte Anspruch
„haben. Er behielt sich vor, nach Gefallen die Pro-
„vinz zu verlassen; während seiner Abwesenheit von
„seiner Hauptstadt Adoni, sollten die Franzosen mit
„300 Europäern und 1000 Sepoys diese Stadt be-
„setzen, und die Kosten dieser Truppen von seinem
„Antheil an den Einkünften des Carnaticks genom-
„men werden. Da seine Truppen an Geld Mangel
„litten, sollte ihm Bussy 400,000 Rupien leihen,
„um sie zu befriedigen. Wenn dieser Vergleich
„nicht nach seiner Ankunft in Arcot geschlossen werden
„sollte, so müßte sich Bussy verbindlich machen, mit
„seiner Armee die Provinz freundschaftlich zu verlas-
„sen."

Diese Vorschläge zeigten nur zu deutlich den Rath des Sampetrow; Bussy antwortete darauf durch andre Vorschläge, die alle von Bassaulet Jung gethane ungewiß machten. Die persönlichen Zusammenkünfte dienten blos die Uneinigkeit zu vermehren, da jeder Theil des andern Absicht immer deutlicher sah; dennoch zeigte Bassaulet Jung gegen Bussy viel Ehrerbietung, und fertigte auf sein Ansuchen Patente aus, wodurch die ganze Provinz Arcot dem Gouvernement des Lally unterworfen, und allen Oberhäuptern und Lehnsassen anbefohlen wurde, ihm zu gehorchen und den gewöhnlichen Tribut zu bezahlen. In derselben 1759. Ebene, wo sich Bassaulet Jung und Bussy gelagert hatten, befanden sich ebenfalls zwey andre Corps Truppen; das eine bestand aus 3000 Maratten, die hier zur Bedeckung desjenigen Districts von Cudapah dienten, der vor einigen Jahren den Maratten überlassen worden war; das andre Corps waren 2000 pitanische Reiter in Diensten des Nabobs von Cudapah. Bussy kannte die Befehlshaber von beiden. Die Pitanen liehen ihm Geld, wodurch er fähig gemacht wurde, 200 Pitanen und 200 Maratten in Sold zu nehmen, und die vornehmsten Bedürfnisse der bey Bassaulet Jung gewesenen Truppen zu befriedigen, die er nun mit den seinigen vereinigte. Seine Armee bestand jezt aus 350 europäischer Infanterie, 100 europäischen Reitern, 150 Sepoys, unter welchen 500 theils Araber theils Abyssinier waren, und 800 schwarzen Reitern; hiebey befanden sich zehn Kanonen. Mit diesem Corps sezte er sich den 16ten November in Marsch, ging denselben Weg zurück, den er gekommen war, und langte den 10ten December in Arcot an.

Der Verlust von Vandiwasch und Carangoly war der stärkste Beweis von dem gemachten Fehler des Lally, so viel von seinen Truppen nach Süden zu schicken; er sah dieses selbst ein und rechtfertigte es blos durch den großen Geldmangel und die schleunige Befriedigung der Armee. Er sandte nun allenthalben Eilboten aus, die Detaschements zurück zu rufen, 300 Europäer ausgenommen, die in der Pagode Seringham zurückgelassen wurden. Das Hauptcorps

1759. der Franzosen erwartete ihre Ankunft in Chittapet. Bussy ließ seine Truppen bey der Stadt Arcot sich lagern, und ging selbst nach Pondichery. Seine Reiterey schwärmte indessen herum, und verheerte alle Districte bis nach Conjeveram. Ein Corps Maratten, die dem Morari-row angehörten, hatte sich bey Cudapatnam unter Anführung des Innis Khan gelagert. Sowohl die Engländer als die Franzosen hatten hier ihre Agenten, um sie in Sold zu nehmen. Morari-row wußte, daß die Engländer das meiste Geld hatten, und gab daher vor, daß er große Kosten gehabt hätte, auf ihr Verlangen Truppen auszurüsten, noch ehe die Belagerung von Madras geschehn war; für diese Ausrüstung war er nicht bezahlt worden, und that daher große Foderungen, die sie nicht eingehn wollten. Morari-row, als das kürzeste Mittel sie geschwind zu seinem Zwecke zu bringen, nahm 20,000 Rupien von dem französischen Agenten an, und schickte 1000 von seinen Reitern ab, die in zwey Tagen auf dem englischen Boden unweit Arcot sich einfanden.

Diese Maratten verwüsteten alles, wo sie hinkamen, und trieben alles Vieh weg, wovon sie sieben, auch acht Stück für eine Rupie verkauften, und sodann wiederkamen, sie von neuem zu erbeuten. Diese Erfahrung verursachte, daß die Einwohner nicht mehr dergleichen kaufen wollten; nun wurde das Schwert gebraucht, worauf jedermann die Dörfer und das offne Land verließ, und sich in den nächsten Forts, Wäldern und Gebirgen zu retten suchte. Nicht ein einziger wagte es, sich mit Reiß dem Lager zu na-

hen, welches drey Tage lang von diesem Hauptbe- 1759.
dürfnisse gänzlich entblößt war. Hiezu kam noch ein
außerordentlicher Regen, der zwey Tage anhielt und
die Zelter wegzuschwemmen drohte. Coote legte daher seine Truppen in Cantonirungsquartiere, in das
Fort Coovepauk und die benachbarten Dörfer; er
selbst aber begab sich nach Madras.

Die Einnahme von Wandiwasch hatte die englischen Waffen in den südlichen Provinzen wieder in
Ruf gebracht. Der König von Tanjore schickte Truppen zu Pferde und zu Fuß, und Tondiman nebst den
beiden Moravars ihre Colleries nach Tritchinapoly.
Die hier befindlichen Posten zogen sich indessen zurück, den Befehlen des Lally gemäß. Der Capitain
Smith war aber weit entfernt, sie ruhig abziehen zu
lassen. Er überfiel daher ein starkes Detaschement,
das eine Canvoy escortirte, machte eine große Beute
und nahm vierzig Grenadier gefangen. Die Folge
davon war, daß die Pachter bey der jetzigen Aerntezeit, anstatt den Franzosen ihre Pachtgelder zu
bezahlen, sie den Engländern überlieferten. Der
Nabob lag der Regierung in Madras bringend an,
Tritchinapoly mit 100 Europäern zu verstärken,
und auf die Wiedereroberung der übrigen verlornen Ländereyen bedacht zu seyn. Coote war aber
ganz gegen diesen Plan, und berief sich auf den
ähnlichen Fehler des Lally und dessen Folgen, daß
es daher thöricht seyn würde, die Armee jetzt
zu schwächen, da es schien, daß die Franzosen ihre
ganze Macht zusammenzögen, um das Schicksal des
Carnaticks durch eine Hauptschlacht zu entscheiden.

1759. Sein Rath wurde befolgt, und er ging nach Coorepauk zurück, wo in seiner Abwesenheit seine Reiterey bis auf 700 Mann angewachsen war.

Die Franzosen hatten sich indessen bey Arcot gelagert, und die Engländer thaten ein gleiches fünf englische Meilen davon. Durch die Vereinigung des Lally und Bussy waren die Feinde stärker als jemals. Den 31sten December fielen 360 englische Sepoys mit Anbruch des Tages ins Lager der Maratten; alle flohen davon, so wie es gewöhnlich ist, wenn sie überrumpelt werden. Die Vortheile wären weit größer gewesen, wenn man die Sepoys hätte dahin bringen können, die erbeuteten Thiere und Bagage zu vernichten, da man sie nicht fortbringen konnte.

So endigte sich das Jahr 1759. Die beiden Armeen hatten sich einander im Auge, aber keine war bereit, den Streit schleunig durch ein Haupttreffen zu entscheiden. Die Engländer fürchteten die Menge der feindlichen Cavallerie, und hofften nicht allein die Maratten von den Franzosen abzuziehn, sondern auch von 1000 andern Maratten, die unter Innis Khan noch in den Gebirgen stunden, unterstützt zu werden. Auf der andern Seite stand Lally auch wegen dieser Maratten in Unterhandlung, und traute noch immer seinen europäischen Truppen nicht; überdem erwartete er durch das Detaschement verstärkt zu werden, das er im April unter Anführung des Moracin nach Masulipatnam geschickt hatte.

Da Moracin nach dem Verlust von Masulipatnam es nicht wagte, seine Truppen zu landen, so segelte er den 18ten April wieder ab, und langte in fünf Tagen in Ganjam an, am nordlichsten Theile der 1759. Provinz Chicacole gelegen. Die Franzosen hatten hier eine kleine Faktorey, und standen in Verbindung mit Narraindeu, dem vornehmsten Rajah dieses Distrikts, der sieben bis acht Forts besaß. Das vornehmste derselben war Maherry, seine im Walde gelegene Residenz. Er unterhielt beständig 3000 Mann Soldaten, ohnediejenigen, die er gelegentlich von andern Waldfürsten in Sold nahm. Der Rajah Vizeramrauze hatte den Haß des Narraindeu auf sich geladen, der nun nach seinem Tode auf den Nachfolger Anunberauze fiel. Dieser Rajah war, wie oben erzählt worden, mit den Engländern verbunden. Moracin bediente sich dieses Umstandes, um Narraindeu, welcher die Engländer eben nicht liebte, den Antrag zu thun, „daß ihre vereinigten Truppen erst gegen das „englische Etablissement von Vizagapatnam; und „dann gegen Vizianagarum, die Residenz des Anun„berauze, marschiren sollten. Hätten sie beide Oer„ter erobert, so wollten sie weiter vorrücken, bis sie „die französische Observations-Armee fänden, die bey „Salabad-jing war, da Masulipatnam von den Eng„ländern gestürmt wurde. Man hoffte, daß der „Subah ihnen sodann gewiß beystehen würde, diesen „wichtigen Ort wieder einzunehmen, worauf Nar„raindeu für seine geleisteten Dienste alle Besitzungen „des Anunberauze bekommen sollte." Narraindeu nahm den Vorschlag an, allein in der Absicht, sich nicht weiter einzulassen, als es seine Vortheile erfoderten.

Eilftes Buch.

1759. Die französischen Truppen, die erwartet hatten in Mosulipatnam zu landen, waren nicht für lange Märsche ausgerüstet; die Ausrüstung in Ganjam nahm daher viel Zeit weg. Es befanden sich bey dem Detaschement 43 gefangne englische Soldaten, die, um ihren Zustand erträglicher zu machen, bey den Franzosen Dienste genommen hatten. Jezt fanden sie Gelegenheit alle davon zu gehen; sie erreichten auch nach vielen ausgestandenen Mühseligkeiten Cuttack in Orixa, von da sie nach Calcutta geschickt wurden. Moracin konnte nicht eher als im Julius mit seiner Zurüstung fertig werden. In dieser Zeit aber hatte er alle sein baares Geld ausgegeben, so daß der fernere Unterhalt seiner Soldaten blos von dem Verkauf unbedeutender Effecten und der sehr zweifelhaften Großmuth des Narraindeu abhing. Indessen ging der Marsch fort. Nach vier Tagen fehlte es den Franzosen so sehr an Proviant, daß sie vom Hunger entsetzlich geplagt wurden. Weder die Truppen des Narraindeu noch die Einwohner seiner Städte wollten ohne Geld etwas hergeben. Der Hunger kannte jedoch keine Gesetze. Die Franzosen fielen in die Häuser der Stadt Burrampor ein, um Lebensmittel zu suchen; die Folge davon war ein großer Tumult, der an beiden Seiten Blut kostete. Narraindeu verließ nun seine Bundsgenossen mit allen seinen Truppen, und rief die benachbarten Fürsten um Beystand an. In dieser großen Verlegenheit blieb Moracin nichts übrig, als nach Ganjam zurück zu marschiren. Narraindeu und seine indischen Alliirten suchten ihm den Weg zu versperren, und es

kam zu einem Treffen, wobey jedoch die europäischen 1759.
Waffen, wie gewöhnlich, siegten, und alle feindlichen
Schaaren aus einander sprengten. Die Folge davon
war ein Ueberfluß an Lebensmitteln und eine Unterhandlung, wozu Narraindeu jezt selbst die Hände bot.

Ein französischer Offizier, Nahmens Darveu,
begab sich in sein Lager, um den Tractat zu schließen,
von vierzig Europäern und eben soviel Sepoys begleitet. Der Vergleich kam aber nicht zu Stande, dagegen wurde Darveu von der ganzen Macht des Feindes verrätherisch überfallen und mit allen seinen Europäern erschlagen; nur drey derselben retteten sich
mit einer Anzahl Sepoys, auf deren Ermordung man
nicht so eifrig bedacht gewesen war. Morachin marschirte nun nach Ganjam, und lagerte sich bey der
Faktorey, die von Narraindeu umringt wurde. Von
den beiden Schiffen, welche das Detaschement gelandet, hatte man eins nach Arracan geschickt, Proviant
zu holen, das andre aber war in einem Sturme an
den Küsten gestrandet. Die lezte Hoffnung dieser
unglücklichen Soldaten waren einige kleine der Faktorey gehörige Fahrzeuge, mit welchen man nach Pondichery fahren wollte, sobald die englische Flotte wegen der Monsun die Küste von Coromandel würde
verlassen haben. Indessen geschahen täglich Schar-
mützel, die abermals das Anerbieten einer Unterhandlung bey Narraindeu erzeugten, nnd auch einen Waffenstillstand veranlaßten. Es erfolgte jedoch keine Aussöhnung; denn die Foberungen der Franzosen waren der
Größe ihrer erlittenen Beleidigungen angemessen; und
Narraindeu war weit entfernt diese zu bewilligen, weil

H 5

1759. blos seine Absicht war, die Kriegskosten im Felde zu ersparen, und vor allen Angriffen der Franzosen sicher zu seyn, wenn er seine Truppen in ihre Quartiere verlegt haben würde. Moracin wußte aus dieser Lage keine Vortheile zu ziehen, sondern versprach ohne weitere Bedingung, sich ruhig zu halten.

Narraindeu nutzte diese Zeit, um an den Obersten Clive in Bengalen Briefe zu senden, und ihn um seinen Beystand zu ersuchen. Er verlangte blos ein kleines Detaschement Engländer, um in Verbindung mit ihnen das Corps des Moracin völlig aufzureiben. Die vorerwähnten Deserteurs bestätigten die Leichtigkeit des Entwurfs. Allein die zweifelhafte Lage der englischen Angelegenheiten im Carnatick und die Abnahme der Truppen in Bengalen gestattete keine weitere Verminderung; der unternehmende Geist des Clive beschloß dennoch, den Versuch zu machen. Es wurden sechzig Europäer, worunter die Hälfte Artilleristen waren, auf ein Schiff eingeschifft, das außerdem noch eine Schiffsbesatzung von hundert Europäern hatte. Es langte den 7ten October unter holländischer Flagge auf der Rhede von Ganjam an. Zwey französische Offiziers kamen gleich an Bord, um nach Neuigkeiten zu fragen, die man sofort gefangen nahm. Der englische Befehlshaber, Capitain Samson, verlangte hierauf mit Moracin eine Unterredung, und begab sich deshalb nach erhaltenem Paß ans Land; er vergrößerte die mitgebrachte Truppenzahl, sprach von andern, die auch unterwegs wären, und schlug ihm vor, sich mit allen seinen Franzosen zu ergeben, um unnützes Blutvergießen zu vermeiden. Moracin

Elftes Buch. 123

aber hatte bereits bessere Nachrichten eingezogen. 1759.
Samson schickte nun Abgeordnete an Narrainbeu,
der, weil er jezt versichert war, daß die Franzosen
nächstens von selbst abziehen würden, keine weitere
Lust hatte, Feindseligkeiten gegen sie zu erneuern; er
versprach jedoch Samson, seine Truppen mit dessen
Soldaten zu vereinigen, und die Stadt zu berennen.
Es verstrichen vierzehn Tage unter allerhand Vor-
wände, da denn Samson überzeugt wurde, daß er
nichts zu thun gesonnen sey, und daher wieder nach
Bengalen segelte.

Im Anfang des Novembers schiffte sich Moracin mit 40 Europäern auf einem Fahrzeuge ein, und
landete den 11ten bey Cocanara, das dicht am Seeufer unweit des östlichen Arms vom Godaveri liegt.
In diesem Arme befinden sich die englischen und französischen Faktoreyen, Ingeram und Yanam. Die
meisten der in Masulipatnam gemachten Gefangenen,
die man auf ihr Ehrenwort losgelassen hatte, hielten
sich in Yanam auf, um auf Gelegenheit zu warten,
nach Pondichery zu gehen. Dieses diente ihnen zum
Vorwande, zu Moracin nach Cocanara zu kommen,
wo sie ihm von allem Nachricht gaben. Der District
bey Cocanara stand unter der Herrschaft des Jaggapettyrauze, eines nahen Verwandten von Anunderauze. Sie waren lange Zeit Feinde gewesen, und
da Anunderauze sich mit den Engländern vereinigte,
stieß der andre zu den Franzosen. Nach der Schlacht
von Peddipore gab der Oberste Forde die Ländereyen
des Jaggapettirauze an Anunderauze, der es jedoch
noch nicht gewagt hatte, davon Besitz zu nehmen.

1759. Jaggapettirauze erwartete beständig von ihm angegriffen zu werden, und war deshalb im Felde geblieben; er schrieb nun aus seinem Lager Briefe an den englischen Oberfaktor in Masulipatnam, Andrews, um die gethane Cession zu vernichten. Moracin schickte Agenten in sein Lager, um ihm ein Bündniß anzutragen, wobey er ihm von den Truppen Nachricht gab, die aus Ganjam unterwegs wären, und von noch mehrern, die aus Pondichery ankommen würden. Jaggapettirauze verschob die Antwort, ohne jedoch den Antrag zu verwerfen; aber weder er noch seine Unterthanen, leisteten den Soldaten des Moracin auch nicht die geringsten Dienste. Der gänzliche Mangel an Proviant nöthigte sie Gewaltthätigkeiten zu begehen, denen man widerstand. Viele wurden in Verhaft genommen, oder nahmen Kriegsdienste, so daß Moracin gezwungen war, sich mit fünf Soldaten, dem elenden Ueberrest seines Haufens, einzuschiffen. Er langte den 14sten December in Pondichery an.

Die in Ganjam zurückgebliebenen Truppen bestanden in 250 Mann, theils Europäer theils Topassen, und hundert Sepoys. Sie schifften sich unter Anführung des Ritters Pocke ein, und langten in Cocanara gleich nach der Abreise des Moracin an.

Die unter dem Obersten Forde von Bengalen abgeschickten Truppen hatten wiederholte Befehle erhalten, zurück zu kommen; sie sollten den ganzen Weg zu Lande machen, um Moracins Detaschement aufzusuchen, das man an der Küste zu seyn vermuthete. Das Regenwetter wollte den bengalischen

Truppen nicht erlauben, vor Anfang des Novembers 1759. ins Feld zu rücken. Forde wollte diese Zeit nutzen, und segelte für seine Person im October von Masulipatnam nach Bengalen, wo er eben zu rechter Zeit ankam, um seinem Vaterlande noch einen wichtigen Dienst zu leisten. Das Commando der zurückgebliebenen Truppen war dem Capitain Fischer anheim gefallen; sie waren von 500 Europäern und 1500 Sepoys jezt bis auf 300 Europäer und 800 Sepoys eingeschmolzen; und zwar die Europäer durch Todesfälle und Desertion, die Sepoys aber größtentheils durch die Entlassung von 500, deren Dienstzeit zu Ende war, und welche daher nach ihrer Heimath im Carnatick zurück kehrten. Den 5ten December brachen die Truppen auf, und marschirten denselben Weg, den sie gekommen waren. In Rajahmundrum hörten sie, daß die Franzosen in Cocanara gelandet hatten. Sie eilten nach dieser Gegend hin; ehe sie aber noch die Franzosen zu Gesichte bekamen, wurden sie die Truppen der beiden Rajahs im Handgemenge gewahr. Fischer hielt dieses für einen Beweis, daß die Franzosen sich nicht mit Jaggapettyrauze verbunden hatten; er vermuthete, ihre einzige Absicht sey, die See zu gewinnen, und schickte daher den Capitain York mit den Grenadiers und 500 Sepoys ab, ihre Einschiffung zu verhindern. Die Truppen stießen auf einander; die Franzosen gaben nur eine Salve, und liefen sodann so geschwind als sie nur konnten in den Wald, um die holländische Faktorey zu erreichen, wo sie auch eingelassen wurden. York umringte sogleich die Faktorey, welche nur geringe

1759. Vertheidigungswerke hatte, und da bald darauf Fischer mit seinen Truppen auch dazu stieß, so wurde die Auslieferung der französischen Soldaten unter Drohungen verlangt; die Holländer lieferten sie auch gleich aus, nachdem sie zuvor förmlich dawider protestirt hatten. Nach diesem Siege marschirten die Engländer nach Vizazapatnam, wo sie den 16ten Januar ankamen. Hier wurden alle Europäer nach Bengalen eingeschifft, die Sepoys aber mußten ihren Marsch zu Lande durch die Provinz Orixa fortsetzen. Die Engländer waren nun vor aller Furcht gesichert, sowohl wegen ihren alten als auch der neuen Besitzungen, die sich nordwärts vom Kristna befanden.

Issoof hatte mittlerweile in dem südlichsten Theile von Indien auch Fortschritte gemacht. Er langte in Madura den 4ten May nach einer zehn monatlichen Abwesenheit an. Er hatte nur 1400 Sepoys im Lande zurück gelassen; nämlich sechshundert in Madura, fünfhundert in Palamcotah, und dreyhundert in Tinivelly. Man konnte von diesen Truppen nichts als die Vertheidigung der besezten Oerter erwarten; daher alle Districte beider Provinzen, von dem Walde von Nattam bis an die Thore von Travancore, den feindlichen Verheerungen ausgesezt waren. Die damalige üble Lage der Engländer, die sich mit der Uebergabe des Forts St. David anfing, und fortdauerte, bis die Franzosen gezwungen waren, die Belagerung von Madras aufzuheben, erhielt die Hofnung des Maphuze Khan, daß ein Corps französischer Truppen hier ankommen, und er durch ihren Beystand das Gouvernement dieser Provinzen förm-

lich erhalten würde. Seine Hofnung wurde 1759.
auch durch die französischen Agenten und durch Briefe
aus Pondichery bestärkt. In dieser Erwartung blieb
er bey Pulitaver, und nahm den Titel eines regierenden Fürsten an, ob er gleich von allem Gelde
entblößt war. Sein Unterhalt hing von diesem Beschützer ab, der ihn kaum mit den nothwendigsten
Bedürfnissen versah. Die Rückkunft des Issoof besserte seine Lage, weil man fürchtete, er würde sich
endlich mit dem Nabob aussöhnen. Alle Polygars
traten nun zusammen, um Issoof die Spitze zu bieten. Von den westlichen Waldfürsten vereinigten
sich sechs, und stießen mit ihren Truppen zu den übrigen Bundsgenossen. Catabominaig, ihr voriger
Anführer, war todt; ein Verwandter von ihm war
sein Nachfolger, der, wie gewöhnlich, denselben Namen führte.

Issoof hatte nur 600 Sepoys und 60 Reiter
von Conjeveram mitgenommen, allein unterwegs bat
er Tondiman und die beiden Moravars um Truppen,
welche ihm auch 3000 Mann, theils Colleries theils
Reiter, nachschickten.

Die Colleries von Nattam bewohnen den District
nordwärts von Madura, nach den östlichen Gebirgen
zu. Sie waren es, welche die englischen Truppen
unter dem Obersten Heron 1755 angriffen. Dieses
Volk ist viel wilder als die Colleries in Tritchinapoly,
Madura und Tinivelly; auch sind sie sehr von ihnen
in Sitten und Gebräuchen unterschieden, und haben
weder Forts noch geordnete Kriegsschaaren. Sie
erkennen keine besondern Oberhäupter, sondern le-

ben in kleinen Haufen, so wie sie durch Blutsfreundschaft oder Wahl in Verbindung kommen; daher ihre Streitigkeiten selten etwas anders als Privatrache sind. Sie betrachten alle andre Menschen wie Beute, allein einen Diebstahl unter sich, als das größte Verbrechen. Wenn einer von ihnen einen Fremden begleitet, so dient dieser ihm zu einem hinreichenden Schutze gegen alle übrigen; ohne denselben aber, für den man allemal bezahlen muß, ist der Reisende bey jedem Schritte in Lebensgefahr. Im freyen Felde sind sie verächtliche Feinde, auch zeigen sie sich hier sehr selten; dagegen sind sie die geschicktesten aller Colleries, in Gebüschen zu fechten und zu stehlen. Sie hatten das Land bis an die Mauern von Madura von allem Vieh entblößt, und alle Dörfer rein ausgeplündert. Da fast alle Truppen des Issoof solche Waldkriege verstanden, so beschloß er, sie in ihren Waldnestern anzugreifen, während der Zeit er seine andern Soldaten zu einem Kriege im freyen Felde geschickt machte. Er übernahm selbst die Anführung dieses Waldkriegs, der jedoch mehr einer großen asiatischen Jagd, als einer kriegerischen Expedition glich. Es wurden Wege in die dicken Gebüsche gehauen, und die Einwohner im Innersten derselben aufgesucht; so wie sie flohen, schoß man sie todt. Es verging ein Monat, bevor man sie dahin bringen konnte, um Gnade zu bitten, und Vieh und Geld zu bezahlen, das sie geraubt hatten. Auf diese Weise bekam er tausend Stück Rindvieh und zweytausend Stück Schafe zusammen, die er nach Tritchinachinapoly schickte; von da wurden sie nach der Seeküste 1759. zum Gebrauch der Flotte gebracht.

Issoof trat den 2ten Julius seinen Marsch von Madura mit 6000 Mann an. Seine Artillerie bestand in kleinen Feldstücken. Er hatte Mangel an Pulver, welches er sich selbst machen mußte; denn seit der Zerstörung der Pulvermühle bey Madras, durch Lally, fehlte es den Engländern im Carnatick an Pulver aus ihren eignen Fabriken; daher sie es theils von der Flotte borgten, theils von Bombay kommen ließen. Die Musketen der Sepoys in Madura waren schadhaft, und von vielen Nationen theils gekauft, theils erbeutet worden; viele dieser Gewehre waren Vogelflinten. Es fehlte auch Issoof an Flintensteinen, wozu man sich in einigen Theilen von Indien des Agats bediente, der jedoch in diesen Ländern nicht zu finden war. Alle diese Bedürfnisse stellte er der Regierung in Madras vor, und bat besonders um Geschütz und Munition.

Issoof nahm ein Fort nach dem andern weg, und so langte er in Tinivelly an, wo er einen Brief von Maphuze Khan empfing, der sich erbot, seine Bundsgenossen zu verlassen, und nach dem Carnatick zu gehen, wenn man für seinen Unterhalt standesmäßig sorgen wollte. Obgleich Issoof keine Vollmacht dazu hatte, so versicherte er ihn doch, daß seine Bitte würde erhört werden, und gab davon nach Madras Nachricht.

Mitten in Tinivelly befindet sich ein offener und sehr cultivirter Erdstrich, der zwischen den Districten der östlichen und westlichen Polygars liegt, und daher

Dritter Band. J

1759. ein beständiger Tummelplatz ihrer Räubereyen war. Die Hauptstraße, welche dahin führt, ist der Wald von Wootamally. Der Polygar dieses Landes, der durch die leichten Plünderungen reich geworden war, hatte viele wohlbewaffnete Colleries. Issoof drang jedoch in seinen Wald ein und nahm sein Fort weg, das er besetzte; besgleichen besetzte er die Stadt Schorandah mit einem Detaschement, und ging nach Tinivelly zurück.

Im südlichen Tinivelly herrschte gleiche Unruhe. Die Truppen des Königs von Travancore thaten beständig Einfälle in dieses Land, um sich der eingeärnteten Feldfrüchte zu bemächtigen; sie drangen von Calacad bis zum Vorgebirge Comorin vor. Es war nicht möglich, auf allen Seiten zugleich Widerstand zu thun, ohne eine größere Armee zu haben, als beide Provinzen unterhalten konnten. Der König war jedoch kein abgesagter Feind der Engländer, sondern der Polygar von Vadagherri war der eigentliche Gegenstand seines Hasses, den er durch die Plünderungen seiner Colleries auf sich geladen hatte, die immer in den Gebirgen von Travancore raubten. Auf diesen Grund einer gemeinschaftlichen Feindschaft wider den Polygar, fing Issoof eine Unterhandlung mit dem Könige an, der an den Gränzen seines Landes eine Zusammenkunft bewilligte; sie geschah auch im August mit vieler Höflichkeit und scheinbarer Zuneigung. Der König verlangte nichts, und versprach keine Einfälle mehr in Tinivelly zu thun, wie auch ein beträchtliches Truppen-Corps zu Issoof stoßen zu lassen, um damit den Vadagherri und Pulitaver zu be-

kriegen. Den 3ten September, da sich Issoof noch 1759.
an den Gränzen von Travancore befand, langten tausend von des Königs Sepoys bey ihm an, alle mit schweren Musketen, die in seinem Lande gemacht waren, bewaffnet, und auf europäische Art obgleich sehr unvollkommen disciplinirt; es fehlte ihnen jedoch nicht an Kriegsvorrath und Munition. Issoof ging nun nach Tinivelly zurück, zog seine Truppen zusammen, und um den König zu befriedigen, marschirte er gerade auf Vabagherri los; unterweges stießen noch 10,000 Mann Travancoren von verschiedener Art Infanterie zu ihm, so daß er jetzt eine Armee von 20,000 Mann beysammen hatte; die größte, die man seit vielen Jahrhunderten in diesen Ländern gesehen hatte. Vabagherri vertheidigte seine Wälder nur einen Tag lang; er verließ dann in der Nacht sein Fort, und flohe zu Pulitaver nach Nellitangaville.

Die Ankunft eines solchen Gastes, der zum erstenmale so tief gesunken war, setzte den Pulitaver in Schrecken, und vermochte ihn auf List zu sinnen, um den Sturm von sich abzuwenden. Der fehlgeschlagene Angriff der Engländer auf die Stadt Vandiwasch am 30ten September war im Lande bekannt, und wurde, so wie die Franzosen den Vorfall vorstellten, als eine völlige Niederlage angesehn. Maphuze Khan hatte Briefe von Bassaulet Jung und aus Pondichery erhalten, die ihn überredten, daß die Franzosen in sehr kurzer Zeit die Engländer im Carnatick gänzlich überwältigen würden, und daß er sodann hoffen könnte, an die Stelle seines

1759. Bruders Mahomed-Ally, Nabob von Arcot zu werden. Diesen Brief nebst den hohen Erwartungen theilte Pulitaver dem Könige von Travancore mit, und erbot sich, wenn er die Engländer verlassen und sich mit Maphuze Khan verbinden wollte, ihm einen Theil von Tinivelly, das an sein Königreich stieß, abzutreten. Der König gab sogleich Issoof von diesem Anerbieten Nachricht, berief sich auf die Wichtigkeit desselben, und verlangte die Abtretung von Calacad und der daranstoßenden Districte. Er behauptete, daß durch seinen Beystand bereits mehr Land, als er verlangte, wieder erobert worden wäre, und daß, wenn er sich mit den Polygars verbände, des Nabobs Autorität in Tinivelly nie wieder gegründet werden würde. Issoof befand sich bey diesem Antrage in großer Verlegenheit, die noch durch die Nachricht vermehrt wurde, daß das aus Madras abgesandte Geschütz nebst fünfhundert Musketen bey einem Schiffbruche verloren gegangen sey, und daß zwey Feldstücke, die man gerettet hatte, in Tutacorin von dem holländischen Agenten angehalten worden wären. Diese Unfälle gaben des Königs Gründen ein größeres Gewicht, und seinem Beystande einen höhern Werth; denn die Truppen des Issoof waren allein nicht hinreichend, den Pulitaver zu bezwingen, zu dessen Vertheidigung jezt alle Colleries des ganzen Landes in Schaaren hinzogen. Er trat daher dem Könige die verlangten Districte ab, und die Regierung in Madras war damit zufrieden; nicht so der Nabob, welcher den Issoof der Verrätherey beschuldigte, um sich des Königs Hülfe zu seinen ehrgeizigen Privat-Absichten zu versichern.

Sobald dieser Vergleich geschlossen war, brach 1759. die vereinigte Armee auf. Den 6ten November drangen sie in den Wald Casaltaver. Die Colleries vertheidigten drey Tage lang den Wald, sodann verließen sie ihn und das darin befindliche Fort und zogen sich nach Nellitangaville. Der Mangel an Munition hinderte Issoof weiter vorzurücken, bis er sich aus Madura und Palamcotah damit versehn hatte. Die Travancoren, um wegen Verschiedenheit der Sitten Streit zu vermeiden, lagerten sich abgesondert, obgleich in der Nähe von Issoofs Lager. Diesen Umstand nutzten die Feinde, und griffen mit 6000 Colleries bey hellem Tage die Travancoren an. Issoof kam ihnen gleich zu Hülfe, da sich denn die Colleries mit der ihnen gewöhnlichen Behendigkeit zurückzogen, und nicht wohl verfolgt werden konnten. Die Travancoren zählten an hundert Todte und Verwundete. Einige Tage hernach empfing Issoof Munition und einige Kanonen; nunmehr setzte er sich in Marsch, und langte den 4ten December bey Waschinelore an, ein dem Pulitaver gehöriges Fort, das stärkste im ganzen Lande, Nellitangaville allein ausgenommen.

Waschinelore lag in der Nähe von einer Kette von Gebirgen, an deren Fuße sich ein dicker Wald befand. Hier sahe man eine sehr große Stadt, von vielen tausend Menschen bewohnt, die gleichsam eine Vormauer des Forts war; eine dicke Dornhecke mit Verzäunungen umringte sowohl die Stadt als das Fort. Dieses letztere war 650 englische Ellen lang und 300 breit; es war zwar nur von Erde, die aber

1759. beynahe die Härte von Ziegelsteinen hatte. Man sah hier vier große viereckige Thürme, und zwischen ihnen mehrere kleinere von runder Form. Jeder Thurm war eine abgesonderte Redoute, von einem Parapet umschlossen, wodurch man das Fort sowohl von innen als von außen vertheidigen konnte. Der Zugang zu den Thürmen war ein steiler nur zwey Fuß breiter Weg. Die Parapets der Thürme hatten runde Löcher für die Musketen; dagegen sah man keine Schießscharten für die Kanonen, wovon sich nicht ein einziges Stück im Fort befand.

Die Colleries in diesem Theile von Tinivelly haben nichts von der Häßlichkeit und der Ungestalt, die durchaus die Einwohner der Hügel und Wildnisse bezeichnet. Sie sind lang, wohlgemacht und haben gute Gesichtszüge. Ihre Waffen bestehn aus Lanzen, Piken, Pfeil, Bogen und Feuergewehr; sie mögen aber mit oder ohne Waffen gehen, so trägt doch ein jeder beständig ein Schwert und ein Schild. Im Treffen sondern sie sich nach der Verschiedenheit der Waffen in besondere Haufen ab; die Lanzenträger aber werden für die vornehmsten gehalten, und greifen allemal zuerst an. Eine solche Lanze ist achtzehn Fuß lang, an deren Spitze sie, wenn der Angriff auf Reiterey geschieht, ein Glöckchen hängen. Sie stellen sich in einer tiefen Colonne, dicht zusammen geschlossen, und rücken mit weiten abgemessenen Schritten an, wobey sie ihre Lanzen emporhalten, deren Rauschen, verbunden mit dem Geklingel, die Reiterey gewöhnlich scheu machen und aus

einander sprengen; auch ist ihre Annäherung nicht we- 1759.
niger der Infanterie furchtbar, wenn diese nicht disciplinirt ist. Die Wichtigkeit von Maßchinelore
und die große Macht, die jezt dagegen anrückte, zog
viele tausend Colleries herbey; allein nur neunhundert
auserlesene Soldaten wurden auf den Mauern postirt,
die Andern blieben in dem Walde, aus welchem sie
Tag und Nacht Ausfälle thaten, und beide Läger
beunruhigten; während dessen größere Haufen
die neuerrichtete Batterie angriffen, so daß man
diese erst zwanzig Tage nach der Ankunft der Truppen vollenden konnte. Da man während dieser Zeit
immer gefeuert hatte, so fing es an an Munition zu
mangeln, daher Issoof alle Anstalten zum Sturm
machte. Sobald dieser anfing, und die übrigen
Truppen der vereinigten Armee zur Bedeckung unter
den Mauern standen, brachen 3000 auserlesene Colleries in Issoofs Lager, und vertrieben die wenigen
Truppen, die es besezt hielten; Pulitaver selbst, der von
Mellitangaville gekommen war, führte diesen Haufen
in Person an. Sobald Issoof von diesem Vorfalle
Nachricht bekam, schickte er ein stärkeres Detaschement
ab, um sie zurückzuschlagen, und sezte den Sturm fort;
die Besatzung aber verdoppelte ihren Muth, da sie des
Pulitavers Ankunft durch das gewöhnliche weit tönende Kriegsgeschrey und den Schall ihrer Feldhörner vernahmen. Aus allen Winkeln des Waldes
drangen nun Colleries hervor und griffen die Truppen in den Flanken und im Rücken an, und obgleich
sie beständig zurückgeschlagen wurden, so setzten sie sich
doch immer wieder. Gegen Abend zogen sie sich in

1759. die Wälder zurück, mit dem Entschluß, den Angriff in der Nacht zu erneuen. Issoof aber, der fast keine Munition mehr hatte, zog sich zurück. Er hatte theils von seinen eignen Truppen, theils von den Travancoren an zweyhundert Mann eingebüßt; der Verlust der Feinde war noch größer. Den folgenden Tag schlug er in einiger Entfernnng sein Lager auf, und entließ hier die Travancoren; er selbst aber marschirte mit seinen Truppen nach der Stadt Tinivelly zurück.

Zwölftes Buch.

Die beiden Armeen im Carnatick standen im Anfange dieses Jahrs noch in ihren Lägern bey Arcot; beide waren gleich abgeneigt etwas zu wagen, weil beide das Ende ihrer Unterhandlung mit den Maratten erwarteten. Die Engländer sowohl als die Franzosen boten dem Innis Khan 60,000 Rupien an; während aber die ersten von Wechselbriefen sprachen, schickten die Franzosen baar Geld, wodurch sie den Vorzug erhielten. Innis Khan traf den 8ten Januar in ihrem Lager ein, mit 3000 Maratten und einer größern Anzahl von Freybeutern zu Fuß, die Pandarums genannt werden und beständig neben den Reitern hertraben. Den folgenden Tag nahmen die Franzosen ihren Marsch nach Trivatore. Ein kleines Detaschement von zweyhundert Maratten, welche der Oberste Coote gewonnen hatte, verließ das feindliche Lager und ging zu den Engländern über. Man vermuthete, daß die Franzosen auf Vandiwasch losgehen würden. Es wurden daher an den dasigen Commandanten, Capitain Sherlock, Befehle geschickt, das Fort aufs äußerste zu vertheidigen.

Der General Lally hatte auch sein Augenmerk auf Vandiwasch gerichtet, allein außerdem noch einen andern Entwurf gemacht, daher er nur langsame Märsche that. In der Nacht vom 11ten

1760. aber ging er über den Paliar, und vermittelst eines forcirten Marsches langte er in Conjeveram an, wo er große englische Reißmagazine zu finden hoffte. Er fand aber die Magazine leer; auch hatten die Einwohner in ihren Häusern nicht mehr, als sie zu ihren Bedürfnissen gebrauchten. In der Pagode war ein Feldlazareth, und eine Menge von Kriegsvorrath, unter der Bedeckung von 200 Sepoys. Die Wegnahme dieses Magazins würde für die Engländer sehr nachtheilig gewesen seyn; da aber Lilly keine Kanonen bey sich hatte, so machte er keinen Versuch auf die Pagode: dagegen erlaubte er seinen Truppen zu plündern, und die Häuser der Stadt in Brand zu stecken. Die Sepoys in der Pagode waren während dieser Verwirrung nicht müßig, sondern thaten, in Verbindung mit allen Kranken des Lazareths, beständig Ausfälle auf die kleinen Haufen der Feinde, welche in den Straßen herumirrten; sahen sie sich aber in Gefahr, überwältigt zu werden, so zogen sie sich durch die ihnen wohlbekannten Seitenwege in die Pagode zurück. Gegen Abend marschirte der Feind ab, mit zweytausend Stück Ochsen, dem besten Theile ihrer Beute, die mit den geplünderten, zum Theil unbedeutenden Effekten beladen waren. Den folgenden Tag marschirten die Franzosen nach Trivatore. Coote erhielt davon zeitig Nachricht; sezte sich an die Spitze seiner Reiterey, und langte noch eher als die Feinde in Trivatore an.

Es war nun ein Monat, daß Bussy wieder in Verbindung mit Lally Feldoperationen machte; hiedurch wurde der Haß des leztern nur noch vermehrt.

Zwölftes Buch.

1760.

Die kürzlich begangenen Fehler des Lally, der Vandiwasch und Carangoly verloren hatte, ohne etwas durch die Expedition nach Seringham zu gewinnen, hatten seine militärischen Talente bey der ganzen Armee verächtlich gemacht. Nicht allein das Regiment von Lothringen, sondern auch sein eignes, fingen an das höhere Genie des Bussy allgemein anzuerkennen; das sogenannte Bataillon von Indien aber war immer dieser Meynung gewesen, so daß sich Lally von allen verlassen sah. Dieser General schrieb diese allgemeine Würdigung der großen Verdienste seines Gegners der Bestechung zu, und den Intriguen des Jesuiten Estevan, der Beichtvater des Regiments von Lothringen war. Seine Antipathie kannte nun länger keine Gränzen mehr. Sobald die Armee nach Trivatore gekommen war, ersuchte Bussy um Erlaubniß, nach Pondichery zu gehen, wegen einer schmerzhaften Krankheit, welche durch die Fatiguen vergrößert wurde; Lally aber befahl ihm, im Namen des Königs, im Felde zu bleiben. Bussy gehorchte, und gab sein Gutachten in Ansehung künftiger Operationen. „Die Engländer," sagte er, „würden „nicht Vandiwasch wegnehmen lassen, ohne eine „Schlacht zu wagen, um es zu retten, wobey die fran„zösische Armee im Felde aller Belagerungs-Trup„pen beraubt wäre. Wegen der Nothwendig„keit, diese zu decken, würde man nicht Herr von „der Wahl des Terrains, noch von andern Vorthei„len seyn, die sich im Treffen ereignen könnten; da„gegen, wenn alle reguläre Truppen an den Ufern „des Paliar zusammen gehalten, und die Maratten

„ausgeschickt würden, die Districte der Engländer zu „verheeren, so würde ihre Armee bald gezwungen „seyn, entweder mit Nachtheil zu schlagen, oder we- „gen ihrer Subsistenz sich unter die Mauern von Ma- „dras zurück zu ziehn."

Kein Rath konnte weiser seyn; denn die Maratten hatten ihre Verheerungen bis Pondamalee und Vendalore verbreitet, die Lebensmittel von allen Seiten abgeschnitten, und dadurch das englische Lager in großen Mangel gesezt; hingegen herrschte der Ueberfluß im französischen Lager, wo das geraubte Hornvieh sieben Stück für eine Rupie verkauft wurde; selbst den Reiß bekam man für die Hälfte des im ganzen Lande gangbaren Preises. In Madras war man wegen dem Verluste der besten Einkünfte sehr bekümmert; die Regierung bereute es, den Maratten nicht alles Verlangte bewilligt zu haben, und rieth daher Coote, sich der Stadt Madras zu nähern. Lally's seltsames Betragen aber gab der Sache eine andre Gestalt. Er wollte den Rath des Bussy nicht befolgen, weil er von einem ihm so verhaßten Gegner kam, verließ Trivatore mit 500 Europäern, der Hälfte der europäischen Cavallerie, 500 Maratten und 1000 Sepoys, und ließ Bussy mit den übrigen Truppen zurück, die Engländer aufzuhalten, wenn sie nach Arcot marschiren sollten, um die Franzosen von der Belagerung von Vandiwasch abzuziehen.

Der Capitain Sherlock hatte 30 Europäer und 300 Sepoys in die Stadt Vandiwasch gelegt, die Lally gleich nach seiner Ankunft mit seiner ganzen Infanterie in zwey Divisionen angriff: eine derselben bestand aus lauter Seeleuten von der Escadre, die, 1760. des Landdienstes ungewohnt, von den in Bereitschaft stehenden Engländern so übel empfangen wurden, daß sie zurückliefen, und in die andere Division herein fielen, welche, in der Meynung es wären Feinde, auf sie feuerte. Einige Stunden nachher geschah ein anderer besser geordneter Angriff. Lally selbst stieg vom Pferde, ließ Freywillige austreten, und erkletterte zuerst in eigner Person die Stadtmauer. Die ganze Colonne stürzte hinter ihm drein, und die Besatzung zog sich mit einem sehr geringen Verluste glücklich ins Fort zurück. Die Franzosen verschanzten sich sogleich in den Gassen, die zum Fort führten, und errichteten eine Batterie.

Es waren tausend Maratten ausgeschickt worden, die Bewegungen der Engländer zu beobachten; sie gingen aber blos dem Plündern nach, und bekümmerten sich wenig um die Feinde. Da nun überdem Lally Spione nie gut belohnte, so erhielt er nicht eher von der Annäherung der englischen Armee Nachricht, als bis Bussy den 17ten es ihm in einem Briefe meldete. Seine Verachtung gegen alles, was von dieser Quelle kam, verursachte, daß er die Nachricht anfangs nicht für wahr annehmen wollte; da sie aber bald bestätigt wurde, so überließ er Bussy nach Gutachten zu handeln, welcher sogleich mit allen seinen Truppen nach Vandiwasch marschirte.

Der Mangel an Proviant hinderte die Engländer forcirte Märsche zu thun, daher Lally und Bussy noch vor ihnen bey Vandiwasch ankamen, und sich verei-

142 **Zwölftes Buch.**

1760 nigten. Jener Mangel nöthigte die Engländer, sich bey Outramalore zu lagern. Man fand, daß der Oberpachter hier, ob er gleich von Madras abhing, dennoch alle vorräthige Lebensmittel an die Franzosen verkauft hatte; er wurde daher in Verhaft genommen, und ohne alle Nahrung eingesperrt, bis die Armee mit dem Nöthigen versehen war, wozu seine Leute nun in wenig Stunden Anstalten machten. Coote beschloß, sich nicht eher den Franzosen zu nähern, bis sie die Belagerung von Vandiwasch anfangen würden, weil er alsdann die Wahl haben würde, entweder das Belagerungs-Corps, oder die dasselbe deckende Armee in der Ebene anzugreifen. Bussy sahe dieses vorher, und beschwur Lally, die Belagerung bis zu einer bessern Gelegenheit zu verschieben; er rieth ihm, seine Truppen zusammen zu halten, bis die Engländer entweder schlagen oder sich zurückziehn würden. Lally aber beharrte bey seinem vorigen Entschlusse, und wollte durchaus keinen Rath von seinem Rival anhören.

Die Batterien gegen das Fort wurden erst den 20sten Januar fertig, weil die Kanonen dazu von Valdore gebracht werden mußten. Coote nahm nun seine ganze Reiterey, um den Feind zu recognosciren, und schickte nach seiner Zurückkunft die schwere Bagage nach Carangoly; sodann befahl er der ganzen Armee, in Schlachtordnung nach Vandiwasch aufzubrechen, ohne sich jedoch zu übereilen.

Lally hatte sich zwey englische Meilen vom Fort gelagert; ein großer indischer Wasserbehälter deckte seine linke Flanke. Alle Maratten waren nun von 1760. ihren Plünderungen zurückgekommen, und lagen mit ihrer Beute am Fuße eines hohen Berges unweit von dem französischen Lager. Sie entdeckten zuerst die Annäherung der Engländer, worauf sie alle zu Pferde stiegen, und sich in verschiedene Haufen verbreiteten; ein gleiches that die europäische Cavallerie im Lager der Franzosen. Coote war selbst bey der Avantgarde, die aus 200 schwarzen Reitern und 200 Sepoys bestand; da seine übrigen Truppen noch zurück waren, befahl er den Sepoys, sich haufenweise zwischen den Divisionen der Reiter zu stellen. Durch diese kluge Maaßregel wurden die anrückenden Maratten zurückgeschlagen, welche, ohne das Feuer der Sepoys, leicht die schwarzen Reiter über den Haufen würden geworfen haben. Sie eilten jezt zurück, um ihren Standplaz in der französischen Linie einzunehmen. Coote erwartete die Ankunft seiner Truppen, denen er nun Nachricht gab, daß er den Feinden ein Haupttreffen liefern wollte; es wurde mit Freudengeschrey beantwortet.

Im französischen Lager wurde man jedoch keine Bewegungen gewahr; ja sogar als Coote, um es zu recognosciren, sich demselben sehr näherte, wurde er mit seiner Escorte nicht einmal kanonirt, noch weniger Detaschements abgeschickt, sie abzuschneiden. Selbst die Maratten hielten sich ruhig, und kamen den Kanonen nicht zu nahe. Die Engländer rückten indessen ganz in die Ebene, um die Franzosen gleichsam zum Treffen aufzufodern; da aber keine

1760. Bewegung geschah, so beschloß Coote seinen Operationsplan weiter zu verfolgen.

Der Boden in einiger Entfernung von dem Fuße des Berges ist, wie alle andre im Carnatick, mit Steinen und Felsenstücken bedeckt. Von diesem rauhen Grunde aber bis zum Fort waren in der Ebene lauter Reißfelder. Coote's Absicht war, längs dem Berge dem Forte gegenüber zu marschiren, da er sich denn auf einmal in einem sehr festen Posten befinden würde; der rechte Flügel durch das Feuer des Forts, und der linke durch den unwegsamen Boden am Berge bedeckt, wobey er die Gewißheit hatte, das Fort nach Wohlgefallen mit Truppen zu verstärken. Von hier aus konnten die Engländer gerade aufs französische Lager losgehn, und hatten die Wahl, es entweder in der Flanke oder im Rücken anzugreifen, da denn alle gemachte Vertheidigungs=Anstalten in der Fronte gänzlich unnütz seyn würden.

Die Engländer hatten kaum ihren Marsch an dem Fuße des Berges angefangen, als Lally die Absicht errieth, und alle Folgen dieses klugen Entwurfs übersah. Sogleich wurde im Lager Lärm geschlagen und alle Truppen rückten aus, um sich in Schlachtordnung zu stellen.

Die französische Cavallerie, 300 Mann stark, sämtlich Europäer, formirte den rechten Flügel; sodann kam das Regiment von Lothringen, 400 Mann stark; im Mittelpunkt das Bataillon von Indien, 700 Mann; endlich das Regiment von Lally, 400 Mann, dessen linker Flügel hinter dem verschanzten Wasser=

Zwölftes Buch. 145

Wasserbehälter stand, woselbst auch die Seesoldaten 1760. und Matrosen von der Escadre postirt waren. Die Artillerie bestand aus sechszehn Kanonen. Vierhundert Sepoys standen hinter den Seesoldaten, um sie gelegentlich zu unterstützen; 900 Sepoys aber und 100 Europäer machten ein abgesondertes Corps, um die Zugänge ins Lager zu decken. Alle Truppen zusammen genommen bestanden aus 2250 Europäern und 1300 Sepoys; 100 Europäer und 300 Sepoys aber bedeckten die Batterien gegen Vandiwasch. Die Maratten, 3000 an der Zahl, wollten ihre Beute nicht verlassen, und blieben daher im Lager in dieser entscheidenden Stunde.

Coote war mit diesem Entschlusse der Franzosen, zu schlagen, sehr zufrieden; er machte sogleich Halt, schickte die Bagage unter einer Bedeckung von 200 Sepoys nach einem unweit davon gelegenen Dorfe, und ließ die Cavallerie eine dritte Linie formiren. Seine Armee bestand aus 1900 Europäern, worunter achtzig Reiter waren, 2100 Sepoys, 1250 schwarzen Reitern und sechsundzwanzig Kanonen. Im ersten Treffen formirte Cootes Regiment den rechten Flügel, Drapers Regiment den linken Flügel, und die beiden Bataillons der ostindischen Compagnie standen im Mittelpunkt der Linie, in welcher 1800 Sepoys auch Haufenweise vertheilt waren. Im zweiten Treffen befanden sich alle Grenadiers, 300 an der Zahl, und 100 Sepoys.

Ehe noch die englische Armee ihre Kanonen brauchen konnte, setzte sich Lally an die Spitze seiner europäischen Cavallerie, und machte einen großen

Dritter Band. K

1760. Umweg in die Ebene, um die englische Reiterey, die in der dritten Linie stand, anzugreifen. Die schwarzen Reiter warteten aber diesen Angriff nicht ab, sondern nahmen gleich Reißaus, so daß die achtzig europäischen Reiter allein gelassen wurden; diese behaupteten jedoch ihren Grund. Auch erhielten sie bald Hülfe; ein Detaschement, mit Kanonen versehn, brachte die französischen Reiter in Unordnung, so daß sie im vollen Galopp davon eilten. Nunmehr kamen die schwarzen Reiter zurück, und verfolgten die fliehenden Feinde bis an ihr Lager.

Mittlerweile hatte die Kanonade der Engländer angefangen, die große Wirkung that. Als daher Lally mit seiner fliehenden Reiterey zurück kam, fand er seine Infanterie voller Ungedult, mit den Engländern handgemein zu werden. Dieser Eifer stimmte mit seinem ungestümen Wesen sehr überein, daher er sogleich Befehl gab vorzurücken. Das Feuer breitete sich bald durch die ganze Linie aus. Das Regiment von Lothringen formirte eine Colonne von zwölf Mann in der Fronte. Coote machte keine Veränderung in seiner Disposition, sondern befahl nur den Truppen, ihr Feuer aufzubewahren, das auch auf funfzig Schritte von allen Seiten gegeben wurde, als die Franzosen sich fast laufend näherten; die Kugeln stürzten viele zu Boden, hielten aber die Colonne nicht auf. In einem Augenblick stießen sie nun zusammen, da denn die Colonne gleich durchbrach; die Engländer aber fielen auf ihre Flanken, und sprengten sie bald aus einander, so daß die Trümmern dieser Colonne mit vieler Mühe das Lager erreichten.

Eilftes Buch. 147

Während dieser Zeit setzte eine Kugel einen fran- 1760.
zösischen Munitionswagen in den Verschanzungen in
Brand, wodurch achtzig Mann in die Luft geworfen
worden, die größtentheils tödtlich verwundet waren.
Alle, die sich in der Nähe befanden, flohen im ersten
Schrecken davon, und verließen die Verschanzungen,
um das Lager zu erreichen; auf ihrer Flucht gesellten
sich 400 Sepoys zu ihnen, die, ob sie gleich nichts
gelitten hatten, dennoch ihren Posten verließen.
Coote schickte sogleich Befehl an den Obersten Brereton, mit dem ganzen Regiment von Draper die ver=
lassenen Verschanzungen in Besitz zu nehmen, ehe
die Feinde sich von ihrer Verwirrung erholen könnten.
Die Bewegung dieses Regiments war schwer auszu=
führen, da man dicht beym feindlichen rechten Flügel
vorbey mußte, wo Bussy commandirte, der mittlerweile die Verschanzung durch 200 Mann wieder
hatte besetzen lassen. Brereton griff sie jedoch muthig an, und erstieg sie; er selbst aber fiel dabey tödtlich verwundet zu Boden. Seine Leute wollten ihn
wegbringen, er schlug aber ihre Hülfe aus, und befahl ihnen, ihren Sieg zu verfolgen. Durch den
Besitz dieses vortheilhaften Postens commandirte man
die Flanke von Lally's Regimente. Bussy schickte
sogleich mehr Truppen ab, um die Verschanzung wieder zu erobern, allein sie unterstanden sich nicht, den
Angriff zu wagen. Bussy raffte nun alle Truppen,
die er konnte, zusammen, und setzte sich selbst an ihre
Spitze, um den Feind zu vertreiben; er war aber
noch nicht weit gekommen, als sein Pferd unter ihm
todtgeschossen wurde. Er stürzte mit demselben zu

1760. Boden; da er wieder aufstand, hatte er nur noch zwanzig Mann bey sich, die andern waren alle davon gelaufen. Dieser kleine Haufen wurde sogleich umringt; ein Offizier empfing Bussy's Degen, und schickte diesen großen Feldherrn als Gefangenen unter einer starken Bedeckung zu dem Grenadier-Corps, das Monson commandirte, und bereit stand, Drapers Regiment zu unterstützen. Bussy frug, was dies für Truppen wären? man antwortete ihm, es wären die Grenadiers, die besten Soldaten in der Armee, die noch keinen Schuß gethan hätten; er schlug hierauf für Verwunderung die Hände über dem Kopf zusammen, und sagte kein Wort.

Die Truppen im Mittelpunkt der französischen Linie hatten mittlerweile ein lebhaftes, aber entferntes Feuer unterhalten; da aber nun beide Flügel geschlagen waren, so zogen sie sich eiligst, obgleich in ziemlicher Ordnung zurück, um ihr Lager zu erreichen. Viele Engländer hatten ihren Sieg verfolgt, und waren mit den Flüchtlingen zugleich ins Lager gedrungen; sie würden für ihre Kühnheit gebüßt haben, wenn nicht die Sepoys, welche die Zugänge besezt hatten, nicht auch voller Furcht ihre Posten verlassen hätten. Man hatte viel Mühe, die Verfolgenden wieder zu ihren Fahnen zurück zu bringen. Endlich drangen sämtliche englische Truppen ins feindliche Lager, das sie ganz leer fanden, denn die hier angekommenen Flüchtlinge waren durch die hintern Zugänge wieder abmarschirt. Lally war bey dieser entsezlichen Verwirrung ganz außer sich; er hatte während dem Treffen mit Bussy reden wollen, und ritt auch schon auf seinen Posten zu, besann sich gleichwohl 1760. wieder, und befahl einem Detaschement Sepoys vorzurücken, die aber nicht gehorchen wollten. Da diese mit Bussy im Decan gewesen, und ihm sehr ergeben waren, so vermuthete der argwöhnische Lally gleich Verrätherey, und ritt voller Zerstreuung ins Lager zu den flüchtigen Franzosen.

Die französische Cavallerie, die bisher fast nichts gethan hatte, befand sich in der Nähe des Lagers in der besten Ordnung, und angeflammt durch die Empfindung von Nationalehre, beschloß sie die Flüchtlinge zu beschützen, wenn sie über die Ebene sich zu retten versuchen würden. Diesem Vorsatze zufolge ordneten sie ihre Geschwader zweckmäßig; die schwarze Cavallerie der Engländer wagte es nicht sie anzugreifen, und die englischen Reiter waren zu schwach, um es zu versuchen. Durch diesen muthigen Entschluß wurde wahrscheinlich die gänzliche Vernichtung der französischen Armee gehindert. Die Flüchtigen sammelten sich unter dem Schutze dieser Reiter, und brachten sogar noch einige Kanonen mit fort, nachdem sie die Zelter und das Kriegsgeräthe in Brand gesteckt hatten. Sie zogen sich bey der Stadt Vandiwasch vorbey, und vereinigten sich mit dem Belagerungs-Corps. Diese Truppen verließen ihre Batterien, nebst aller Bagage, und marschirten ab, ohne daß sie von der Besatzung gehindert wurden.

Der Entwurf der Maratten war, theils ihr Lager zu beschützen, theils Gelegenheit zu suchen, die englische Bagage zu plündern; da sie diese aber durch Sepoys so wohl bedeckt sahen, so gaben sie ihren Vor-

1760 saß auf, und dachten nur daran ihre eigne zu retten. Sie beluden damit eiligst ihr Lastvieh, und schickten den ganzen Zug fort, sobald die Kanonade anging. Da sie endlich auch die Flucht der Franzosen von weitem sahen, marschirten sie selbst ab. Auf diese Weise wurden blos die Europäer beider Armeen in diesem Treffen handgemein, da die indischen Truppen von beiden Seiten gar keinen Theil daran nahmen. Die Befehlshaber der englischen Sepoys wünschten dem Obersten Coote zu seinem Siege Glück, und freuten sich, Zuschauer einer Schlacht gewesen zu seyn, dergleichen sie noch nie erlebt hätten.

Es wurden vierundzwanzig Kanonen erbeutet, theils im Felde theils in den Batterien vor Vandiwasch, eilf Munitionswagen, wie auch alle Zelter, Kriegsvorrath und Bagage, die man nicht verbrannt hatte. Zweyhundert Franzosen lagen todt auf dem Schlachtfelde, und 160 wurden gefangen genommen, von denen 30 noch die folgende Nacht an ihren Wunden starben. Von ihren Offizieren waren sechs todt und zwanzig gefangen. Ueberhaupt erstreckte sich der französische Verlust auf 600 Mann. Die Engländer hatten 63 Todte und 124 Verwundete. Von den schwarzen Truppen waren 17 auf dem Platze geblieben, und 32 verwundet worden; die Sepoys aber zählten nur sechs Todte und funfzehn Verwundete.

Die Nachricht von diesem Siege erregte in Madras eben so große Freude, als die Schlacht bey Plaſſy in Calcutta verursacht hatte. Coote beschloß indessen mit seiner gewöhnlichen Thätigkeit, seinen Sieg zu nutzen. Der Capitain Wood erhielt Befehl, mit 1760. der Besatzung in Coorepauk, das Fort von Arcot zu berennen, an deren Stelle die Kranken und Invaliden kommen sollten, die man in Conjeveram zurückgelassen hatte. Nach diesem lezten Orte ersuchte Coote die Regierung in Madras die Reconvalescirten aus dem Hospital mit Munition und schwerem Geschütz zu schicken, damit er die Belagerung von Arcot unternehmen könnte; desgleichen bat er, alle Soldaten, die man nur in Madras entbehren könnte, nebst Arzneymitteln für die Verwundeten nach Vandiwasch zu senden. Er schrieb auch einen Brief an Innis Khan, worin er ihm rieth, unverzüglich die Provinz mit seinen Maratten zu verlassen, weil sonst keiner mit dem Leben davon kommen sollte, den man irgendwo treffen würde. Von der schwarzen Reiterey wurden tausend Mann südwärts geschickt, um das Land zwischen Alamparvah und Pondichery zu verheeren.

Die Franzosen sammelten ihre zerstreuten Truppen in Chittapet; von hier marschirte Lally, ohne die Besatzung zu verstärken, mit allen europäischen Soldaten nach Gingee. Er hatte noch nicht den Verdacht auf die Bussy ergebenen Sepoys fahren lassen, obgleich dieser vortrefliche Befehlshaber selbst gefangen worden war; daher schickte er sie nach Arcot, und rieth den Maratten, ihre Einfälle jenseit des Paliat wieder zu erneuern. Coote beschloß, auf die Nachricht von der Vernachläßigung Chittapets, diesen Ort erst anzugreifen, bevor er nach Arcot marschirte. Er kam mit seiner ganzen Armee den 28sten Januar

K 4

1760. bey Chittapet an, und da der Commandant de Tilly die Auffoderung ausschlug, wurde eine Batterie errichtet, die in sechs Stunden Bresche schoß, worauf sich Tilly auf Discretion ergab. Die Besatzung, die man zu Gefangenen machte, bestand aus 56 Europäern und 300 Sepoys; im Lazareth befanden sich 73 verwundete Europäer aus dem lezten Treffen. Man fand hier neun Kanonen und einen beträchtlichen Vorrath Munition; unter den Waffen waren dreyhundert vortrefliche Musketen, welche unter die englischen Sepoys vertheilt wurden.

Die ausgesandte schwarze Cavallerie hatte mit vielem Eifer ihre Bestimmung erfüllt; vierundachtzig Dörfer verbrannt und achttausend Stück Vieh weggetrieben; ein großer Theil derselben gehörte zur Beute der Maratten, deren sie sich gegen baar Geld entledigt hatten. Man schickte dieses Vieh nach Vandiwasch, Carangoly und Outramalore, wodurch das in diesen Districten geräubte völlig wieder ersezt wurde. Außer dem, was sie verkauft hatten, hatten sie eine große Menge Vieh in die Thäler von Lalliput getrieben, in der Absicht, es mit ihrer übrigen Beute nach ihrem Lande abzuschicken; allein der Sieg und die Drohungen des Obersten Coote machten Innis Khan fürchten, daß er alle Beute leicht verlieren könnte, wenn er länger in der Provinz bliebe. Er verließ daher Arcot mit allen seinen Maratten, und gab von diesem Abzuge dem Gouverneur Pigot in Madras Nachricht, mit der Versicherung, daß er jederzeit mit seinen Truppen zum Dienst der Engländer

Zwölftes Buch.

bereit seyn würde, wenn sie sich nur vergleichen könn- 1760. ten.

Der Capitain Wood war indessen in der Stadt Arcot angekommen, hatte die hier befindlichen Sepoys vertrieben, und die Zurüstungen zur Belagerung gemacht. Den ersten Februar traf Coote selbst hier ein, und nun fing man an Batterien gegen das Fort zu errichten.

Die Festungswerke waren sehr verbessert worden, seit der Zeit als Clive diesen Ort 1752 gegen Rajah-saheb so tapfer vertheidigte. Die Engländer hatten dazu am meisten beygetragen, und die Franzosen das übrige vollendet. Der Graben war größtentheils in Felsen gehauen. Auf den Mauern waren zweyundzwanzig Thürme, die alle fähig waren, Kanonen zu fassen. Die westliche Seite dieses Forts war 800 englische Ellen lang, die östliche 350 und die südliche 160.

Den 5ten Februar öffnete man alle Batterien, worauf aus dem Fort lebhaft geantwortet wurde. Den folgenden Tag langten 200 Bomben aus Madras an, allein kein Pulver war dabey. Der Vorrath im Lager nahm ab, und man fürchtete, daß er gänzlich verbraucht seyn würde, bevor man eine Bresche machen könnte; auch Kugeln fingen an zu fehlen. Es wurden daher 400 Ochsen nach Madras geschickt, um beides nebst einigen schweren Kanonen zu holen. Mittlerweile kam etwas Munition aus Chinglapet an, die aber wegen des lebhaften Feuers auch bald verbraucht war. Es fehlte endlich so sehr an Kugeln, daß Coote, um Zeit zu gewinnen, die

K 5

1760. von dem Feinde abgeschossenen Kugeln zu sammeln, beschloß, einen Tambour an die Mauer zu schicken, um eine Unterredung zu verlangen. Der französische Commandant, Hussey, schickte gleich jemand heraus. Coote ließ ihn erinnern, sich zu ergeben, weil er keine Hülfe zu hoffen habe. Er antwortete, daß er noch keinen Todten im Fort hätte, daß er jedoch willig sey, sich zu ergeben, wenn in sechs Tagen kein Entsatz käme, mit der Bedingung, daß die Garnison einen freyen Abzug mit allen militärischen Ehrenzeichen erhielte, und sich nach Pondichery begeben könnte. Diese Botschaften hin und her dauerten zwey Stunden, da denn das Feuer wieder erneuert wurde. Den folgenden Tag kam wieder etwas Munition aus Chinglapet an. Man hatte endlich zwey Breschen, jede sechs Fuß breit gemacht, und auch die sie flankirenden Thürme zum Schweigen gebracht; aber der Graben war noch nicht gefüllt, und auch kein Logement im bedeckten Wege gemacht. Die Verwunderung war daher nicht geringe, die Friedensflagge auf dem Walle aufgepflanzt zu sehn, worauf ein freywilliges Anerbieten vom Commandanten erfolgte, sich den andern Tag zu ergeben, wenn man ihnen freyen Abzug erlaubte. Coote schlug es ab; bald darauf kam ein andrer Brief, worin man sich nur ausbedung, daß die Besatzung sich nach Pondichery begeben dürfte, und nicht mehr gegen die Engländer zu dienen versprach. Coote erwiederte, daß sowohl Offiziers als gemeine Soldaten alles behalten sollten, was ihnen gehörte, und daß sie auf gute Behandlung rechnen könnten; allein er behielt sich das Recht vor, sie in Verwahrung zu behalten; zu gleicher Zeit lud er den 1760. Commandanten zum Abendessen ein, der sich auch einstellte. Man bewachte das Fort genau in der Nacht, damit niemand von der Besatzung entrinnen möchte. Mit Anbruch des folgenden Tages, den 10ten Februar, da der Commandant endlich mit den Bedingungen zufrieden war, nahmen die Grenadiers Besitz von den Thoren. Die Garnison bestand aus 247 Europäern und ungefähr eben soviel Sepoys. An Geschütz fand man vier Mörser und zweyundzwanzig Kanonen; desgleichen eine große Menge Munition und Kriegsvorrath aller Art. Die Engländer hatten daran einen solchen Mangel, daß sie das Feuer den folgenden Tag hätten gänzlich einstellen und neue Convoys erwarten müssen. Das Fort hätte sich noch zehn Tage halten können, bevor man einen Sturm wagen durfte. Die Besatzung entschuldigte die zeitige Uebergabe mit der Gewißheit nicht entsezt zu werden.

Coote, in Rücksicht auf die Großmuth, womit Bussy die Engländer in Vizagapatnam behandelt, hatte ihm erlaubt, gleich von dem Schlachtfelde nach Pondichery zu gehn. Er versicherte bey seiner Ankunft daselbst, daß durch die Niederlage noch bey weitem nicht alles verloren sey. Bald darauf langte auch Lally hier an, und die Truppen folgten ihm nach. Sein übles Kriegsglück, und seine jetzige Flucht vor einem siegreichen Feinde, machten ihn noch mehr verhaßt als jemals. Keine Schimpfnamen wurden gespart. Man warf ihm Feigherzigkeit und Besoffenheit vor, die sinnlose Anordnungen erzeugt hätten; ja

1760. man ging in der Wuth so weit, daß man seinen Rückzug nach Pondichery seinem Vorsatz zuschrieb, die Stadt den Feinden in die Hände zu spielen, um sich wegen des allgemeinen Abscheues zu rächen, den man hier gegen ihn hegte.

Indessen würde es für einen Mann von den höchsten Fähigkeiten nicht leicht gewesen seyn, nach der Niederlage andre Maaßregeln zu nehmen. Die Nothwendigkeit, die Armee wieder mit Geschütz und andern Bedürfnissen zu versehen, die sie verloren hatte, machte es schon allein erfoderlich, sich Pondichery zu nähern; überdem war es nun durchaus nöthig, die Districte von Alamparvah und Gingee zu beschützen; denn seit dem Verluste von Masulipatnam, von den nordischen Provinzen und dem französischen Etablissement in Bengalen, war sehr wenig Getraide nach Pondichery zur See gebracht worden. Hiezu kam noch der große Geldmangel, der die Regierung verhindert hatte, Vorrath von Proviant in die Magazine zu legen; daher ihre größte Hoffnung jetzt auf die Aernte in diesen Districten gerichtet war, die man nun zu sammeln anfing.

Die Thätigkeit der Engländer in Tritchinapoly hatte den Unterhalt der französischen Truppen in der Insel Seringham sehr mißlich gemacht; die Pächter dieser Districte waren nicht im Stande, die Einkünfte einzusammeln. Lally hatte daher alle Truppen aus der Insel abgerufen, in der Erwartung, sie würden sich mit ihm bey Vandiwasch vereinigen. Es befanden sich damals 300 Europäer in Seringham, und ein großes Detaschement aus Pondichery mit Munition und andern Bedürfnissen war dahin unterwegs. Der Obereinnehmer dieses Districts, der ein Rath aus Pondichery war, hoffte, daß sich nach Ankunft dieses Detaschements die Lage ändern würde, und wagte es daher die Befehle nicht zu befolgen. Der Capitain Smith in Tritchinapoly beschloß, dieses Detaschement abzuschneiden. Der Versuch aber misglückte, und die Verstärkung langte den 8ten Februar in Seringham an, da sich die Franzosen in der Pagode schon in der größten Noth befanden. Sie hatten sehr wenig Munition übrig, und es fehlte ihnen auch ganz an Proviant, den sie nicht wagen durften auswärts zu suchen, und noch weniger hoffen konnten, durch die Landleute zugeführt zu erhalten. Alle ihre Subsistenz in den lezten Tagen war blos auf das eingeschränkt, was sie von den Bramanen in der Pagode plündern konnten. Die Verstärkung bestand aus 140 Europäern und 600 Sepoys; sie brachten mit sich Kanonen und einen ziemlichen Vorrath Munition.

Eben zu der Zeit, da Lally die Truppen aus Seringham zurückrief, hatte er auch befohlen, das Fort von Devi Cotah zu räumen; die Besatzung verließ es daher im Anfang des Februar, da es denn die Engländer gleich in Besitz nahmen.

Der Sieg bey Wandiwasch heiterte den Nabob auf einmal auf, der, seitdem er Madras verlassen, in Tritchinapoly in großer Niedergeschlagenheit gelebt hatte. Nunmehr aber ließ er vor den Thoren der Stadt sein Zelt aufschlagen; und seine große Fahne

1760. dabey pflanzen, wobey er seinen Entschluß anzeigte, nach dem Carnatick zurück zu gehn. Er wartete nur, bis die Franzosen Seringham würden verlassen haben. Sein Wunsch wurde bald erfüllt; denn Lally schickte jezt einen zweiten Befehl, wobey allen Truppen im Namen des Königs befohlen wurde, sogleich zu ihm zu stoßen. Sie hofften ihren Abzug aus der Insel vor der Besatzung von Tritchinapoly zu verbergen, und machten daher ihre Anstalten in größter Stille. Der Capitain Smith bekam jedoch davon Nachricht, und nahm seine Maaßregeln, um davon wo möglich Vortheile zu ziehen. Das französische Corps war 450 Europäer und 1200 Sepoys stark. Der Abzug war den 6ten Februar in der Nacht festgesetzt; Spione gaben hievon bey Zeiten Nachricht, daher die ganze Besatzung von Tritchinapoly sich an dem Ufer des Caveri, der Pagode von Seringham gegenüber befand, und nur auf die Bewegungen des Feindes wartete. Die Franzosen traten ihren Marsch an, wurden aber von den Engländern so dichte verfolgt, daß sie viel Kriegsgeräthe und funfzig Fässer Pulver nebst einigen Kanonen zurück ließen. Des Nabobs Cavallerie that sich bey dieser Gelegenheit hervor, und machte dreißig Europäer zu Gefangenen. Nunmehr hielt den Nabob nichts mehr ab, sich nach dem Carnatick zu begeben; um nun seine Erscheinung daselbst mit Glanz zu machen, ersuchte er den Capitain Smith, zum Könige von Tanjore zu gehen, und von ihm 500 Reiter zu verlangen. Der König war krank, und nahm den Besuch mit Mühe an; er versprach alles, und überließ die weitern Verfügungen seinem Dubbeer, 1760. oder Minister, der unter den Indiern eben soviel als der Duan bey den muhamedanischen Fürsten bedeutet. Der Dubbeer bestund darauf, daß der Nabob die Kosten dieser Reiter tragen sollte, daher Smith zurückkehrte, ohne einen einzigen Mann erhalten zu haben.

Bald nach der Schlacht gingen siebenundzwanzig französische Husaren zu den Engländern über, und nahmen Dienste. Lally wußte nicht, wo er bey allen Unfällen sich hinwenden sollte; er nahm alle seine Cavallerie, um entweder Truppen in Arcot zu werfen, oder Chittapet zu überrumpeln, und die verwundeten Gefangenen daselbst zu befreyen. Die Cavallerie aber mutinirte, und wollte nicht mit ihm marschiren, im Gegentheil zogen sie sich alle nach den englischen Gränzen zu, als wenn sie willens wären, zum Feinde überzugehen. Ihre Offiziers brachten sie jedoch wieder zurück; allein so groß war das allgemeine Mißvergnügen, wegen Mangel an Solde, daß einige Soldaten ein Complot machten, die Kanonen auf den Wällen zu Pondichery auf das Gouvernementshaus zu richten, um ihren ungestümen General zur Vernunft zu bringen. Lally, dem die Verschwörung entdeckt wurde, gab hievon dem Gouverneur de Leyrit sofort Nachricht, und verlangte Geld; da sich nun keins im Schaße befand, so wurden Hülfsmittel vorgeschlagen, die der General aber alle verwarf.

Das ganze Land, von Chittapet nach Pondichery zu, war auf fünf Jahre von zwey Franzosen, von

1760. der Colonie für 1,450,000 Rupien jährlich verpachtet worden. Man ersuchte sie jezt um Vorschuß, sie entschuldigten sich aber, daß sie kein Geld hätten, und durch den Verlust von Vandiwasch und Chittapet sehr viel einbüßten. Ein Malabar, dem Lally die Districte bey Arcot verpachtet hatte, da sie noch unter seiner Autorität standen, erbot sich, 130,000 Rupien vorzuschießen, wenn man ihm die noch uneroberten Ländereyen der beiden Franzosen, und noch einige andre Districte in Pacht geben wollte. Sein Anerbieten wurde angenommen, allein die Hülfe für jezt war nur geringe, und die künftige hing von dem Schuze ab, den man diesen Ländern ertheilen konnte, die ihm sämtlich für 1,750,000 Rupien jährlich verpachtet wurden.

Diese Verfügung wurde vom Conseil nicht genehmigt, weil sie den Credit und die Rechtschaffenheit des Malabars bezweifelten, und überdem war es eine Verlezung ihrer Autorität in der Verwaltung der öffentlichen Einkünfte. Gleich darauf kamen die üblen Nachrichten von dem Verluste von Arcot und Chittapet an, die neuen Stoff zu Verwünschungen gegen Lally gaben. Er hatte selbst erklärt, daß sie nur wenige Tage haltbar wären. Warum aber hatte er sie denn mit 400 Europäern besezt, da es ihm so sehr an Truppen fehlte, und die Besazungen also nothwendig den Feinden in die Hände fallen mußten? Vielleicht, um die Engländer von den Districten von Pondichery abzuhalten, wohin sie ihm wahrscheinlich auf dem Fuße nachgefolgt wären, wenn sie nicht ihr Augengenmerk auf Arcot und Chittapet gerichtet hätten, und 1760. nur dieß kann ihn einigermaßen deshalb entschuldigen.

Die Engländer hatten nach der Einnahme von Arcot ihr Lager bey dieser Stadt aufgeschlagen. Mortiz-Ally zitterte für sein Fort Velore. Da er sich seit einiger Zeit sehr gefällig gegen die Engländer bewiesen hatte, so bat er jetzt um die Verschonung seines Forts, und schickte an den Obersten Coote ein Geschenk von 30,000 Rupien. Dieser aber nahm das Geld nicht an, mit dem Bedeuten, daß er keine Vollmacht hätte, Tribut einzufodern. Der Kellidar erwiederte, daß es nach Landessitte blos ein Zeichen seiner Ehrfurcht gegen einen großen Befehlshaber, und also für ihn allein bestimmt sey; worauf das Geld angenommen, und in die Casse der Preisgelder für die Truppen gelegt wurde.

Coote brach den 20sten Februar auf und marschirte nach Arni. Der Kellidar dieses Forts, das ein dem Könige von Tanjore gehöriges Lehn ist, hatte sich mit so vieler Klugheit gegen beide Theile betragen, daß weder die Engländer noch die Franzosen ihn als einen Feind betrachteten. Man ließ ihn daher in Ruhe und marschirte nach Chittapet, wo die Nachricht einging, daß Smith die Stadt Trinomalee eingenommen habe, die Besatzung des Forts aber Miene mache, sich zu vertheidigen. Der Besitz dieses Orts war von großer Wichtigkeit, weil die Armee ihn im Rücken hatte, wenn sie weiter südwärts marschirte, und ihre Convoys daher sehr leiden könnten. Coote schickte an Smith eine Verstärkung von Kanonen und 50 Europäern, bis alle französische Ueber-

1760. läufer waren, und einen eigenen Trupp, unter dem Namen der französischen Freywilligen, formirten; ein Unterofficier ihrer Nation war ihr Anführer. Die Besatzung im Fort verlor nun den Muth und capitulirte. Sie erhielt freyen Abzug mit ihrer Bagage. Man fand im Fort sechs Kanonen und eine Menge Munition.

Der englische Admiral Cornish langte den 23sten Februar mit sechs Linienschiffen in Madras an. Dieses war die Escabre, die man längst aus England erwartet hatte. Er begegnete Pocock mit seinen Kriegsschiffen, der aber seinen Weg nach Bombay fortsezte, da denn Cornish allein nach der Küste von Coromandel segelte. Die Besatzung seiner Schiffe litt an frischen Lebensmitteln großen Mangel, und viele lagen am Scorbut krank.

Unweit der Stadt Alamparvah liegt ein befestigter Felsen, der Permacoil genannt wird. Die Kriege zwischen beiden Nationen hatten nie die Armeen in diese Gegend gebracht, daher er auch von beiden vernachlässigt wurde. Jezt aber, da sich die Franzosen ganz nach Pondichery zogen, ward er für sie von Wichtigkeit, daher Lally den Kellidar des Orts dahin vermochte, ein Detaschement ins Fort einzunehmen. Die leichte Einnahme aber von Chittapet und Arcot verursachte, daß dem Kellidar seine übereilte Einwilligung leid that; er schrieb daher an Coote und gab vor, daß die Franzosen sich durch List seines Forts bemächtigt hätten, wobey er ihm rieth, es anzugreifen, und ihm allen Beystand versprach. Coote entschloß sich jezt, seine Aufrichtigkeit auf die Probe zu setzen.

Er ließ die Armee bey Tondivanum stehen, und näherte sich diesem Felsen mit einigen hundert Sepoys, wo sie aber mit Kanonenkugeln empfangen wurden. Bald darauf kam ein Bote vom Kellidar, der Nachricht gab, daß die Franzosen im Fort funfzig Europäer, dreißig Kaffern und funfzig Sepoys stark wären, und daß sich noch vier große Kanonen unten in der Stadt befänden, wohin der Bote antrug die Truppen zu führen. Die Kanonen wurden bald weggenommen und die Wachen zerstreut, die sich einzeln durch die Krümmungen des Felsens zurückzogen.

Coote foderte den Commandanten O Kennedy auf, der aber eine abschlägige Antwort ertheilte, worauf Coote beschloß, das untere Fort zu überrumpeln, wozu ihm zwey Boten des Kellidars zu Wegweisern dienen sollten. Der Versuch glückte; allein es war nicht so leicht, den höhern Felsen zu ersteigen, der sehr schroff war. Man fand die Leitern zu kurz, und es war nicht möglich, heranzukommen. Das Feuer von der Höhe war indessen sehr lebhaft, und viele wurden verwundet, welches Coote selbst betraf. Er ließ daher mit dem Sturme einhalten. Den folgenden Tag war das Feuer aus dem Fort nur schwach, da fast alle Munition in der Nacht verschossen worden war. Gegen Mittag kam ein Brief vom Commandanten, der um einen vierundzwanzigstündigen Waffenstillstand bat, um Befehl von Lally einholen zu können. Dieses wurde abgeschlagen, worauf in einem andern Briefe blos um freyen Abzug gebeten wurde; auch hievon wollte Coote nichts hören. Es wurden neue Sturmleitern gemacht und alles zu einem neuen

1760. Sturme vorbereitet; die Besatzung wartete ihn aber nicht ab, sondern ergab sich auf Discretion. Man fand in dem Forte zwanzig Kanonen, aber sehr wenig Munition, so daß man den Sturm nicht hätte abschlagen können; auch hatte die Besatzung nur noch auf zwey Tage Proviant übrig. Der Verlust der Engländer bey diesem Felsen war an Europäern vier Todte und dreyzehn Verwundete; von den Sepoys waren vierzig todtgeschossen und siebenzig verwundet worden. Man ließ den Kellidar wegen seiner Dienste ruhig im Fort, das man mit hundert Sepoys besezte. Coote rückte nun näher auf Pondichery los, und berennte Alamparvah. Die empfangene Wunde war durch die Strapatzen so gefährlich geworden, daß er dem Obersten Monson die Belagerung anvertrauen mußte, wobey er jedoch im Lager gegenwärtig blieb.

Das Fort Alamparvah liegt am Seeufer, vierundzwanzig englische Meilen nordwärts von Pondichery. Ehemals gehörte es dem Nabob vom Carnatick, allein 1750 wurde es von Murzafa-jing an Dupleix gegeben. Das Fort war von Steinen und wohl befestigt. Den 12ten März mit Tagesanbruch fingen die Batterien an zu feuern, und Nachmittag übergab der Commandant, der Ritter Viard, das Fort auf Discretion. Die Besatzung bestand aus 53 Europäern und 150 Sepoys, die zu Gefangenen gemacht wurden.

Bussy, der bisher auf sein Ehrenwort in Pondichery war gelassen worden, wurde nun nach Madras gerufen, um nach Europa geschickt zu werden. Der

Nabob hätte darum auf das dringendſte gebeten, 1760. weil er dieſen Befehlshaber wegen ſeiner großen Fähigkeiten für gefährlicher als alle ſeine andern Feinde vereinigt hielt. Er ſagte, daß, wenn man ihn frey ließe und er die Anführung der Armee übernähme, ſo würde er den Krieg noch zehn Jahre verlängern.

Die Jahrszeit näherte ſich nun, wo man die franzöſiſche Escadre von den Inſeln erwartete. Der Verluſt von Alamparvah beraubte ſie der einzigen Station, die ſie nordwärts hatten, und Karical blieb ihnen nur noch allein von den ſüdwärts Pondichery gelegenen Oertern übrig. Die Wichtigkeit von Karical ſtieg nun mit der Jahrszeit und mit dem wachſenden Unglück der Hauptſtadt; denn die Lage dieſes Ortes war ſo, daß alle Schiffe hier an der Küſte landen, und ſowohl Waſſer als Proviant einnehmen konnten, wenn ſie nicht von dem guten Willen der holländiſchen Colonie zu Negapatnam oder der Dänen zu Trankebar abhängen wollten. Die Nachbarſchaft des fruchtbaren Landes Tanjore war noch die einzige Hoffnung der Einwohner von Pondichery für ihren Unterhalt, da die franzöſiſchen Diſtricte täglich kleiner wurden; denn man konnte das Getreide von Karical in kleinen indiſchen Fahrzeugen abſchicken, da Wind und Strom hiezu günſtig war, und die Paſſage in Einer Nacht geſchehen konnte. Die Gefahr war gering, wenn ſie auch verfolgt wurden, weil ſie dicht am Ufer bey niedern Waſſern ſegeln, wohin ſich europäiſche Schiffe nicht wagen können. Die Franzoſen bedauerten Devi Cotah verloren zu ha-

1760. ben, welches ihnen ähnliche Vortheile dargeboten hätte; sie machten daher einen muthigen Versuch, es wieder zu erobern. Es wurden dazu 150 Europäer und 400 Sepoys bestimmt, die den 28sten Februar das Fort bestürmten, allein zurückgeschlagen wurden; es blieb ihnen daher nichts übrig, als aus den umliegenden Districten viel Getreide einzusammeln, und sodann nach Pondichery zurückzukehren.

In Madras wünschte man auch sehr, Karical zu erobern, ehe die französische Escadre auf der Küste anlangen könnte; da aber die Engländer Willens waren, ihre Truppen nahe bey Pondichery sich lagern zu lassen, um alle Convoys von den benachbarten Ländern abzuhalten, so konnte man die Armee nicht wohl schwächen, ohne bey dem Angriffe von Karical den andern Entwurf aufzugeben. Der Admiral Cornish aber hob diese Schwierigkeit dadurch, daß er sich erbot, mit allen seinen Kriegsschiffen sich dem Orte zu nähern, und die darauf befindlichen Seesoldaten, dreyhundert an der Zahl, zu landen. Hiezu sollten nun einige Landtruppen stoßen. Monson erhielt das Commando. Er sollte sich mit funfzig auserlesenen Europäern zu Alamparvah einschiffen, und der Capitain Smith in Tritchinapaly erhielt Befehl, mit 140 Europäern und 1000 Sepoys zu ihm zu stoßen; desgleichen sollte er ihm Lascars für die Artillerie und fünfhundert Colies als Lastträger schicken, wie auch Zelter und Proviant sowohl für die Truppen als für die Escadre. Der König von Tan=

jore wurde auch ersucht, seine Truppen zu schicken und 1760. auch anderweitige Hülfe zu leisten.

Der Nabob, ungeachtet seines großen Eifers sich im Carnatick an der Spitze seiner Armee zu zeigen, verließ dennoch Tritchinapoly nicht eher als den 18ten März. Außer dem Detaschement der Engländer war er von tausend Reitern und tausend Sepoys begleitet; hiezu kam eine große Anzahl zusammen gerafftes Fußvolk, das in seinem Solde stand. Er kam den 20sten in Volcondah an, von da er nach Arcot marschiren wollte; der Capitain Smith aber, der sich bey ihm befand, wünschte ihn den Weg nach Pondichery zu führen. Diese Uneinigkeit hielt sie einige Tage in Volcondah auf, und wurde durch Befehle aus Madras geendigt. Smith nämlich erhielt den Auftrag, mit seinem Detaschement nach Karical zu marschiren, und der Nabob wurde ersucht, in der Gegend von Volcondah zu bleiben und die Convoys nach Pondichery zu verhindern. Man versicherte ihn, daß er hier nichts zu fürchten hätte, da die englische Armee zwischen ihm und den Feinden sich postiren würde.

Ein englisches Kriegsschiff von sechzig Kanonen entdeckte den 16ten des Morgens ein Schiff, das zwey Seemeilen von Pondichery vor Anker lag; es segelte unter französischer Flagge darauf los, das fremde Schiff aber hieb die Anker ab und lief auf den Strand. Die Böte des Kriegsschiffs wurden sogleich ausgesezt, da sie aber das Schiff nicht flott machen konnten, so steckten sie es in Brand. Er

1760. war ein großes Compagnieschiff, das von Ganjam kam, und mit Reiß und anderm Proviant für Pondichery, wie auch mit vielen Kaufmannsgütern beladen war. Nichts von allem diesem konnte gerettet werden; der Feind litt jedoch bey diesem Verlust der Lebensmittel großen Nachtheil.

Monson war den 28sten bey Karical eingetroffen, allein er wurde noch nichts von dem Transport und den Truppen aus Tritchinapoly gewahr; dennoch beschloß Monson und der Admiral, obgleich ihnen die Lage des Orts ganz unbekannt war, sogleich zu landen. Funfzehn indische Fahrzeuge begleiteten die Schiffe; sie nahmen jezt 170 Soldaten ein, sezten sie ans Land, und kehrten sodann zurück, um die andern Divisionen abzuholen. Diese verschiedenen Landungen geschahen ohne den geringsten Widerstand von Seiten der Besatzung. Sie nahmen sogleich von der Stadt Besitz, wo sie einen großen Vorrath von Proviant fanden.

Das Fort von Karical liegt dreyhundert Schritte vom Seeufer, und war sehr stark befestigt, allein es hatte einen sehr großen Fehler, nämlich den Mangel an Raum. Die Stadt diente sehr zur Bedeckung der Belagerer, die unverzüglich ihre Batterien errichteten. Da sie keine Feldstücke mitgebracht hatten, landeten sie Schiffskanonen, die durch Matrosen gezogen wurden. Diese Matrosen mußten übrigens alle Dienste der Lastthiere thun, weil sämtliche Dörfer in der Gegend verlassen waren, und man hier weder Menschen noch Vieh antraf. Man hörte aber nicht das geringste, weder vom Capitain Smith, 1760. noch vom Könige von Tanjore.

Smith hatte indessen gleich nach erhaltenem Befehl seinen Marsch nach Karical angetreten, wobey ihn der Nabob begleitete, der sich ohne Europäer nirgends sicher hielt, und daher nicht die Verfügung der Regierung in Madras befolgen wollte. Dieser Umstand verzögerte den Marsch.

Die Belagerung wurde mittlerweile muthig fortgesezt, bis Smith den 2ten April endlich mit seinem großen Transport erschien. Nach dieser Verstärkung hatte man Truppen genug, das Fort von allen Seiten zu berennen. Es wurde eine Breschbatterie angelegt, wobey das Feuer aus dem Fort außerordentlich war. Den 5ten erhielt man Nachricht, daß ein französisches Corps von Pondichery zum Entsatz heranrücke. Das Feuer der Batterie hatte dem Fort so viel Schaden gethan, daß die Belagerten in einer verzweiflungsvollen Lage waren. Monson wußte dieses nicht, allein der Commandant war nicht ohne Furcht, und verlangte einen freyen Abzug. Monson erwiederte, daß die ganze Garnison sich zu Kriegsgefangenen ergeben müßte, daß man aber die Einwohner im Besitz ihrer Häuser, und den Officieren ihre Bagage lassen wollte; die Sepoys könnten gehen, wohin sie Lust hätten. Man ging diese Bedingungen ein, und die Engländer nahmen das Fort in Besitz. Die Besatzung bestand aus 115 Europäern, 72 Topassen und 250 Sepoys. Außer vielem Kriegsgeräthe und Munition, fand

1760. man hier nicht weniger als 155 Kanonen und neun Mörser.

Diese Eroberung war von der größten Wichtigkeit; denn außer der vortheilhaften Lage des Orts, in Ansehung der See, so diente er auch den Franzosen gleichsam zum Thor, um in Tanjore einzufallen; überdem hatten sie, theils durch Ankauf, theils durch politische Künste, rund um das Fort einen Strich Landes erlangt, der hundertunddreyzehn Dörfer enthielt, wovon die Pachtgelder nie weniger als 30,000 Pagoden jährlich einbrachten. Da das Fort zu klein war, so hatten alle hier befindliche Europäer ihre Häuser in der nahe dabey liegenden Stadt, welche daher zierliche Wohnungen darstellte. Der Nabob zog jedoch von diesem glücklichen Vorfalle keinen Vortheil, denn es befand sich bey den englischen Truppen ein Abgeordneter aus Madras, um mit dem Könige von Tanjore wegen Abtretung dieses Districts zu unterhandeln.

In der Abwesenheit der Obersten Coote und Monson, fiel das Commando der englischen Armee dem Major Gordon zu, der sich bey Killenore lagerte. Die hierum liegenden Ländereyen sind überaus fruchtbar, und haben einen großen Ueberfluß an Vieh; sie waren jezt in Rücksicht der Lebensmittel die letzte Hoffnung der Franzosen. Alle neuerlich eroberten Länder, von Chittapet und Vandiwasch bis Permacoil, waren von den Engländern an einen Malabaren, Namens Ramalinga, verpachtet worden, der die Armee in der Absicht begleitete, um mehr zu pachten; er hatte einige hundert irreguläre Sepoys bey sich, um sie zur Besatzung in die neuen Districte zu ver- 1760. legen, nach dem Maaß als sie erobert und ihm zugeschlagen wurden. Auf seinen Rath schickte Gordon ein Detaschement nach Villaporum. Die starke Besatzung dieses Orts aber verließ bey Annäherung der Engländer sogleich das Fort, das jezt mit 300 Sepoys besetzt wurde.

Coote, von seiner Wunde wieder hergestellt, übernahm jezt wieder das Commando der Armee, und sandte sofort den Major Gordon mit einer starken Truppenzahl ab, um die Stadt Valdore in Besitz zu nehmen, die nur neun englische Meilen von Pondichery entfernt ist. Das dabey liegende Fort war nicht schlecht befestigt, jedoch war die Nähe der Hauptstadt dessen bestes Bollwerk. Die Belagerungs-Batterien wurden den 14ten April errichtet, und das Fort lebhaft beschossen. Noch am nämlichen Tage erfuhr man die Annäherung der französischen Armee, und ihren Vorsatz, das englische Lager in der Nacht zu überfallen. Coote, der selbst die Belagerung mit allen seinen Truppen deckte, hielt sich bereit, den Feind zu empfangen, der jedoch keinen Versuch wagte. Die Ueberläufer aus dem Fort meldeten, daß es der Besatzung ganz an Munition fehle. Coote befahl daher Gordon, den Commandanten des Forts mit Drohungen aufzufodern, und im Weigerungsfalle sogleich die Mauern zu bestürmen, während der Zeit er den Franzosen ein Treffen anbieten wolle. Sie waren jedoch hiezu nicht geneigt; auch die Besatzung in Valdore hatte keinen Muth länger zu fechten, und ergab sich auf Discretion. Die Besatzung bestand aus 82 Eu-

1760. ropäern und 280 Sepoys. Man fand im Fort 25 Kanonen.

Während dieser Zeit kam Monson von seiner Expedition aus Karical zurück. Die dort gemachten französischen Gefangenen wurden nach Tritchinapoly gebracht; er beschloß auf seinem Marsche Verdachelum anzugreifen, und wandte sich deshalb landeinwärts.

Der Admiral Cornish langte den 25sten April mit seinen sechs Kriegsschiffen auf der Rhede von Pondichery an; den 29sten stieß der Admiral Stevens zu ihm, mit vier andern Kriegsschiffen aus Bombay, die zu Pococks Escadre gehörten. Dieser würdige Admiral wurde jezt nach einer fünfjährigen Anwesenheit in Indien nach England zurückgerufen. Alle englische Etablissements in diesem Welttheile bewiesen ihm ihre Dankbarkeit für seine großen Dienste, die er der Nation in den indischen Meeren erwiesen hatte. Er krönte diese Dienste dadurch, daß er jezt, in der Hitze des Krieges, dreyzehn reichbeladene Compagnieschiffe glücklich nach England escortirte, welche die reichste Flotte war, die je auf einmal die Themse gesehn hatte.

Monson hatte mittlerweile Verdachelum den 26sten April berennt. Der Commandant dieses Forts schlug zwar die Auffoderung ab, allein den folgenden Tag ergab er sich auf Discretion. Die Besatzung bestand aus funfzehn Europäern und hundertundfunfzig Sepoys. Man übergab den Ort dem Nabob, der sich immer noch bey den englischen Truppen befand. Dieser Fürst hatte die Freude, hier seinen

Zwölftes Buch.

Bruder Maphuze Khan ankommen zu sehn, der seine 1760. Bundsgenossen in Tinivelly verlassen hatte. Seine Begleiter waren in sehr geringer Anzahl, da es ihm ganz an Geld fehlte. Endlich langte Monson den 3ten May bey Valdore an. Der Nabob blieb noch einige Tage im Lager, voller Zufriedenheit mit den Engländern, die ihm einen so großen Theil seiner Staaten wieder verschafft hatten. Er ging sodann nach Madras, um mit der dortigen Regierung wegen der Administration dieser Länder Abrede zu nehmen. Es war hier mittlerweile noch ein Kriegsschiff von Bombay angekommen, das drey königliche Artillerie-Compagnien an Bord hatte.

Die großen Progressen der englischen Truppen hatten nicht wenig die Zwietracht vermehrt, die so lange in Pondichery geherrscht hatte, wo das Unglück, anstatt die Gemüther zu bezähmen, sie vielmehr unruhiger machte. Der Verlust von Permacoil wurde dem Rückzuge der Armee zugeschrieben, die man zum Entsatz geschickt hatte. Obgleich Lally hieran unschuldig war, so wurde ihm doch auch dieses zur Last gelegt, weil der befehlshabende Offizier sein Günstling war. Die Einnahme von Alamparvah wurde als eine Folge des Verlusts von Permacoil angesehen, und Valdore, behauptete man, wäre verrätherischer Weise übergeben worden, damit Pondichery auch des lezten Postens beraubt werden möchte, die nach der Stadt kommenden Convoys zu decken. Lally erfuhr alle diese Reden und blieb nichts schuldig; vielmehr stieß er beständig die bittersten Beschuldigungen gegen alle aus, die um ihn waren. In dieser

1760. Lage waren die Gemüther, als Cornish mit seiner Escadre nach Karical segelte. Es befanden sich jetzt in Pondichery 600 Europäer, fast alle Invaliden, und 500 andre europäische Einwohner. Diese, in Verbindung mit den regulären Truppen, sollten in der Entfernung einen furchtbaren Anblick geben, daher Lally Willens war, sie am Strande den Blicken der vorbeysegelnden Engländer darzustellen, weshalb die nöthigen Befehle ertheilt wurden. Die Unterbedienten der Compagnie sollten auch diese Parade mit machen; sie versammelten sich aber kurz vor der bestimmten Stunde vor dem Gouvernementshause und ließen Lally sagen, daß sie nicht paradiren würden, wenn nicht der Gouverneur und das ganze Conseil mit dabey wären, die Lally allein von dieser Ceremonie ausgeschlossen hatte. Der Gouverneur Deleyrit erbot sich gleich an ihre Spitze zu treten; allein die Mitglieder des Conseils waren dawider und behaupteten, daß die Compagnie-Bediente nicht verbunden wären, außer der Stadt Kriegsdienste zu thun. Lally ließ hierauf zwey der vornehmsten Räthe in Verhaft nehmen und zwey der widerspenstigsten Unterbedienten einkerkern; die übrigen ließ er entwaffnen und marschirte ohne sie aus der Stadt, um die Strandparade zu machen. Diese despotische Maaßregel brachte den Haß der Civilbedienten gegen ihn aufs höchste.

Es langten zwey französische Schiffe aus den Inseln an, die jedoch weder Truppen noch Geld, dagegen aber unangenehme Nachrichten brachten, die indeß sehr sorgfältig verborgen gehalten wurden. Um

Zwölftes Buch.

den erstorbenen Muth wieder anzufeuern, sprengte 1760.
man vielmehr aus, daß die Flotte des Ache aus Frankreich bis auf zwanzig Linienschiffe verstärkt worden
wäre, und mit einer Menge Landtruppen an Bord
nächstens auf der Küste von Coromandel erscheinen
würde. Diese erdichtete Neuigkeit wurde durch Abfeurung der Kanonen, Feuerwerke und andere Freudensbezeugungen öffentlich bekannt gemacht.

Nach dem Verluste von Valdore war zum Unterhalt der ganzen Colonie nichts übrig, als der Vorrath an Lebensmitteln, die auf einigen Feldern unter den
Kanonen von Villanore und Ariancopang, nebst dem
von der Gränzenhecke umschlossenen Boden und in
der Stadt Pondichery selbst zu finden waren. Alle andre Zufuhr war den Franzosen gänzlich abgeschnitten;
denn obgleich Gingee und Thiagar sich noch in ihren
Händen befanden, so waren sie doch entlegen und ihre
Besatzung nicht stark genug, um die Convoys gehörig zu escortiren. Da man die Pacht der nahe an
Pondichery liegenden Districte nach der Niederlage
von Vandiwasch den europäischen Pächtern abnahm
und sie einem Malabaren gab, so befand sich so viel
Getraide in der Nähe, daß man sich hätte auf Jahre
lang mit Mundvorrath versehen können; allein das
Geld war damals rarer als Lebensmittel, daher man
dem neuen Pachter erlaubte sein Getraide zu verkaufen, um baares Geld in den Schatz zu bekommen.
Sobald als Permacoil und Alamparvah verloren ging,
sahe Lally seinen Fehler ein, dem jedoch noch abzuhelfen war, allein durch Mittel, die er bisher verachtet
hatte.

Zwölftes Buch.

1760. Hyder Ally, der Feldherr der Mysoren, hatte damals die ganze Regierung in Händen, nachdem er den jungen König aus der Gewalt seines Onkels, des Dalaway, befreyet hatte; diesem Daláwey waren ansehnliche Einkünfte ausgesezt worden, wenn er sich nach dem Fort Mysore begeben und sich ruhig verhalten würde. Hyder Ally regierte nun ganz unumschränkt, denn der König war jung, schwach und furchtsam. Um sich jedoch gegen Widerwärtigkeiten sicher zu stellen, sahe er sich nach einem Zufluchtsorte um, sowohl für seine Schäze als gelegentlich für seine Person selbst. Er warf die Augen auf Thiagar im Carnatick, sowohl weil es den Mysoren schwer war, zu diesem Orte zu gelangen, als auch wegen seiner ausserordentlichen Festungswerke. Ein portugiesischer Mönch, Namens Norongah, welcher den Titel als Bischof von Halicarnassus führte, hatte unter dem Vorwande der Missionen viel Kenntniß vom südlichen Indien erlangt, und sich dadurch bey Lally gleich nach seiner Ankunft in Pondichery in große Gunst gesezt; er schenkte ihm sein völliges Vertrauen, und bediente sich seiner in allen Unterhandlungen mit den Fürsten des Landes. Der Bischof unterzog sich den Geschäften mit Eiser, denn er war sehr geldgierig, und es ist eine gemeine Sitte in Indien, den Unterhändlern allemal Geschenke zu machen. Er war es auch, welcher den Franzosen die Maratten verschaffte; nachher blieb er in Velore, wo er auf andre Gelegenheiten Geld zu gewinnen wartete, und nun des Hyder-Ally Neigung entdeckte, Thiagar zu erlangen. Lally, der kein ander Mittel wußte, der großen Noth zu

steuern,

Zwölftes Buch.

steuern, womit Pondichery von allen Seiten bedro- 1760.
het wurde, unterdrückte die Verachtung, womit er
bisher die Fürsten in Indien behandelt hatte, und
schickte den Bischof nebst zwey Offizieren nach Mysore, um den Tractat zu schließen. Man kam überein: „daß Hyder Ally gleich zweytausend Reiter und
„dreytausend Sepoys nebst Artillerie absenden sollte,
„um von den Forts, Thiagar und Clavanasore, nebst
„den dazu gehörigen Ländereyen Besitz zu nehmen,
„welche den Mysoren auf immer verbleiben sollten, so
„lange die französische Fahne in Indien wehen würde.
„Diese Truppen sollten, von dem Tage ihrer Ankunft
„in Thiagar an gerechnet, monatlich mit 100,000
„Rupien verpflegt werden. Außer der zu den Forts
„gehörigen Artillerie sollte Hyder Ally ein Geschenk
„von zehn achtzehnpfündigen Kanonen erhalten. So
„lange seine Truppen zum Dienste der Franzosen ge-
„braucht würden, müßten sie solche mit Munition
„versehn; nach der Eroberung vom Carnatick aber
„sollten die Franzosen ihm helfen Madura und Ti-
„nivelly einzunehmen. Außer den 5000 Mann ver-
„sprach Hyder Ally noch 1000 Reiter und 2000
„Sepoys als Hülfstruppen herzugeben; dagegen sollte
„ihm auch die Hälfte aller in Carnatick wieder zu er-
„obernden Länder anheimfallen, ausgenommen die
„französischen Districte von Villanore, Valdore,
„Bahoor und Alamparvah, das Land von Velore,
„welches dem Mortiz-Ally gehörte, und die Districte
„von Trinomalee, die man dem Rajah-saheb, Sohn
„des Chunda-saheb, bewilligt hatte. Nach dem
„Maaß der Eroberungen in den südlichen Provinzen

Dritter Band. M

1760. „sollten die Franzosen von dem Antheile der Mysoren
„neue Districte im Carnatick erhalten."

Die Unterhandlung wurde so heimlich gehalten,
daß die Engländer davon erst den 24sten May Nachricht bekamen, eben da es schien, daß nichts ihre Blokade von Pondichery ferner hintern könnte. Man
machte dazu schon Zurüstungen in Madras, als Coote
dieses unerwartete Bündniß durch ein Schreiben
aus Pondichery erfuhr, wie auch, daß Lally ein ansehnliches Corps absenden würde, um zu Hyder Ally
in Thiagar zu stoßen. Diese Nachricht schien nicht
glaubwürdig, da man wußte, daß sich Hyder Ally
noch in Seringapatnam befände, und seine Angelegenheiten ihm keine Entfernung von diesem Orte ge-
statteten; auch sahe man keine Bewegung im französischen Lager, die einen Aufbruch von vielen Truppen
anzeigte. Diese scheinbare Ruhe dauerte mehrere
Tage fort, und Coote fing schon an, es als ein von
Lally selbst aus geheimen Absichten ausgesprengtes
Gerücht zu betrachten, bis er den 7ten Junius durch
seine Parteygänger die Bestätigung dieser Nachricht
vernahm.

Einige Zeit zuvor hatten schon die in Dindigul
befindlichen Mysoren gegen die benachbarten von Tritchinapoly abhangenden Polygars Feindseligkeiten angefangen; es ging auch das Gerücht, daß sie sich des
Passes von Nattam bemächtigen wollten, wodurch
alle Communication zwischen Tritchinapoly und Madura gehemmt worden wäre. Da jedoch die Mysoren
in dieser Gegend mehreremal die Länder des Nabobs
angegriffen hatten, so erregten diese Feindseligkeiten

keinen Verdacht, daß Hyder Ally höhere Absichten 1760. habe; auch schienen die Unternehmungen nicht so gefährlich, daß sie schleunige Hülfe foderten. Issoof schickte jedoch ein Detaschement von Tinivelly nach Madura, um in die Districte von Dindigul einzufallen; auch der Nabob versammelte Truppen bey Diattam, unter Anführung des Hussein Cawn, der ehemals den Franzosen in Seringham gedient hatte, jetzt aber in des Nabobs Dienste getreten war.

Die Hitze im Sommer war dieses Jahr drückender wie gewöhnlich gewesen, und hatte Krankheiten im Lager verbreitet. Von den Europäern waren sechzig gestorben, und dreyhundert lagen krank im Lazareth; um die übrigen zu erhalten, wurden sie nicht der Sonne ausgesezt, sondern die Sepoys mußten den gewöhnlichen Dienst im Lager verrichten. Man warb auch, um den Verlust der Todten zu ersetzen, funfzig französische Deserteurs an, die den Namen der Freycompagnie erhielten, und von zwey französischen Offiziers, Namens Martin, angeführt wurden. So wie die französischen Volontairs, die in englischem Solde standen, wurden auch diese für die gefährlichsten und mühseligsten Dienste bestimmt. Jezt schickte man sie mit zweyhundert Sepoys und tausend schwarzen Reitern nach Villaporum, um die Mysoren zu beobachten.

Mittlerweile waren immer kleine Haufen Europäer von Pondichery unentdeckt nach Gingee abgegangen, und von da nahmen sie den Weg nach Thiagar, um nach Ankunft der Mysoren diese nach Pondichery zu begleiten. Zu dieser wichtigen Convoy wurden

1760. große Zurüstungen gemacht, und die Besatzungen von Thiagar und Gingee hatten dazu alles Vieh zusammen getrieben, das sie nur immer habhaft werden konnten. Die mysoresche Reiterey schleppte durch ihre entfernten Streifereyen noch mehr herbey, allein sie schlug es ab vorzurücken, da sie den Marsch für gefährlich hielt. Die französischen Befehlshaber fürchteten sich, ihnen zu bedeuten, daß durch den Verzug die Unternehmung noch gefährlicher werden würde.

Endlich entschloß sich die mysoresche Reiterey, mit einer großen Menge Vieh, allein ohne alle Begleitung von französischen Truppen, nach Pondichery zu marschiren; sie wollten nicht einmal ihre eigne Infanterie bey sich haben, damit sie im Nothfall sich zurückziehen könnten. Die Herrschaft in diesen Ländern war durch das Kriegsglück so wandelbar gewesen, und die Einwohner hatten so viel gelitten, sowohl von feindlichen Verheerungen, als von den Bedrückungen einer veränderlichen Regierung, daß sie sowohl die Engländer als Franzosen nicht viel besser als Feinde betrachteten. Die Pachter gaben daher dem Corps des englischen Major More keinen Beystand, der sich mit 220 Europäern, 600 Sepoys und 1600 schwarzen Reitern bey Villaporum befand, und großen Mangel an Proviant litt. In der Hoffnung, den Mysoren zu begegnen, marschirte er nach Trivadi, wo er den 23sten Junius anlangte. Lally, der von der Annäherung der Convoy unterrichtet war, rückte mit allen seinen Truppen bis Valdore vor, und schikte von da funfzig europäische Reiter den Mysoren entgegen. Coote erfuhr ihre Annäherung auch, 1760. nebst einer genauen Nachricht von ihrer Anzahl, er schickte daher sogleich alle noch im Lager befindliche Cavallerie ab. Die Mysoren nahmen einen Umweg, und verlegten ihr Vieh Heerdenweise in verschiedene Plätze, um sie nach und nach abzuholen. Vermöge eines forcirten Marsches langten sie glücklich im französischen Lager an, allein von zweytausend Stück Vieh, brachten sie nur dreyhundert mit sich. Von dem zurückgelassenen Viehe kam jedoch nicht Ein Stück nach Pondichery, sondern alles fiel den Engländern in die Hände.

Mit den mysoreschen Truppen waren Abgeordnete von Hyder Ally gekommen, um mit den Franzosen den Operationsplan zu verabreden. Es ging das Gerücht, Lally würde nach Frankreich zurückgerufen werden; dieser Umstand veranlaßte die Abgeordneten zu verlangen, daß der Gouverneur Deleyrit, und alle Mitglieder des Conseils, den Tractat unterzeichnen sollten. Hätten sie es abgeschlagen, so war keine weitere Hülfe zu hoffen; sie unterzeichneten ihn daher, zu gleicher Zeit aber entwarfen sie einen Protest, den sie jedoch sehr heimlich hielten, worin sie ihre gänzliche Unzufriedenheit mit diesem Vergleiche anzeigten. Vorzüglich bezogen sich ihre Einwendungen auf die monatlichen Summen, welche den Mysoren als Sold gereicht werden sollten, wozu ganz und gar kein Geld vorhanden war; desgleichen auf die ihnen abgetretenen Ländereyen, die von weit größerm Werth waren, als die unbestimmten Dienste, welche man von den Mysoren zu hoffen hatte. Dieser heimliche

1760. Schritt war jedoch des Conseils unwürdig, da die Absicht desselben war, sich von aller Verantwortung loszusagen, wenn es übel ginge, bey einem glücklichen Erfolg aber, mit Sally die Ehre des Vergleichs zu theilen. Die scheinbare Einstimmung des Conseils gab indeß einen öffentlichen Beweis von der verzweiflungsvollen Lage der Franzosen, und daß sie kein anderes Mittel vor sich sahen, die Progressen der Engländer zu hemmen, die alle ihre Ländereyen, Thiagar und Gingee allein ausgenommen, erobert hatten, und jezt sogar Pondichery drohten. Der Tractat wurde den 27sten Junius unterzeichnet, und die folgende Nacht marschirten alle Mysoren ab, mit dem Versprechen, bald mit ihrer ganzen Macht wieder zu kommen, und eine Menge von Proviant mitzubringen. Nach ihrem Abmarsche zog sich die französische Armee nach der oftgedachten Gränzhecke zurück.

In dieser Zwischenzeit war die englische Flotte durch zwey Linienschiffe aus England verstärkt worden, eins von 74 und eins von 64 Kanonen; auch war ein Compagnieschiff von der malabarischen Küste eingetroffen, das 100 Europäer und 122 Topassen an Bord hatte. Diese Verstärkung kam jezt sehr zur gelegenen Zeit, und munterte die Engländer auf, die lezte Hand ans Werk zu legen.

Coote schickte indessen eine Verstärkung von 70 Europäern, 400 Sepoys und 500 schwarzen Reitern an More ab, damit er im Stande wäre, der ganzen mysoreschen Armee die Spitze zu bieten. Auf die Ankunft dieser Hülfstruppen wartete Sally mit großer Ungeduld, weil er vorher nichts unternehmen wollte; er hatte ein sehr festes Lager bezogen, das 1760. ihn vor jeden Angriff sicher stellte. Coote war es auch ganz und gar nicht zu thun Willens, sondern wartete auf den Ausgang der Expedition des Majors More. In dieser Hoffnung blieben beide Theile zwanzig Tage lang ruhig.

Es war der 17te Julius, als die englischen Truppen und die Mysoren bey Trivabi auf einander stießen. More hatte bey sich 180 europäische Fußsoldaten, 50 Husaren, 30 Kaffern, 1100 Sepoys und 1000 schwarze Reiter. Die Mysoren hatten 4000 Reiter, 1000 Sepoys und 200 Europäer. Die des Sieges jetzt so sehr gewohnten Engländer glaubten sich mehr als stark genug, den überlegnen Feind zu überwinden, allein der Erfolg entsprach nicht ihrer Erwartung; denn entweder durch Zufall oder durch begangene Fehler, wovon man nie bestimmte Nachrichten erfahren hat, wurden sie gänzlich zurückgeschlagen. Die schwarzen Reiter und Sepoys waren die ersten, welche die Flucht ergriffen und sich auf allen Seiten zerstreuten; die europäischen Fußsoldaten ergriffen ebenfalls die Flucht und warfen sich in großer Unordnung ins Fort von Trivatore; nur die Husaren allein hielten standhaft aus, und fochten selbst da sie sich von allen ihren Truppen verlassen sahen. Von den funfzigen dieser wackern Reiter wurden fünfundzwanzig niedergehauen und fast alle übrigen verwundet.

Die Nachricht von diesem Unfalle veranlaßte Cooten zu dem Wunsche, sobald als möglich von Villanore Besitz zu nehmen, das sich in der Nähe

1760. des französischen Lagers befand. Coote postirte sich sehr vortheilhaft, um den Entsatz abzuhalten, und ließ den Posten Julius das Fort beschießen. Den folgenden Tag rückten die Franzosen an. Coote theilte seine Armee, und machte Miene dem Feinde in den Rücken zu kommen und durch die Gränzhecke zu dringen. Sally ließ sich durch dieses Manöver hintergehn, und zog sich sogleich nach seinem alten Posten zurück. Gegen Abend trafen die Mysoren in seinem Lager ein, mit dreytausend Ochsen, die ihre Bagage und ihr Geschütz transportirten, und mit dreytausend andern Ochsen, die mit Reiß und allerhand Art Proviant beladen waren. Ihre glückliche Ankunft wurde durch viele Kanonenschüsse kund gemacht.

Die Engländer hatten mittlerweile einige Außenwerke von Villanore eingenommen, der Hauptwall war jedoch noch nicht bestürmt worden. Man machte Zurüstungen dazu; allein der Commandant wollte den Versuch nicht abwarten, sondern hing die Friedensflagge aus und öffnete den Engländern die Thore. Diese pflanzten sogleich die englische Flagge auf die Wälle und richteten die Kanonen gegen die Franzosen und Mysoren, welche sich von der andern Seite genähert hatten, und das Fort schon als gänzlich gerettet betrachteten. Diese Veränderung erzeugte die größten Flüche und Verwünschungen bey der französischen Armee. Die Truppen standen wie versteinert da, und konnten ihren Augen kaum trauen, da diese Veränderung im Angesicht ihres jezt so zahlreichen Heers geschah. Sally, der mehr als alle andre bestürzt war, ließ sogleich sämtliche Truppen sich unter die Kanonen von Ariancopang zurückziehen. Von allen sei- 1760. nen Siegen hielt Coote diesen für den glücklichsten, weil er ihn am wenigsten erwarten konnte.

Die Nachricht von der Ankunft der Mysoren im Carnatick hatte die Regierung in Madras nicht wenig beunruhigt; denn außerdem, daß sie den Engländern den Krieg erschweren dürften, waren auch die Einkünfte des Nabobs verloren, wo sie sich nur zeigten, und als Reiterey konnten ihre Parteyen von Tritchinapoly bis Arcot streifen. Dieses Unglück wurde desto mehr gefürchtet, da die ostindische Compagnie in England, im Vertrauen auf die Schätze von Bengalen, beschlossen hatte, dieses Jahr keine Gelder nach Indien zu senden. In Bengalen waren zwar die Engländer als Privatpersonen reich, der öffentliche Schatz aber war leer, und die Regierung in Calcutta war selbst genöthigt Geld zu borgen. Man schlug daher dem Nabob vor, der sich damals in Madras befand, mit allen seinen Truppen zu marschiren, um die Länder zwischen Gingee und Arcot zu schützen. Der Capitain Smith in Tritchinapoly hatte kaum die Ankunft der Mysoren im Carnatick erfahren, als er eine Diversion vorschlug und sich erbot, mit einem Theile von seiner Besatzung in den nahe bey Tritchinapoly gelegenen Districten von Mysore einzufallen, während der Zeit Issoof in Madura die Mysoren bey Dindigul in die Enge treiben sollte. Der Vorschlag wurde angenommen, und der König von Tanjore sowohl als der Polygar Tondiman wurden ersucht, ihn bey dieser Expedition zu unterstützen.

Zwölftes Buch.

1760. Der Nabob marschirte zwar nach Vandiwasch, allein auf einmal änderte er seinen Entschluß, wider die Mysoren zu Felde zu ziehen, und erwählte dafür die minder gefährliche Ceremonie, seinen Einzug in Arcot zu halten. Die Mysoren waren indessen sehr thätig, um Proviant herbeyzuführen, womit es ihnen oft glückte. Den 31sten Julius kam die angenehme Nachricht an, daß sechs Compagnieschiffe aus England eingetroffen wären, die sechshundert Mann königliche Truppen an Bord hätten.

Die Mysoren hatten ihrem Tractate gemäß die Magazine von Pondichery mit Proviant angefüllt, der für künftige Zeiten sorgfältig aufbehalten wurde. Das Einsammeln der Lebensmittel wurde aber jezt immer schwerer, weil die Engländer sehr wachsam waren, daher sich der Mangel im mysoreschen Lager, das über zweytausend Seelen enthielt, einstellte. In wenig Tagen wurde das Pfund Reiß schon für eine halbe Rupie verkauft. Diese Noth, die beständigen Strapazen und Gefahren, dem bringenden Mangel abzuhelfen, besgleichen ihre Ueberzeugung von der Superiorität der englischen Armee, wovon sowohl der Verlust von Villenore, als auch die Behutsamkeit der Franzosen ein Treffen zu vermeiden, Beweise gaben; alles dieses machte die Mysoren höchst unzufrieden mit ihrer Allianz, und ihre Sepoys, die sich nicht so wie die Reiterey auf die Behendigkeit der Pferde verlassen konnten, fingen an täglich in ganzen Haufen auszureißen.

Die Besatzung von Gingee hatte mittlerweile zweytausend Zugochsen und eine sehr große Menge

Reiß zusammen gebracht; 250 Europäer, theils zu 1760. Pferde theils zu Fuß, sollten diesen Zug, in Verbindung mit der mysoreschen Reiterey, escortiren. Diese Reiterey aber wollte davon nichts hören, sondern marschirte nach Thiagar zurück; es wurden daher noch funfzig Europäer und dreyhundert Sepoys von Pondichery zur Verstärkung der Convoy abgeschickt. Coote nahm Maaßregeln, deren Ankunft zu verhindern, und besetzte alle Pässe; überdem ging er selbst mit 250 Europäern und der ganzen schwarzen Cavallerie nach Killenore. Die Mysoren marschirten indessen so geschwind sie nur konnten ab, und stießen in der Nacht auf ein englisches Detaschement, das sie unvermuthet angriff, und keinen Widerstand fand; sie tödteten vierzig und nahmen zweyhundert Pferde weg, desgleichen neunhundert mit Bagage beladene Ochsen. Mit Tagesanbruch stieß Coote zu seiner Partey, da man denn die Mysoren in zerstreuten Haufen flüchten sah. Man verfolgte sie, und erbeutete noch viel mehr Zugochsen. Eine Division von den Mysoren war noch zurück; da diese die Gefahr vernahm, die auf sie wartete, so kehrte sie sogleich wieder um, und erreichte glücklich die Gränzhecke vor Pondichery. Es waren ihrer funfhundert, die aber keine Lust hatten, weder für die Franzosen zu fechten, noch vereinigt zu marschiren, daher sie in den folgenden Nächten sich in kleine Haufen absonderten, die unentdeckt fortkamen. In drey Nächten war kein Mann mehr von ihnen zurück.

Die Engländer bekamen nun Nachricht, daß alle die entflohenen Mysoren sich in Thiagar versammelt

1760. hätten, und von da nach Trinomalee marschiren wollten. Man schloß daraus, daß sie nicht ferner Versuche wagen würden, Pondichery mit Proviant zu versehen. Die Regierung in Madras glaubte nunmehr ihren großen Entwurf ausführen zu können, nämlich Pondichery zu Wasser und zu Lande zu blokiren, und der Gouverneur Pigot kam deshalb im Lager an, um mit dem Admirale Stevens und dem Obersten Coote die nöthigen Maaßregeln zu verabreden.

Die Gränzhecke von Pondichery erstreckt sich von Norden nach Süden rund um die Stadt; wo sie aufhört, theilt sich der Fluß Ariancopang in zwey Arme, der eine Insel formirt, und der südlichen Seite der Stadt zum Bollwerk dient. Das von der Hecke eingeschlossene Land enthält beynahe sieben englische Quadratmeilen. Dieser Boden verschafft Weide für eine Menge Vieh, wodurch sowohl die französischen Truppen als die Einwohner von Pondichery einige Monate lang mit Lebensmitteln versorgt werden konnten. Es war daher für die Engländer durchaus nöthig, um die Feinde in die Enge zu treiben, innerhalb der Hecke Posto zu fassen, damit ihnen nichts als ihr gegenwärtiger Mundvorrath übrig bliebe. Die Engländer waren jedoch noch nicht stark genug, selbst wenn sie im Besitz der Gränzhecke waren, Laufgräben gegen die Stadt zu eröffnen; überdem konnte die Einschiffung und der Transport sowohl der Artillerie als des Kriegsgeräths, das alles aus Madras kommen mußte, wegen der Monsun nicht eher als in der Mitte des Octobers geschehen. Wenn die französische Flotte vor dieser Zeit erschiene, so würde ein Seetreffen das

Zwölftes Buch.

Schicksal der Belagerung entscheiden; käme die Flotte 1760. nicht, so müßte dieses unfehlbar von dem Mangel an Macht herrühren, um der englischen Flotte die Spitze zu bieten. In diesem Falle war kein Zweifel, daß einzelne Schiffe allen Gefahren trotzen, und selbst in dem stürmischsten Wetter es wagen würden, Proviant in die belagerte Stadt zu bringen, in der Erwartung, daß die englische Flotte die Küste verlassen würde, so wie sie es seit fünf Jahren bey jeder Monsun gethan hatte. Es war daher nöthig, die Gränzhecke und ihre Redouten ohne Verzug in Besitz zu nehmen, wie auch daß die Flotte während der Monsun beständig im Angesicht von Pondichery bliebe, um alle Schiffe aufzufangen, die es versuchen dürften, Truppen oder Lebensmittel hineinzubringen. Bevor aber Coote die Hecke angriff, wollte er das Fort Ariancopang erobern, das am Ufer des Flusses gleichen Namens lag. Die englische Armee, die hier versammelt war, bestand aus 1000 Europäern und 6000 Indiern, theils Sepoys theils Reitern; hierunter waren weder die Besatzungen noch die ausgesandten Detaschements begriffen. Da man diese Truppenzahl zu den mannichfaltigen Unternehmungen nicht stark genug fand, so wurde der Admiral Stevens ersucht, alle Seesoldaten von der Flotte zu landen; zugleich stellte man ihm die Nothwendigkeit vor, während der Monsun mit der ganzen Flotte auf der Küste zu bleiben. Stevens war sehr abgeneigt, sich seiner Seesoldaten zu berauben, zu einer Zeit, da ein Treffen mit dem Feinde nicht unwahrscheinlich war; endlich aber gab er nach, da die Wichtigkeit der Unternehmung auf-

1760. serordentliche Anstrengungen erfoderte; auch versprach er, sich nicht von der Küste zu entfernen, wenn er nicht durch eine unwiderstehliche Noth dazu getrieben wäre. Die Seesoldaten wurden gelandet, deren Anzahl 422 Europäer betrug.

Sobald die Mysoren bey Trincomalee angekommen waren, griffen sie die Stadt an, sie wurden aber mit Verlust zurückgeschlagen; dennoch fuhren sie fort den Ort blokirt zu halten. Der Capitain Preston, welcher in der Gegend ein großes Detaschement commandirte, schickte 200 Sepoys ab, die heimlich ins Fort kamen, und hernach in Verbindung mit der Besatzung solche Ausfälle thaten, daß die Mysoren eiligst die Blokade aufgaben, und sich nach Thiagar zurück zogen.

Man war auf nichts so sehr bedacht, als auf Proviant, daher abermals zweytausend beladene Lastthiere unter der Escorte von 200 Europäern und 100 Sepoys, in verschiedene Haufen vertheilt, von Gingee abgingen; sie mußten aber unweit dem englischen Lager des Preston vorbey, da denn dreyhundert Zugochsen genommen und die übrigen zerstreut wurden, so daß kein Stück Vieh nach Pondichery kam; die Escorten aber entgingen den Engländern und langten mit geringem Verluste in Gingee an. Es waren hier noch drey bis viertausend Zugochsen in Bereitschaft, um im Nothfall die Stelle der vorigen zu ersetzen. Man beschloß jetzt sie alle auf einmal abzusenden, und zwar unter der stärksten Escorte, die man aus dem großen französischen Lager nur entbehren konnte. Lally schickte daher noch hundert Mann eu=

ropäische Cavallerie und vierhundert Sepoys nach 1760. Gingee ab, um zu den andern hier befindlichen Truppen zu stoßen, die jezt ein Drktheil seiner ganzen Armee ausmachten; er hatte ferner durch wirksame Vorstellungen die Mysoren dahin vermocht, auch achthundert Reiter nach Gingee zu schicken, um die Convoys zu begleiten. Die Engländer erhielten Nachricht, daß diese so stark bedeckte Convoy den 29sten August in der Nacht aufbrechen würde, daher man alle Anstalten machte, die Passage derselben zu hemmen. Die Franzosen waren schon auf dem Marsche, als sie von den Maaßregeln ihrer Feinde benachrichtigt wurden, weshalb sie sich wieder zurückzogen, mit dem Entschlusse, so wie zuvor in abgesonderten Haufen zu marschiren.

Den zweiten September langten nebst einigen Compagnieschiffen auch drey Kriegsschiffe in Cubbalore an. Mit diesen leztern bestand nun die Flotte vor Pondichery in siebzehn Linienschiffen. Am Bord der Compagnieschiffe befanden sich einige hundert Bergschotten von der königlichen Armee. Eine solche Macht in diesen so entlegenen Welttheil geschickt, zu einer Zeit, wo man in allen andern Weltgegenden ebenfalls mit dem äußersten Nachdruck agirte, gab auch in Asien den Beweis von dem erhabenen Geiste desjenigen Mannes, der, in gleichem Besitze des Zutrauens sowohl seines Monarchen als seiner Nation, das Staatsruder in England in Händen hatte.

Coote befahl vierhundert Mann, das Fort von Ariancopang zu berennen. Monson war mit dieser

1760. Operation nicht zufrieden, obgleich dieses das stärkste Argument war, wodurch man den Admiral Stevens vermocht hatte, die Seesoldaten zu landen. Coote, um alle Zwietracht zu vermeiden, zu einer Zeit, wo Eintracht so nöthig war, rief das bereits ausgeschickte Detaschement wieder zurück. Lally empfing von dem vorgehabten Entwurfe Nachricht, und fand sich dadurch empfindlich gekränkt, da er mit seiner Armee so nahe war. Es schien ihm ein Beweis von der Meynung, welche die Engländer von ihrer Superiorität hatten, und er fürchtete, daß sie bald weiter gehn würden, wenn man sie nicht unverzüglich überführte, daß seine Macht im Stande sey, auch offensive zu handeln. Er beschloß daher, das englische Lager in der Nacht vom 4ten September zu überfallen; seine Anstalten wurden dazu auch mit vieler Klugheit gemacht.

Es lagen drey französische Schiffe bey Pondichery vor Anker, die mit 150 europäischen Seesoldaten besetzt waren; diese wurden sämtlich gelandet. Sie mußten mit einigen hundert Sepoys die Redouten besetzen, damit man alle regulären Truppen zum Angriff brauchen konnte. Nach dem abgeschickten Detaschement bestanden diese jezt in 1400 Mann europäischer Infanterie, 100 Mann europäische Cavallerie und 900 Sepoys. Vermöge der mannichfaltigen französischen Posten konnte das englische Lager von allen Seiten angefallen werden. Man hatte genau die Entfernung berechnet; so daß alle diese Truppen zu gleicher Zeit nahe bey dem englischen Lager eintreffen konnten, da denn durch Raketten das Signal zum allgemeinen An-

Angriff gegeben werden sollte. So gut die Maaßregeln auch genommen waren, so mißglückte doch der Entwurf. Coote sammelte seine Truppen, that allenthalben Widerstand, und schlug die Feinde zurück. Die Franzosen verloren dabey dreißig Europäer, die todt auf dem Platze blieben, wie auch einige Gefangene, unter denen Auteuil war, welcher ehemals im Carnatick commandirt hatte.

1760.

Die lezt aus England angekommenen Schiffe brachten vom Kriegs-Departement Patente für Brereton und Monson, wodurch sie den Rang über Coote bekamen; indessen hatten Beide Befehl erhalten, nicht diesen Rang zu verlangen, so lange als Coote auf der Küste von Coromandel wäre. Dieser Befehlshaber glaubte, daß dieses ein Wink für ihn sey, sobald als möglich sich nach seiner bestimmten Provinz Bengalen zu begeben; hiezu kam noch, daß Monson wegen seines Ranges nicht ferner unter ihm dienen, sondern sich nach Madras begeben wolle. Coote übergab ihm daher sogleich das Commando der Armee, und ging selbst nach Madras, in der Absicht, sich mit seinem ganzen Regimente nach Bengalen einzuschiffen. Die Regierung that dagegen die stärksten Vorstellungen, und Monson erklärte, daß die Blokade von Pondichery aufgehoben werden müßte, wenn man diese Truppen wegnähme; worauf Coote bewilligte, sie zurück zu lassen.

Dreyzehntes Buch.

1760. Da der Oberste Monson nun nach eigenem Gefallen handeln konnte, so führte er eine Operation aus, die Coote nicht hatte genehmigen wollen. Die Gränzhecke von Pondichery hatte, außer ihrer natürlichen Befestigung von Bäumen und dornichten Gesträuchen, noch vier Redouten. Eine derselben deckte den Zugang zu dem Dorfe Oulgarry, worin sich verschiedene Landhäuser und Gärten, nebst einer den Jesuiten gehörigen Kirche befanden. Die Regimenter von Lothringen und Lally, die jetzt zusammen nicht mehr als 400 Mann ausmachten, cantonirten in diesem Dorfe. Der Angriff geschah nach Mitternacht von der ganzen englischen Armee. Man drang durch die Gränzhecke, bemächtigte sich einiger Redouten, und nahm das Dorf in Besitz; ohne die Verirrung eines englischen Detaschements, in der Dunkelheit, wären beide französische Regimenter gefangen genommen worden. Monson sebst bestürmte eine Redoute, wobey ihm ein Bein zerschmettert wurde; dennoch wurde sie erstiegen, und gegen Anbruch des Tages hatte man innerhalb der Gränzhecke völlig Posto gefaßt. Der Verlust der Engländer dabey bestand in 115 todten und verwundeten Europäern.

Die Truppen, mit denen Issoof von Madura 1760. in die Districte von Dindigul einfiel, waren 300 Reiter, 1400 Sepoys, und 3000 Peons. Sie fingen in der Mitte des Mays die Feindseligkeiten an, und stürmten das Fort Battal Gunta, das sie auch glücklich eroberten.

Die Zurüstung und der Abmarsch der Truppen, die mit dem Nabob nach dem Carnatick gegangen waren, und die Transporte nach Karical, hatten die Besatzung von Tritchinapoly so sehr von Menschen, Geld und Kriegsgeräthe entblößt, daß der Capitain Smith nicht die vorhabende Expedition unternehmen konnte, bis alle diese Bedürfnisse befriedigt waren. Diese Hülfe aber beruhte ganz auf ihm allein, weil er in der gegenwärtigen Lage keinen Beystand aus Madras zu erwarten hatte. Er machte die Anstalten so gut es ihm möglich war, und rückte den 6ten August ins Feld. Seine Truppen bestanden in 50 Europäern und 700 Sepoys von der Besatzung in Tritchinapoly, desgleichen in 600 Reitern und 1000 Peons, die theils Tondiman, theils der König von Tanjore geschickt hatte; hiezu kamen 3000 Colleries von den benachbarten Polygers, die sich begnügten für einen sehr geringen Sold zu dienen, in der Erwartung, reichlich durch die Beute schadlos gehalten zu werden, die sie in den fruchtbaren Ländern von Mysore zu machen hofften. Diese Armee marschirte längs dem Ufer des Caveri, und langte den 13ten bey dem Fort Pudicotah an. Vor ihrer Ankunft hatte sich das Gerücht verbreitet, daß ein großes Corps Franzosen von Seringapatnam nach Caror im

1760. Marsche wäre. Die Besatzung von Pudicotah wurde hiedurch aufgemuntert, sich zu vertheidigen. Diese Vertheidigung währte jedoch nicht lange, denn nachdem sie ihren geringen Vorrath von Pulver verschossen hatte, capitulirte sie. Smith nahm nun den Weg nach Caroor, dem vornehmsten Gegenstande seiner Expedition.

Caroor liegt funfzig englische Meilen von Tritchinapoly, und ist eine große, volkreiche und wichtige Stadt. Das dabey liegende Fort ist von Steinen erbauet, und nach indischer Art sehr fest. Die Besatzung desselben bestand aus achthundert Reitern, tausend Sepoys, tausend Peons und einer großen Menge Colleries. Die meisten dieser Truppen hatten sich in der Stadt versammelt und die Mauern derselben besezt, als Smith ankam.

Die Nothwendigkeit, die Communication mit Tritchinapoly zu unterhalten, erfoderte, sich während dem Angriffe des Forts nicht vom Caveri zu entfernen. Um desto gewisser Meister vom Flusse zu seyn, mußte man die Stadt im Besitz haben, daher sie sogleich angegriffen wurde. Die Engländer erstiegen die Mauern, und trieben die Besatzung ins Fort zurück.

Die Beute wurde den Truppen ohne Ausnahme überlassen; da aber die Einwohner Zeit gehabt hatten, sich zu retten, so fand man hier wenig von Werth, außer Getraide, wovon die ganze Aernte des Landes in die Stadt gebracht worden war. Es fehlte aber an Kaufleuten, es zu kaufen, und die Truppen wußten kein Mittel, es wegzusenden. Die

Stärke des Forts bey einer so geringen Anzahl Europäer, von denen jedoch der glückliche Erfolg des Angriffs allein abhing, verursachte, daß Smith zu ihrer Erhaltung alle nur mögliche Behutsamkeit brauchte; auch ließ er mehr Geschütz aus Tritchinapoly kommen. Er eröffnete indessen die Laufgräben; die Arbeit ging sehr langsam von statten, so daß man in sieben Tagen nur zweyhundert Schritte mit dem Sappiren vorrückte, worauf man eine Mine sprengen ließ, welche den Graben ausfüllte.

1760.

Es war das erstemal, daß die Mysoren je einen Feind so künstlich gegen ihre Mauern hatten anrücken sehn. So neu ihnen auch der Angriff war, so vermutheten sie doch, daß es möglich sey, durch solche Hülfsmittel selbst ins Fort zu bringen. Diese Furcht und die Verheerung der ganzen umliegenden Gegend von den Colleries und den tanjoreschen Reitern, die täglich zu ganzen Schaaren auf Plünderung ausgingen, veranlaßte den Commandanten Vorschläge zu thun, um die Feindseligkeiten einzustellen. Er erklärte feyerlich, daß sein Herr, der König von Mysore, keinen Antheil an der Absendung der Truppen hätte, die zu den Franzosen im Carnatick gestossen wären, und daß allein Hyder Ally, den er einen Rebellen nannte, der Urheber dieses Bündnisses sey; er schlug daher eine Interims-Uebergabe vor. Von dem aus Tritchinapoly angekommenen Geschütz war die größte Kanone gesprungen, und die Bresche noch nicht zu Stande; dieses vermochte Smith folgende Bedingungen zu bewilligen: „Daß sechzig Sepoys „sogleich von der angegriffenen Bastion Besitz neh-

1760. „men und die englische Flagge im Fort aufgepflanzt „werden sollte. Die englische Armee sollte zwanzig „Tage lang in der Stadt verbleiben: wenn, während „dieser Zeit, keine Befehle von Madras kämen, „das Fort dem Commandanten zu überliefern, so „müßte die Besatzung es verlassen, der man, in „Rücksicht ihrer muthigen Vertheidigung, erlaubte, „ihre Waffen, Pferde und Bagage mitzunehmen: „dagegen müßte aller Proviant und Kriegsgeräthe, „das dem König von Mysore gehörte, in dem Fort „zurückbleiben. Wenn gleich in dieser Zwischenzeit „eine Armee von Mysore ankäme, so sollte die Be- „satzung doch den Engländern das Fort räumen. Zur „Sicherheit, bis alle Bedingungen erfüllt wären, „mußte die Besatzung vier Geiseln geben, und ein „europäischer Deserteur wurde ausgeliefert." Diese Capitulation kam den 2ten September zu Stande. Smith hatte hierauf eine Unterredung mit Bonia- pah, dem Commandanten des Forts, worin er über- zeugt wurde, daß der König von Mysore keinen An- theil an den ehrgeizigen Entwürfen des Hyder Ally hatte; Boniapah hingegen zweifelte nicht, daß Ca- roor seinem Könige wieder gegeben werden würde, er erbot sich daher, mit seiner Besatzung nach Nam- cull, einem zwanzig Meilen weiter gelegenen Fort, zu marschiren, und dort die Befehle der Regierung von Madras zu erwarten. Smith war damit zufrie- den, nur bedung er sich aus, daß seine Truppen nicht gegen die Engländer agiren sollten, bis das Schick- sal von Caroor entschieden sey. Die Mysoren ver- ließen den Ort noch denselben Tag. Die Eroberung war von Wichtigkeit; denn außer den Einkünften 1760. des dazu gehörigen Districts, die jährlich an 44000 Pfund Sterling betrugen, so wurde der König von Mysore dadurch gegen Hyder Ally, als den Urheber des Verlusts, außerordentlich aufgebracht.

Die Feindseligkeiten hatten in dieser Zwischenzeit zwischen den Truppen von Dindigul und Madura fortgedauert. Die leztern waren durch die sehr verstärkten Mysoren von Battal Gunta fortgetrieben und das Fort selbst durch Sturm erobert worden. Sie blieben aber nicht lange in diesem Besitz; denn Issoof zog alle seine Truppen zusammen, um diesen Schimpf zu rächen, griff das mysoresche Lager an, zerstreute die Feinde, nahm ihr Geschütz weg, und eroberte auch Battal Gunta wieder.

Die Capitulation von Caroor langte zu Madras an dem nämlichen Tage an, als Preston meldete, daß die Mysoren die Franzosen in Gingee verlassen hätten, und mit ihrer ganzen Bagage nach Thiagar abmarschirt wären. Man war jezt überzeugt, daß der König von Mysore und Hyder Ally in großer Zwietracht wären; allein es war zu befürchten, daß sie sich entweder vergleichen möchten, oder welches noch wahrscheinlicher war, daß Hyder Ally in dem Kampfe um Autorität siegen würde: in beiden Fällen dürfte der mysoresche Staat, so wie ehemals, an dem Streit der beiden europäischen Nationen nachdrücklich Antheil nehmen, da denn Caroor in den Händen der Engländer von großem Gewicht seyn würde. Sie befahlen daher dem Capitain Smith, es im Be-

1760. sich zu behalten, und dem Könige dabey ihre Freundschaft zu versichern, dagegen aber sich ganz und gar nicht in seine Streitigkeiten mit Hyder Ally zu mischen, auch nicht dessen Truppen gegen diesen Rebellen zu unterstützen; sofern sich aber eine vortheilhafte Gelegenheit ereignete, könnte er mit seinem Corps wider Hyder Ally abgesondert agiren.

Coote war noch nicht nach Bengalen abgesegelt, als die Nachricht von der eroberten Gränzhecke in Madras ankam; zugleich meldete Monson seine Unfähigkeit, wegen seiner Wunde im Felde zu bleiben, und bat, daß Coote wieder das Commando der Armee übernehmen möchte. Die Regierung trat dieser Bitte bey, da denn Coote den 20sten September sich wieder ins Lager begab. Er fand die Truppen sehr misvergnügt, besonders waren die schwarzen Soldaten höchst unzufrieden, da es ihnen an Proviant mangelte. Die Ursache dieses Mangels war der Geiz der Pächter, die der Nabob in den eroberten Provinzen eingesetzt hatte, welche, in der gewissen Vermuthung, daß der Preis des Getraides steigen würde, nichts nach dem Lager schickten. Auch Krankheiten herrschten unter den englischen Truppen so sehr, daß sich nebst den Verwundeten an sechshundert Europäer im Lazareth befanden.

Coote fing seine Operationen damit an, daß er die Zugänge zu den eroberten Redouten innerhalb der Gränzhecke stark befestigen ließ, und sodann die sogenannte Ariancopang-Redoute angriff, deren Besatzung bey seiner Annäherung die Flucht ergriff. Durch diese Eroberung war man der Stadt Pondichery 1766. ziemlich nahe gekommen. Nun war noch die Madras-Redoute übrig, welche die Franzosen stark besetzt hatten; hinter derselben war ein schönes Dorf, aus mehrern Straßen bestehend, das man die Bleiche nannte, weil alle von der Compagnie eingekaufte Leinwand hier gebleicht wurde; auch befanden sich hier große Waarenhäuser, um die Kaufmannsgüter aufzubewahren. Da man fürchtete, daß die Engländer sich bald weiter ausbreiten dürften, und sodann diese Gebäude ihnen Schutz verschaffen würden, so beschloß Lally sie zu demoliren, und auf dem Boden neue Verschanzungen anzulegen. Coote erhielt davon Nachricht, und nahm seine gewöhnliche Escorte, als ob er recognosciren wollte; mit dieser näherte er sich dem Seeufer. Sobald er aus der Gränzhecke ins Freye kam, formirte er seine Haufen, die aus Sepoys und Reiterey bestanden. Die Sepoys, welche keine Vermuthung von dem vorhabenden Angriff gehabt hatten, wollten sich zurückziehen; allein Coote befahl der Cavallerie alle niederzuhauen, die nicht vorwärts marschiren würden. Die Madras-Redoute wurde nun bestürmt, und die Feinde verjagt. Coote besetzte sie mit 300 Sepoys und ging ins Lager zurück.

In der Nacht wurde diese Redoute von 400 Europäern und 600 Sepoys aus der Stadt überfallen; die englischen Sepoys verließen sogleich ihren Posten, und flohen davon: einer ihrer Befehlshaber aber sammelte die Flüchtlinge in der Ebene, und beredte sie, ihm zu folgen, um die Redoute wieder zu erobern. Sie erstiegen auch glücklich die äußern

1760. Verschanzungen, und erschreckten die Feinde, die diese Rückkehr einer großen Truppen-Verstärkung zuschrieben; in dieser Vermuthung verließen sie die Redoute wieder.

Nunmehr waren die Engländer im gänzlichen Besitz der Gränzhacke, von dem nordlichsten Theile an bis ans Seeufer; allein südwärts, längs dem Ufer des Ariancopang, war die Stadt noch nicht eingeschlossen: der Fluß läuft hier über Sandlagen, die öfters trocken, und beständig, außer der Regenzeit, wadbar sind. Sally hatte hier eine Reboute, fünfhundert Schritte von den Stadtmauern, errichten lassen. Die Regenzeit näherte sich nun, und die Reboute, wenn man sie jezt wegnähme, konnte von den Engländern, nach Anschwellung des Flusses, nicht unterstüzt werden, daher Coote die Eroberung derselben bis nach der Regenzeit aussetzte. Man befürchtete in dieser Zeit große Anstrengungen von Seiten der Feinde, die Stadt mit Proviant zu versehn; denn das französische Detaschement befand sich noch immer in Thiagar, und obgleich die Mysoren sich von da entfernt hatten, so war doch noch keine Nachricht von ihrem Abmarsche nach ihrem eigenen Lande eingegangen.

Die französischen Truppen in Thiagar bestanden in 400 Mann europäischer Infanterie, 250 europäischer Cavallerie und 1000 Sepoys. Das englische Observations-Corps, unter dem Capitain Preston, war nicht stark genug, diesen Truppen die Spize zu bieten; dennoch legte es ihnen alle nur mögliche Hindernisse in den Weg, um sie zu verhindern, mit

der Convoy von Zugochsen, die immer noch in Gin- 1760.
gee waren, nach Pondichery zu marschiren.

Balagerow, der Großfeldherr der Maratten,
hatte im Anfange dieses Jahres eine Armee von achttausend Reitern und achttausend Fußsoldaten mit Kanonen versehn, unter einem erfahrnen Befehlshaber,
Namens Vizvasnypunt, abgeschickt. Dieses Heer
ging über den Kristna im Monat Februar, und
wandte sich sodann südwärts; allenthalben wurden
Contributionen auf dem Wege eingefodert, und diejenigen Forts, die sich nicht dazu bequemen wollten,
wurden eingenommen. Im Junius lagerten sich
diese Maratten bey Chinabalabaram, an den Gränzen von Mysore. Von hier aus schickte Vizvasnypunt
Briefe sowohl an den Nabob vom Carnatick, als
an den König von Mysore: dem erstern trug er
Hülfstruppen gegen ansehnliche Geldsummen an; von
dem leztern aber verlangte er den rückständigen Tribut, worauf die Maratten ein Recht zu haben glaubten. Hyder Ally hatte zu eben der Zeit in Seringapatnam, der Hauptstadt von Mysore, seine Würde,
als Feldherr und Minister, niedergelegt. Er hatte
kurz zuvor mit Lally seinen Tractat geschlossen, und
viertausend Mysoren, unter Anführung seines Schwa-
gers Muctoon Saheb, nach Pondichery abgeschickt.
Dieser Fürst verließ sich so sehr auf das französische
Bündniß und auf seinen eignen Muth, daß er in
einer nahe bey Seringapatnam gelegenen Stadt mit
allen seinen Weibern und Kindern seine Wohnung
aufschlug; er hatte nur 300 Reiter bey sich, deren
Treue und Muth er aber erprobt hatte. Die Agen-

1760. ten, welche die Briefe des Vizvaznpunt überbrachten, hatten mit dem Könige eine geheime Unterredung; man kam überein, daß die Maratten bis Seringapatnam vorrücken sollten, unter dem Vorwande, eine große Contribution zu erpressen, die jedoch der König insgeheim zu bezahlen bewilligte. Hyder Ally vermuthete, daß der König bey dieser Gefahr ihm seine Truppen wieder anvertrauen würde; er entdeckte aber mit Bestürzung, daß die Maratten sich anheischig gemacht hatten, sich seiner Person zu bemächtigen. Es war kein Augenblick für ihn zu verlieren; er bestieg in der Nacht sein Pferd, nur von wenigen Reitern begleitet, und ließ seine ganze Familie zurück. Die Maratten verfolgten ihn zwar, konnten ihn aber nicht einholen. Er langte den folgenden Tag in Bangalore, einer stark befestigten Stadt, an, wo er die Besatzung dahin vermochte, zu seiner Fahne zu treten. Von diesem Orte schickte er seinem Schwager Befehl zu, den Carnatick mit allen seinen Truppen zu verlassen, und nach Bangalore zu marschiren. Muctoon Saheb hatte schon ähnliche Befehle erhalten, da er sich von Pondichery zurückzog; da er aber Hyder Ally in Bangalore in Sicherheit zu seyn glaubte, und überdem vermuthete, daß entweder eine Aussöhnung zwischen ihm und dem Könige erfolgen würde, oder daß Hyder Ally es für rathsam halten dürfte, selbst zu den Franzosen zu stoßen, so beschloß er, zwar nicht nach Pondichery zurück zu kehren, aber doch im Carnatick zu bleiben. Im Anfange des Septembers aber erhielt er neue Befehle von Hyder Ally, die seinen Abmarsch unverzüglich verlangten; er rief daher

Dreyzehntes Buch.

die 500 Reuter zurück, die sich in Gingee befanden, 1760. und ohne irgend eine Ansuchung that er eine Handlung, die nach den Grundsätzen der indischen Politik fast ohne Beyspiel war. Er bat nämlich die Franzosen in Gingee, ihm ein Detaschement mitzugeben, um das Fort Thiagar wieder in Besitz zu nehmen, das er nicht behalten wollte, weil er jezt nicht die damit verknüpften Bedingungen erfüllen könnte. Er hielt auch sein Wort, und gab den 13ten September das Fort zurück, wobey er sich blos bey einer künftigen günstigen Gelegenheit ihren Beystand ausbat; einige Tage nachher marschirte er mit allen seinen Truppen ab, um zu Hyder Ally zu stoßen. Die Franzosen besetzten Thiagar jezt mit 200 Europäern und 500 Sepoys.

Die Zurückgabe dieses Forts, und der Abmarsch der Mysoren aus dem Carnatick, bestätigten die Versicherungen des Königs, daß er keinen Antheil an der ganzen Expedition hatte, daher die Regierung in Madras sowohl nach Tritchinapoly als nach Madura Befehle schickte, die Feindseligkeiten in den mysoreschen Ländern einzustellen. Man hatte indessen aber sieben mysoresche Forts in Besitz genommen, die bis auf weitere Verfügung besetzt gehalten wurden.

Sobald Coote versichert war, daß die Mysoren den Carnatick verlassen hatten, verabschiedete er 500 Mann von der schwarzen Cavallerie, da diese jezt von sehr geringem Nutzen war. Den 7ten October hörte man ein starkes Feuern auf der Rhede von Pondichery. Außer den kleinen Fahrzeugen lagen drey große französische Schiffe bey der Stadt vor Anker, unter dem

1760. Schuhe von hundert Kanonen, die in den Verschanzungen längs dem Strande aufgeführt waren. Die Absicht dieser Schiffe war, das stürmische Wetter abzuwarten, sodann nach den südlichen Häfen zu segeln, und mit Lebensmitteln zurück zu kommen. Dieses zu verhindern, würde für große Schiffe sehr schwer seyn, selbst wenn sich die englische Flotte im Gesicht von Pondichery befinden sollte; diese lag noch immer vor Anker bey Cuddalore. Der Admiral Stevens beschloß daher, einen Versuch zu machen, die französischen Schiffe von der Rhede wegzunehmen. Die Nacht dazu war bereits festgesetzt, allein die englischen Schiffe bemannten ihre Böte schon, ehe es noch dunkel wurde; dieses bemerkte man durch Ferngläser aus Pondichery, weshalb man sogleich Truppen abschickte, um die französischen Schiffe zu verstärken; da diese Maaßregel nun auch von der Flotte bemerkt wurde, so verschob der Admiral die Ausführung seines Vorhabens bis zu einer andern Zeit. Jezt nun schritt man zu dieser Unternehmung. Nachdem es stockfinster war, wurden sechsundzwanzig Böte ausgesetzt, und mit vierhundert Matrosen, größtentheils Freywilligen, bemannt. Die Böte formirten sich in zwey Divisionen, deren jede sich in einer Linie bewegte, welche durch befestigte Taue gleichsam einen Körper ausmachten. Die Ruder waren mit frischen Schaffellen bedeckt, um das Geräusch zu verhindern. Das Losungswort, woran man einander beym Angriff erkennen wollte, war das englische Wort Cathchart, das wenige Franzosen im Stande sind auszusprechen. Nach dem gemachten Entwurfe, sollte die eine Linie von

Böten: das französische Schiff Hermione, und die 1760. andre Linie das Schiff Baleine angreifen; nach dem glücklichen Erfolge aber sollte das dritte Schiff, die ostindische Compagnie genannt, angefallen werden. Es blitzte beständig, so wie es hier alle Nächte vor der Monsun gewöhnlich ist; dennoch näherte sich die eine Division der Hermione bis auf einen Pistolenschuß, ohne entdeckt zu werden: nunmehr sonderten sich die Böte von einander ab, und legten sich hart an beide Seiten des Schiffs; zwey derselben ruderten vorwärts, um die Ankertaue abzuhauen. Während dieser Annäherung gerieth alles sowohl in diesem als in den andern Schiffen in Bewegung; man feuerte von allen Seiten auf die Böte, mit Musketen und Kanonen. Die englischen Matrosen säumten jedoch nicht, und in wenig Augenblicken war die Hermione von allen Seiten erstiegen. Die Schiffsbesatzung, welche aus 70 Europäern bestand, wehrte sich tapfer, und vertheidigte sich, da es zum Handgemenge kam, mit Piken und Pistolen. Dem Matrosen, der zuerst versuchte die Ankertaue zu kappen, wurde von einem Offizier der Kopf gespalten. Die größere Anzahl siegte endlich, und die Franzosen wurden alle durch die großen Löcher in den Schiffsraum herunter getrieben. Die nicht von selbst herunter sprangen, wurden herab gestürzt; denn hier konnte keine andere Gefangennehmung statt finden. Sobald sie alle unten waren, wurden die Löcher verrammelt und mit Schildwachen besetzt; sobann spannte man das vordere Segel auf, das einzige, welches in Bereitschaft war, um das Schiff fortzubringen, wozu auch einige Böte mit

Rudern bestimmt wurden. Man hatte bisher vom Ufer nicht gefeuert, jezt aber fing eine heftige Kanonade an, wozu die Blitze die Richtung gaben. Das Schiff lag so nahe am Ufer, daß fast kein Schuß fehlte; das Steuerruder wurde zerschmettert, und die Steuerleute, die es handhabten, todtgeschossen. Es waren Taue nöthig, um das zerschmetterte Steuerruder wieder einigermaßen brauchbar zu machen. Die Taue befanden sich im untern Schiffsraume, wohin die Gefangenen niemand zulassen wollten, dergleichen zu holen, und das einzige Segel war nicht hinreichend, das Schiff fortzubringen. Es blieb also nichts übrig als die Böte, um es wegzuschleppen, und diese ruderten mit solcher Heftigkeit, daß die Seile rissen. Mittlerweile fuhr das Feuer von dem Ufer beständig fort. Das Schiff schien nicht von der Stelle zu kommen, daher man glaubte, daß eine Klippe unter dem Kiel verborgen wäre. In dieser Voraussetzung beschloß der commandirende englische Offizier, das Schiff zu verlassen. Man sagte den Gefangenen im Schiffsraume, daß man es in Brand stecken würde, worauf sie alle hervor krochen, und in die Böte gebracht wurden, die mit ihnen abfuhren, und sie glücklich am Bord des Tigers absetzten. Dieses war ein englisches Linienschiff, dessen Befehlshaber, Namens Dent, ein wackrer Offizier, die zurückkommenden Matrosen mit Vorwürfen überhäufte, und ihnen befahl, sogleich zurück zu gehen und das Schiff zu holen, widrigenfalls er seine eigne Schiffsbesatzung dazu aussenden würde. Dieses muthige Betragen wirkte; alle Böte fuhren wieder ab, und

bestie-

bestiegen das eroberte Schiff, das der Landwind 1760. vom Alser seitdem etwas abgetrieben hatte.

Die Maaßregeln zu Eroberung der Baleine waren die nämlichen, allein es glückte damit geschwinder. Die Franzosen thaten hier nur geringen Widerstand, und ergaben sich. Das Schiffssteuerruder war zwar am Lande, allein es waren einige Segel zurückgeblieben, durch deren Hülfe das Schiff weggebracht wurde. Die Umstände erlaubten nicht, einen Versuch auf das dritte Schiff zu machen, das also verschont blieb.

In dieser Zeit fing man an, den Mangel an Lebensmitteln in Pondichery sehr stark zu fühlen. Lally berief eine General-Versammlung, wobey er antrug, sogleich alle schwarzen Einwohner aus der Stadt zu schaffen. Man stellte dagegen vor, daß die Treue dieser Einwohner gegen die Franzosen allein die Grundursache der Macht sey, die man jetzt über sie besäße, und es daher eine schreyende Undankbarkeit seyn würde, sie aus ihren Wohnungen zu vertreiben; ferner würden dadurch die Europäer aller ihrer Bedienten beraubt werden. Diese Betrachtungen hatten so viel Gewicht, daß die Versammlung aufbrach, ohne etwas hierüber zu beschließen. Eine Anzahl Einwohner aber, aus Furcht wegen der bevorstehenden Belagerung, wandten sich von selbst an den Obersten Coote, und baten um Erlaubniß, ihre Familien entweder nach den holländischen oder dänischen Colonien an der Küste zu senden, die in diesem Kriege neutral waren. Die Pässe wurden auch sogleich bewilligt.

Dritter Band. O

1760. Das stürmische Wetter fiel ein, daher den 22sten October die beiden Admirale mit allen ihren Schiffen die Rhede von Cuddalore verließen. Ihre Abfahrt war unerwartet, da Stevens erklärt hatte, er würde ohne die äußerste Noth nicht die Küste verlassen, und diese Noth war noch nicht vorhanden. Sobald die Flotte aus dem Gesichte war, ging das französische Schiff, die ostindische Compagnie genannt, und noch ein kleineres unter Segel, wie man vorher vermuthet hatte. Das größere segelte nach Trankebar, um Proviant zu holen, und das andere, mit Kanonen besezt, sollte an der Küste kreuzen, um die indischen Getraide-Fahrzeuge zu decken, die in dieser Jahrs=zeit gewöhnlich mit dem Winde von Norden nach Süden kommen, und in geringer Entfernnng von der Küste segeln. Den 14ten November kamen vier englische Kriegsschiffe nach der Rhede von Pondichery zurück, und brachten die Nachricht mit, daß die übrige Flotte durch die Stürme viel gelitten hätte, daher Stevens nach dem Meerbusen von Trincoma-lee gesegelt sey, seine Schiffe auszubessern.

Preston ließ mittlerweile sein Detaschement in der Gegend von Gingee herumstreifen, um alles hier vorhandene Vieh wegzuschleppen; man nahm an einem Tage vierhundert Stück von der Grasung ganz nahe bey Gingee weg, ohne daß die französische Be-satzung die geringste Anstalt machte, es zu verhindern. Wenig Tage nachher wurde dieser Versuch von den Engländern wiederholt, und eine noch größere Vieh-beute gemacht.

Dreyzehntes Buch.

Die häufigen Unternehmungen der französischen 1760. Truppen im Felde, um Pondichery mit Proviant zu versehn und die englische Armee zu vertheilen, hatten ihnen über dreyhundert Europäer gekostet. Thiagar und Gingee waren zwar noch besezt, allein nicht stark genug, um ihre Besatzungen zu theilen, und Escorten zu großen Convoys geben zu können. Die Franzosen hatten die Gelegenheit vernachläßigt, dieses zu seiner Zeit mit Nachdruck zu versuchen. Die Anzahl der Truppen, die sich jedoch noch in Pondichery befanden, die ansehnlichen Festungswerke des Ortes und der große Vorrath an Munition sicherten indessen die Stadt gegen alle Gefahr, die Hungersnoth allein ausgenommen. Lally beschloß daher weislich, die auswärts befindlichen Truppen nicht zurückzurufen, weil sie im Felde doch manchen Dienst thun, und für ihren Unterhalt selbst sorgen könnten, da hingegen ihre Anwesenheit in Pondichery dem ohnehin geringen Vorrathe an Proviant desto geschwinder ein Ende machen würde. Er wünschte vielmehr diese auswärtige Truppenzahl jezt zu vermehren, um einen Entwurf auszuführen, den er durch Noth gebrungen noch als das einzige Mittel ansah, das drohende Unglück von Pondichery abzuwenden.

Die französische Flotte, welche die Küste von Coromandel im October des vorigen Jahres verlassen hatte, war am 1,ten November in Isle de France angelangt. Diese Insel lieferte nie so viel Lebensmittel, als für die dort wohnende Colonie erforderlich war; aller Proviant, den man hier von auswärts herbey geschafft hatte, war gänzlich angewandt wor-

1760. den, um die nach Indien absegelnde Flotte zu proviantiren, so daß jezt bey deren Rückkunft sehr wenig Lebensmittel übrig waren. Dieser Mangel war noch durch einen unweisen Entwurf vergrößert worden; man hatte nämlich zwey Schiffe ausgerüstet, um die englischen Faktoreyen im Meerbusen von Persien anzugreifen. Es blieb nun nichts übrig, als, so wie im vorigen Jahre, drey große Schiffe unter der Bedeckung eines Linienschiffs nach dem Vorgebirge der guten Hoffnung zu schicken, um dort Lebensmittel einzukaufen. Dies Linienschiff von vierundsiebenzig Kanonen gehörte der ostindischen Compagnie, bey dieser Expedition aber sollte es, dem Befehle des französischen Admirals Ache gemäß, von einem königlichen Seeoffizier commandirt werden. Alle Capitains der Compagnieschiffe protestirten feyerlich dagegen, als eine Schmälerung ihrer Rechte. Dieser Streit, der von beiden Seiten schriftlich mit vieler Bitterkeit und wenig patriotischem Eifer geführt wurde, verzögerte die Abfahrt der Schiffe so lange, daß endlich die stürmische Jahrszeit darüber einfiel. Der Orkan fing in der Nacht vom 27sten Januar an, und dauerte ohne Unterlaß sechsunddreißig Stunden mit der äußersten Wuth fort. Zweyundbreißig Schiffe, die im Hafen Mauritius lagen, wurden von ihren Ankern gerissen und in die See getrieben; die kleinern Schiffe waren so glücklich nicht, sondern scheiterten alle an die Felsen, welche das Ufer der Insel umgeben. Zu Lande war das Unglück noch größer. Die ganze Vegetation war von Grund aus zerstört; alles Horn- und Federvieh wurde durch die reißende

Fluth weggeschwemmt, oder es kam sonst um; die 1760. Frucht-Magazine, die hier alle von Holz gebaut sind, wurden entweder zertrümmert, oder doch so zugerichtet, daß das Getraide dem Wind und Regen blosgestellt war. Es waren drey Monat erfoderlich, um den Schaden auf den Schiffen und auf dem Lande einigermaßen auszubessern. Während dieser Zeit kam etwas Proviant aus Madagascar und der Insel Bourbon an, der jedoch weit entfernt war den großen Mangel zu heben. In dieser bedrängten Lage befand sich sowohl die Flotte als die Colonie, als den 8ten Junius ein Schiff aus Frankreich mit der Nachricht ankam, daß man in England Zurüstungen mache, die Inseln Mauritius und Bourbon anzugreifen. Die königlichen Befehle lauteten daher, daß, wenn die Flotte in Mauritius wäre, sie dort verbleiben sollte; wäre sie aber abgesegelt, so müßte sie sogleich zurückgerufen werden. Ache beschloß nunmehr, mit dem größten Theile seiner Schiffe hier zu bleiben, vier Kriegsschiffe aber nach Madagascar zu senden, wo sie bis den 20sten August verweilen sollten; erhielten sie in dieser Zeit keine Befehle, so sollte man einen Kriegsrath zusammenrufen, um irgend eine Unternehmung auszuführen, welche der Zustand der Schiffe erlaubte. Er gab ihnen dabey zu verstehen, daß sie allenfalls nach der Küste von Coromandel segeln könnten. Bald darauf kam eine Verstärkung aus Frankreich von siebenhundert Mann in Mauritius an. Die Nachricht von dem Orkan war bereits im Julius in Pondichery angekommen; man hatte aber keine Matrosen ans Land gelassen, bis man sa-

1760. sche Nachrichten gehörig entworfen hatte, um sowohl die Colonie als die vor der Stadt befindlichen Feinde zu überreden, daß die sehr verstärkte französische Flotte in wenig Tagen an der Küste eintreffen würde. In der Mitte des Octobers langten Nachrichten an, welche die Abfahrt der vier Schiffe nach Madagascar meldeten, und zweifelhafte Versicherungen gaben, daß man Pondichery schwerlich würde zu Hülfe kommen können. Lally hatte beständig so wenig Vertrauen auf die Flotte gesezt, daß er jezt überzeugt war, diese Schiffe würden keinen Versuch wagen. Er verbarg jedoch diese Meynung, sowohl als die Nachricht, den gefürchteten Angriff der Insel Mauritius betreffend; im Gegentheil sprengte er aus, daß die längst erwarteten Schiffe bald eintreffen würden. Indessen bewog er das Conseil, ein Corps Maratten, unter der Anführung des Vizvazipunt, in Sold zu nehmen, der sich jezt wieder an den Gränzen vom Carnatick befand.

Dieser Befehlshaber hatte bereits im April Briefe nach Pondichery geschickt, worin er den Franzosen eben die Hülfe antrug, zu welcher er sich auch gegen den Nabob und die Engländer erbot. Hierauf erfolgte ein weitläufiger Briefwechsel, welchen man von Seiten der Franzosen nachläßig betrieb; jezt aber, da er sich näherte, schickte Lally zwey Agenten in sein Lager. Vizvazipunt verlangte eine Summe baar Geld gleich auf der Stelle, und die Abtretung der wichtigen Festung Gingee. Außer dem Einfluß, den dieser Besitz dem Großfeldherrn Balagerow in der Provinz Arcot geben würde, war auch die ma-

rattische National-Ehre damit verbunden, weil Gin- 1760.
gee bis zum Anfange dieses Jahrhunderts die Hauptstadt eines Stammes von Maratten-Königen gewesen
war, deren Gebiet sich von dem Coleroon bis zum Paliar
erstreckt hatte. Die Agenten erhielten Vollmacht
zu bewilligen, daß Gingee den Maratten überliefert
werden sollte, sobald die Engländer sich von Pondichery zurück zögen; ferner sollte ihr Befehlshaber
500,000 Rupien erhalten, wenn er im Angesicht der
Stadt seyn würde. Alle auswärts befindliche französische Truppen erhielten Befehl, zu den Maratten
zu stoßen, sobald sie im Carnatick eingerückt seyn
würden. Im Fall man diese Bedingungen nicht
einginge, sollten die Agenten zu verstehen geben, daß,
obgleich wegen der üblen Lage des Hyder Ally keine
Hülfe von ihm zu erwarten sey, so würde doch der
König von Mysore selbst Gingee gern auf eben diese
Bedingung annehmen, da denn die Maratten wahrscheinlich keine Vortheile von ihrem Feldzuge im Carnatick erlangen dürften.

Da jedoch diese Unterhandlung verzögert werden
könnte, und die Lebensmittel jeden Tag von größerer
Wichtigkeit wurden, so befahl Lally den auswärtigen
Truppen, dieserhalb das äußerste zu wagen, ehe das
Regenwetter aufhören würde. Und weil Gingee von
Prestons Detaschement so genau beobachtet wurde,
so befahl er den Truppen in Thiagar, vorzüglich dieses zu bewirken, da sowohl die Entfernung, als die
Natur des Landes die Hemmung des Transports mehr
erschweren würden. Zu gleicher Zeit beschloß er,
noch mehr Truppen außerhalb der Stadt zu senden,

1760. sowohl um den vorräthigen Proviant zu schonen, als auch die Maratten zu überzeugen, daß man Truppen genug hätte, Pondichery zu vertheidigen. Diesem Entwurf gemäß schickte er den 1sten November in der Nacht hundert Europäer über den Ariancopang in Böten längs dem Seeufer; man entdeckte sie aber aus dem Fort Ariancopang, als sie landeten. Das Feuer aus dem Fort verursachte aber, daß sie in ihre Böte eilten, und nach Pondichery zurück fuhren.

Die Engländer bekamen Nachricht, daß sowohl das oft genannte Schiff, die ostindische Compagnie, als auch verschiedene andere Fahrzeuge, sich bey Trankebar befänden, um dort Proviant einzunehmen. Der Commodore Haldan, der die zurückgelassenen englischen Compagnieschiffe commandirte, schickte zwey derselben ab, um die Proviantschiffe wegzunehmen, und überhaupt sich aller andern Schiffe zu bemächtigen, die mehr Lebensmittel an Bord hätten, als sie zu ihren Bedürfnissen gebrauchten. Das große Schiff ergab sich sogleich; ein anderes französisches Schiff, mit vierhundert Säcken Waizen und einer Anzahl Fässer mit gesalzenem Fleische beladen, lief auf den Strand; die kleinen Fahrzeuge entkamen. Die Nachricht von diesem Verluste erregte großes Jammern in Pondichery. Die dänisch-ostindische Regierung in Trankebar schickte an den Obersten Coote Abgeordnete, um wider die Neutralitätsverletzung ihres Hafens zu protestiren; man zeigte ihnen aber aufgefangene Briefe, welche bewiesen, daß sie den französischen Agenten ihre Hülfe angetragen hatten;

wodurch sie denn zum Stillschweigen gebracht wurden. 1760.

Den 12ten November erfuhr man im englischen Lager, daß eine Convoy von Thiagar unterwegs sey; sie bestand aus vierundzwanzig Europäern und hundert schwarzen Reitern, die hundert mit gesalzenem Fleisch beladene Ochsen escortirten; überdem hatte ein jeder Reiter einen Sack Lebensmittel hinten aufs Pferd gebunden. Sie kamen glücklich über den Panar, waren aber so unvorsichtig, die kostbare Zeit zu verlieren, um noch hundert Ochsen zusammen zu bringen, die sie unterwegs antrafen. Da sie sich dem Fort Ariancopang näherten, wurden sie von einem englischen Detaschement umringt: einige wurden niedergehauen, und der größte Theil ergab sich; die übrigen aber entkamen, und langten glücklich in Pondichery an. Um solche Versuche inskünftige zu verhindern, ließ Coote an dem Ufer des Flusses Verschanzungen aufwerfen.

Man machte nun Anstalt, die Blokade in eine förmliche Belagerung zu verwandeln. Es waren in Pondichery noch funfzig der Cavallerie gehörige Pferde, für welche man keine Fourage verschaffen konnte; Sally beschloß daher, sie nach Thiagar zu schicken, die auch durch den Fluß schwammen, wo er wadbar war, und auf diese Weise entkamen. Der zunehmende Mangel an allen Lebensbedürfnissen zwang endlich Sally, nichts als die Gesetze der Nothwendigkeit zu hören. Alle zurück gebliebenen Schwarzen wurden den 27sten November aus der Stadt gejagt,

1760. nur wenige Bediente allein ausgenommen. Die Anzahl dieser Vertriebenen war 1400, von jedem Geschlecht und von jedem Alter. Sie wanderten Familienweise, oder in gesellschaftlichen Haufen nach den Gränzlinien zu, in der Hoffnung, daß die Engländer ihnen erlauben würden, ihren Stab weiter fort zu setzen; die Vorposten aber trieben sie allenthalben zurück. Sie versammelten sich nun auf dem Glacis, und flehten eingelassen zu werden: da man nicht auf ihr Geschrey hörte, waren viele so kühn, in den bedeckten Weg zu dringen; die Franzosen aber waren so grausam, auf sie zu feuern, wobey einige ums Leben kamen. In der Nacht hielten sie sich ruhig, allein den folgenden Tag wiederholten sie dieselben Versuche, sowohl gegen die Stadt als gegen die englischen Posten, allenthalben aber wurden sie zurückgestoßen. So dauerte es acht ganzer Tage. Sally blieb unbeweglich; Coote machte daher dieser Scene ein Ende und ließ sie alle passiren. Ihre einzige Nahrung war in dieser ganzen Zeit Graswurzeln gewesen, die sie auf den Feldern aufgelesen hatten. Sie waren durch den Hunger abgemergelt, und nur wenige wußten, wo sie sich hinwenden sollten; dennoch waren sie von Dankbarkeit ganz durchbrungen, und freuten sich der erhaltenen elenden Freyheit.

Der Nabob war bey ihrem Abzuge gegenwärtig: er war nach Madras gekommen, um sich mit dem Gouverneur Pigot zu unterreden; den 3ten December kam er ins englische Lager. Den 8ten in der

Nacht fing man aus vier Batterien die Stadt zu be- 1760 schießen an, und so fuhr man die sechs folgenden Tage fort. Den 18ten wurde wegen Mangel an Pulver das Feuer der Engländer schwächer, und nur gelegentlich unterhalten. Man hatte blos den Endzweck, die Besatzung abzumatten, die bey ihrem geringen Proviant unfähig war, große Strapatzen auszustehen. Den 20sten langte ein Schiff aus Madras mit Pulver an, da denn das Feuer aus allen Batterien wieder anfing, das aus der Stadt eben so lebhaft beantwortet wurde. Den 23sten brachte ein anderes Schiff aus Madras siebenzehn schwere Kanonen und alle Arten von Kriegsbedürfnissen; allein man hatte so wenig indische Schiffsleute, daß man fast nichts landen konnte, bis man diese Leute aus den benachbarten Häfen, ja selbst aus Madras zusammen gebracht hatte. Diese Verzögerung war jedoch nicht sehr nachtheilig, weil man mit den Arbeiten noch nicht so weit gekommen war, um das schwere Geschütz mit Nachdruck brauchen zu können. Den 26sten langte der Admiral Stevens mit vier Linienschiffen und einem Feuerschiffe wieder auf der Rhede von Trinconemalee an.

Die bey Thiagar versammelten französischen Truppen waren den Soldaten in den umliegenden kleinen Forts so sehr an Anzahl überlegen, daß sie der Schrecken des dortigen Landes wurden, und ohne alle Gefahr einen Ueberfluß an Lebensmitteln zusammen bringen konnten. Preston, der nicht länger die Versuche der Besatzung in Gingee zu befürchten hatte, Proviant nach Pondichery zu führen, beschloß, sich

1760. Thiagar zu nehmen, um die dort herumstreifenden Parteyen der Franzosen abzuschneiden, und lagerte sich daher den ersten December drey englische Meilen von dieser Stadt, ohne daß es die Besatzung wußte. Den folgenden Tag rückte die ganze französische Cavallerie, zweyhundert Mann stark, aus, um sich in die Gebirge zu begeben, und dort den Erfolg der Unterhandlung abzuwarten, die immer noch mit Visouzypunt gepflogen wurde; glückte sie, so wollte diese europäische Cavallerie die Maratten nach Pondichery begleiten. Wenige Tage nachher stießen hundert Mann europäische Infanterie zu ihnen, die Lally, um den Proviant in der Stadt zu sparen, in zwey kleinen Schiffen fortgeschickt hätte, und die auch glücklich in Trankebar gelandet waren; von hier marschirten sie nach dem marattischen Lager, in Begleitung des Bischofs von Halicarnassus, der bevollmächtigt war, die Unterhandlung mit Visvazypunt zu schliessen.

Der König von Mysore war nicht überzeugt, daß seine Versicherungen von Zuneigung gegen die Engländer diese dahin vermögen würden, Carobr wieder zurückzugeben; er schickte daher ein großes Corps Truppen dahin ab, mit Befehl, die Feindseligkeiten zu erneuern, wenn es zu keinem Vergleiche käme: besgleichen wurden die mysoreschen Truppen in Dindigul verstärkt, die sich nun stark genug glaubten, die mit Sepoys schwach besezten Forts in Madura anzugreifen; sie nahmen auch eins weg, von einem andern aber wurden sie mit ziemlichem Verluste zurückgeschlagen. Die Colleries von Natram benutzten diese Erneuerung der Feindseligkeiten, und thaten 1760. auch Einfälle in Madura; sie machten im nördlichen Paß ein Verhau, und zwar mit solchem Fleiß, daß es äußerst schwer war durchzudringen.

In Tinivelly war in diesem Jahre nichts von großer Erheblichkeit vorgefallen. Da Issoof kein schweres Geschütz hatte, so konnte er die stärksten Forts der Polygars nicht angreifen; er begnügte sich daher für jetzt, den größten Theil seiner Truppen so zu postiren, daß sie sowohl den Pulitaver als die östlichen Polygars im Zaum halten konnten, er selbst aber blieb in Tinivelly, um Catabominaig und die westlichen Polygars zu beobachten. Die Abreise des Maphuze Khan ließ dem Pulitaver und seinen Bundsgenossen keinen Vorwand mehr, sich der Autorität zu widersetzen, um die sogenannten Rechte seines Bruders zu unterstützen; sie berathschlagten daher, ob sie mit Issoof in Unterhandlung treten, oder den Erfolg von Maphuze Khans Reise erwarten sollten, welchen sie vermutheten wieder bey sich zu sehn, wenn ihm der Nabob nicht alles bewilligte. In dieser Ungewißheit machten sie keine großen Entwürfe, sondern bedienten sich ihrer Colleries blos zu nächtlichen Räubereyen, wo sie nur immer konnten, ohne etwas bey Tage zu unternehmen. Diese Räubereyen waren jedoch dem Lande so nachtheilig, daß Issoof es der Mühe werth fand, einen Theil der Soldaten dieser Bundsgenossen von ihnen abzuziehen, und sie in den Sold der Compagnie zu nehmen. Auf diese Weise stießen zweytausend Colleries unter ihrem Befehlshaber zu ihm, und dienten getreu. Sobald

1760 Iſſoof Nachricht erhielt, daß die Myſoren von Din-
bigul wieder Feindſeligkeiten angefangen hätten, ſo
ſchickte er ihnen 1500 Sepoys, 300 Reiter und
3000 Peons entgegen. Kaum waren ſie abmar-
ſchirt, als eine neue ganz unerwartete Unruhe in Tinivelly entſtand.

Das holländiſche Gouvernement auf der Inſel
Ceylon hatte eine große Verſtärkung von europäiſchen Truppen aus Batavia erhalten, die ſich im Hafen Colombo, dem Vorgebirge Comorin gegenüber,
verſammelten; von da ging ein Theil dieſer Truppen
nach Tutacorin, einem holländiſchen Fort auf dem
feſten Lande von Indien, vierzig engliſche Meilen von
Tinivelly. Zweyhundert Europäer mit Kanonen
und allem Feldgeräthe verſehn, bezogen ſofort ein Lager und ſprengten aus, daß in kurzer Zeit noch doppelt ſoviel zu ihnen ſtoßen würden; ferner, daß vierhundert Holländer zu gleicher Zeit mit ihnen Batavia verlaſſen hätten, und nach Cochin an der mala-
bariſchen Küſte gegangen wären, um ſich mit dem
Könige von Travancore zu vereinigen. Die Indier
geriethen in Furcht, und gaben vor, entdeckt zu haben, die Abſicht der Holländer wäre, die Engländer aus Tinivelly zu vertreiben, und daß ſie mit
Eroberung der Hauptſtadt den Anfang machen würden. Iſſoof ſchickte ſogleich an den holländiſchen
Oberfaktor in Tutacorin, um ſich eine Erklärung
darüber auszubitten; dieſer aber antwortete, daß er
keine geben würde. Einige Tage nachher rückten die
Holländer näher, und lagerten ſich zwanzig engliſche
Meilen von Tinivelly; zu gleicher Zeit landete ein

Dreyzehntes Buch.

1760

anderes Corps Holländer, auch von zweyhundert Europäern, von Colomba in Manapar, vierzig Meilen von Tinivelly. Issoof hatte mittlerweile seine Truppen zusammen gezogen, und rückte mit viertausend Sepoys und einigen tausend Reitern den 18ten Januar den Holländern unter die Augen, die ihren Muth sinken ließen, noch in der nämlichen Nacht in der größten Stille abzogen, und nach Tutacorin zurück marschirten; auch die in Manapar gelandeten Holländer gingen zurück, und man hörte nichts weiter von ihnen.

Die Räubereyen der Polygars wurden zwar fortgesezt; allein da sie des Maphuze Khan beraubt waren, und sie von der Blokade von Pondichery hörten, so wagten sie nichts mehr. Die Colleries des Pulitavers waren bey diesen Räubereyen am thätigsten, daher Issoof den größten Theil seiner Truppen unweit Nellitangaville postirte, um es förmlich anzugreifen, sobald er mit Pulver, Kugeln und Flintensteinen aus Tritchinapoly würde versehn seyn; einige Stücke schweres Geschütz hatte er dazu bereits in Tutacorin gekauft. Er bezog im December ein Lager am Fuße der Gebirge, das bald darauf von dem Pulitaver mit allen seinen Colleries angegriffen wurde. Ihrer Gewohnheit gemäß bestürmten sie es von allen Seiten zugleich, und ließen nicht eher nach, bis über hundert von ihnen bey dem Versuche umgekommen waren. Issoof zählte dabey zehn Todte und siebenzig Verwundete.

Die Mysoren befanden sich indessen immer noch an den Gränzen von Caroor; sie genehmigten zwar

1760 dem Anscheitt nach die Operationen des Commandanten von Dindigul, da sie beständig von Frieden sprachen; jedoch hinderten sie ihre Reiter nicht, in den Districten zu fouragiren, deren Einkünfte sie den Engländern bewilligt hatten, bis ihr König mit der Regierung von Madras sich verglichen hätte. Die Feldfrüchte standen vortreflich und waren zur Aernte bereit; die Engländer verhielten sich daher ruhig, um erst den Landleuten Zeit zu lassen, ihre Scheunen zu füllen. So war der Zustand der südlichen Länder am Ende des Jahres 1760.

In Pondichery hatte mittlerweile der Mangel an Proviant sehr zugenommen. Im November, da man die schwarzen Einwohner aus der Stadt jagte, bestimmte man für den Soldaten nicht mehr als täglich ein Pfund Reiß, und einige mal in der Woche etwas Fleisch. Im Anfange des Decembers ließ Lally alle Häuser der Europäer aufs genaueste durchsuchen; was an Lebensmitteln gefunden wurde, brachte man nach der Citadelle, woselbst man sie, ohne Unterschied des Standes, an Soldaten und Einwohner in gleichen Portionen vertheilte. Zwey kürzlich aus Frankreich angelangte Obersten, Beide Männer von ansehnlicher Familie, betrachteten dieses Durchsuchen in ihren Zimmern als eine Beleidigung, und ließen daher Lally wissen, daß sie nicht länger als Offiziere dienen wollten; dagegen würden sie bey allen Gelegenheiten als Freywillige auftreten. Der Erfolg rechtfertigte jedoch die Strenge der Maaßregel; denn obgleich von Zeit zu Zeit etwas Zufuhr von der Meeresseite angekommen war, so befand sich doch am Ende

des

des Decembers in den öffentlichen Magazinen nicht 1760. mehr Proviant, als nur noch auf drey Tage. In dieser Noth beschloß Lally noch eine Untersuchung vorzunehmen, da er von Verheimlichung mancher Lebensmittel in Privathäusern Nachricht erhalten hatte. Der Pater Lavaur, Rector der Jesuiten, welcher alle Geheimnisse der Stadt wußte, vermochte ihn jedoch diesen Schritt zu verschieben, mit dem Versprechen Lebensmittel auf vierzehn Tage zu verschaffen. Die Hoffnungen der Franzosen wurden etwas durch die Nachricht belebt, daß ihre Agenten auf dem Punkt stünden, mit Wizvazypunt den Tractat zu schließen; auch wurde am lezten Tage des Jahres ein Gerücht in der Stadt verbreitet, das auch ins englische Lager kam und Glauben erhielt, nämlich daß ein großes Corps Maratten, nebst der ganzen französischen Cavallerie, sich auf dem Marsche nach Ihlagar befände, von wo sie mit Proviant, es möchte auch kosten was es wollte, nach Pondichery zu bringen hofften.

Das Regenwetter hatte aufgehört, und das Wetter war schön, obgleich die Winde stark weheten. So dauerte es bis zum 30sten December, da die See gewaltig anschwoll, und sich die Wellen so am Ufer thürmten, daß keine Böte passiren konnten. Den folgenden Morgen überzog sich der Himmel; allein man sahe nicht jene wilde Unregelmäßigkeit von Naturscenen, die einen Orkan andeuten. So blieb es den ganzen Tag, nur erst in der Nacht wurde der Wind heftiger. Es befanden sich auf der Rhede acht Linienschiffe, zwey Fregatten, ein Feuerschiff und

1760. ein Vorrathsschiff aus Madras. Der Wind rasete so sehr, daß gegen Mitternacht das Admiralschiff seine Ankertaue kappte, und durch Kanonen den andern Schiffen das Signal gab, ein gleiches zu thun; allein keine Kanonenschüsse konnten bey diesem Sturme gehört werden, daher die Schiffe, den Regeln der Seedisciplin gemäß, rund um ihre Ankertaue herum wirbelten, bis sie rissen, und sodann ins hohe Meer getrieben wurden.

Dieser Verzug war für die Schiffe höchst unglücklich, denn die kostbare Zeit ging verloren, sich vom Ufer weit genug zu entfernen. Das Linienschiff, der Panther, war das erste, das von dem Orkan geschleudert wurde; man sahe sich genöthigt, alle Masten herunter zu hauen: die Wellen schlugen das obere Verdeck in Trümmern, und bedeckten das ganze Schiff, so daß man alle Augenblicke das Sinken befürchtete; dennoch entkam es, und warf glücklich in einer Bucht Anker, da sich der Sturm etwas gelegt hatte. Drey andre Linienschiffe hatten fast ein ähnliches Schicksal, nachdem sie auch alle ihre Masten gekappt hatten, und ankerten in eben dieser Bucht. Ein Linienschiff, eine Fregatte und das Feuerschiff, wurden ans Ufer geworfen. Das gewaltige Getöse der Brandungen konnte in diesem allgemeinen Tumulte der Elemente nicht unterschieden werden; die Gefahr wurde nicht eher entdeckt, bis es zu spät war. Die drey Schiffe scheiterten zwey Meilen von Pondichery; jedoch kamen von den Besatzungen dieser drey Schiffe nur sieben Mann ums Leben.

Zwey Linienschiffe aber und das Vorrathsschiff 1760. behielten unglücklicher Weise alle ihre Masten in dem Sturme, und gingen in den Abgrund. Eilfhundert Europäer wurden mit diesen Schiffen in den Wellen begraben; nur vierzehn wurden gerettet, die man den folgenden Tag auf den Trümmern schwimmend antraf.

Die Verschiedenheit des Elements verursachte, daß die Verheerung zu Lande nicht dem Unglück zur See gleich kam; dennoch hatte man erstaunlich gelitten. Alle Zelter im Lager waren in Fetzen zerrissen, und alle Casernen, sowohl hier als bey den Außenposten, zertrümmert. Die Munition, die man im Felde hatte, war ganz unbrauchbar gemacht. Nichts blieb unbeschädigt, was sich nicht unter gemauerten Decken befand. Die Soldaten warfen ihre Gewehre weg, um sich desto geschwinder zu retten, und sich zu verbergen wo sie nur konnten. Viele von den schwarzen Bedienten im Lager verloren, wegen der natürlichen Schwäche ihres Körpers, der nichts auszuhalten vermag, ihr Leben. Die See war allenthalben ausgetreten, und hatte das ganze Land bis an die Gränzenhecke überschwemmt, und alle Batterien und Redouten der Engländer waren gänzlich vernichtet. Nun war man noch in großer Angst wegen der andern Schiffe von der Flotte, deren Schicksal man noch nicht wußte. Unter diesen befand sich auch das Admiralschiff.

In Pondichery betrachtete man den Orkan und dessen erschreckliche Wirkungen als eine vom Himmel gesandte Errettung. Das Wetter war den folgenden

P 2

1760. Tag heiter, und die Sonne leuchtete den Franzosen, um das Unglück ihrer Feinde in seiner ganzen Größe zu sehn. Sie wurden dadurch so muthig gemacht, daß einige vorschlugen, die Engländer sogleich anzugreifen. Diese Operation aber war unausführbar, weil man kein Geschütz auf dem überschwemmten Lande fortbringen konnte, auch waren die Truppen unfähig, ihre Munition trocken zu behalten; sonst würden dreyhundert wohlbewaffnete Soldaten das ganze englische Lager haben einnehmen können, weil sich am folgenden Morgen nicht hundert Engländer im Stande befanden Widerstand zu thun. Die Wünsche aller Franzosen waren nunmehr auf die Schiffe von Madagascar gerichtet, in der Hoffnung, daß diese zeitig genug ankommen würden, ehe die englischen Schiffe auf der Rhede ausgebessert wären. Lally aber hatte darauf ganz und gar kein Vertrauen, sondern schickte sogleich Befehle an die Agenten in Puliacate, Trankebar und Negapatnam, um in größter Eil, es möchte auch kosten was es wolle, auf irgend einer Art von Fahrzeugen Lebensmittel nach Pondichery zu schicken.

1761. Die Angst wegen der vermißten Schiffe dauerte bis zum folgenden Tage, da man das Admiralschiff in der Ferne erblickte. Dieses Schiff, das bey Zeiten die hohe See erreichte, hatte nicht nöthig gehabt die Maste zu kappen; unterweges begegnete es einem andern Linienschiffe, der Liverpool, das herumschwamm, ohne einen Mastübrig zu haben; desgleichen dem Linienschiffe, Grafton, welches die angenehme Nachricht gab, daß fünf Kriegsschiffe von Trinconomaly abgesegelt waren. Den 4ten Januar langten alle diese Schiffe auf der Rhede von Pondichery an, und einige Tage darauf noch zwey von Madras, wohin der Sturm nicht gekommen war. Die vier entmasteten Schiffe, ob sie gleich noch nicht ganz ausgebessert waren, befanden sich doch in dieser Zeit wieder im Stande im Nothfall zu agiren. Auf diese Weise also sahe man in einer Woche nach dem Sturme, der so grosse Hoffnungen von Rettung in Pondichery erzeugt hatte, die Rhede dieser Stadt abermals von eilf Linienschiffen blokirt, die alle durch die Besatzungen der drey gestrandeten Schiffe übercomplet bemannt waren. Ihre Böte kreuzten beständig, um alle Proviant-Fahrzeuge von der Stadt abzuhalten; aus Pondichery aber schlichen sich einige durch, denen der Wind, der Strom und die Dunkelheit der Nacht günstig war. In einem dieser Fahrzeuge befand sich Rajah-saheb, der Sohn des Chunda-saheb, der seit der Niederlage bey Vandiwasch mit seiner Familie beständig in Pondichery gelebt hatte; er landete in Negapatnam, und von da begab er sich unter dem Titel eines Elephantenhändlers nach Ceylon.

1761.

Alle Kräfte wurden nunmehr angestrengt, um die englischen Werke und Batterien wieder in den Stand zu setzen, worin sie vor dem Sturme gewesen waren. Das Gerücht wegen der Maratten dauerte noch fort, und die jetzt für sie so vortheilhafte Gelegenheit vermehrte die Besorgniß der Engländer, daß man alles anwenden würde, in gegenwärtiger Lage Proviant in die Stadt zu bringen. Die Gränzhecke und

1761. ihre Redouten waren zwar große Schranken, allein nur so weit sie reichten; denn die südliche Seite längs dem Flusse Ariancopang war durch die Vernichtung zweyer Batterien offen, welche der Sturm zerstört hatte; und in weniger als zehn Tagen nicht wieder hergestellt werden konnten: überdem verhinderte der jetzt angeschwollene Strom den Transport der Soldaten und Materialien, um sogleich Hand ans Werk zu legen. Coote versuchte daher eine an andern Ufer gelegene französische Redoute zu überrumpeln. Es glückte auch durch List in der Nacht, und die schwache Besatzung wurde gefangen genommen. Die entfernte Lage dieser Redoute machte ein starkes Commando zu deren Behauptung nothwendig. Coote sandte dazu vierzig Europäer und hundert Sepoys ab, mit Befehl, sie im Fall eines Angriffs aufs äußerste zu vertheidigen. Lally zögerte nicht, sie wo möglich den Engländern wieder zu entreißen, und ließ diese Redoute durch vier Grenadier-Compagnien angreifen; sie bestürmten solche von allen Seiten zugleich, und drangen so übers Parapet mit gefällten Bajonets ein. Nur wenige wurden niedergestoßen, die übrigen entflohen oder wurden zu Gefangenen gemacht. Lally schickte alle diese Gefangenen zurück ins englische Lager, da er sie wegen Mangel an Lebensmitteln nicht ernähren konnte, jedoch mit der Bedingung, daß sie nicht weiter gegen die Franzosen dienen sollten. Nur die äußerste Noth konnte diese auffallende Bestätigung von der verzweifelten Lage der Besatzung in Pondichery entschuldigen.

Dreyzehntes Buch.

In dieser Zeit erhielt der Nabob Nachricht, daß 1761. seine Agenten mit dem Maratten-General Wizvazypunt einen Tractat geschlossen hätten. Der Bischof von Halicarnassus, als französischer Abgeordneter, hatte außer Gingee auch Thiagar, und überdem noch 500,000 Rupien für die Hülfe der Maratten angeboten; für das Geld wollte er reiche Wechsler als Bürgen stellen. Es ist unbegreiflich, wie er diese vorsichtige Menschengattung in der gegenwärtigen Lage von Pondichery zur Bürgschaft bewegen konnte. Es ist daher wahrscheinlich, daß Wizvazypunt selbst sie beredte, diese scheinbare Rolle zu spielen, um von dem Nabob desto größere Bedingungen zu erlangen, oder Hyder Ally müßte mit im Spiele gewesen seyn, und die Wechsler vermocht haben, die Zahlung zu verbürgen, durch die Versicherung, das Geld zu rechter Zeit herbey zu schaffen. Die Agenten des Nabobs waren über diesen Vorfall so bestürzt, daß sie nach und nach von der Summe von 500,000 Rupien bis auf zwey Millionen stiegen, von welchen eine in zwanzig Tagen, und die andre in neun Monaten bezahlt werden sollte. Nunmehr erklärte Wizvazypunt den beiden französischen Abgeordneten geradezu, daß sie keinen Beystand von ihm zu erwarten hätten; sie begaben sich darauf mit ihren Soldaten, deren Anzahl dreyhundert Europäer war, zum Hyder Ally nach Bangalore. Der Nabob zeigte sowohl bey dieser Gelegenheit als bey allen andern Vorfällen, seitdem das Glück den Engländern so günstig schien, mehr Geist und Entschlossenheit, als er je in seiner Regirung bewiesen hatte. Er war von dem We-

1761. danken, die Franzosen, seine Erbfeinde, in Indien zu vernichten, so eingenommen, daß er keinen Tag unterließ, den Obersten Coote zu fragen, ob auch die Einnahme von Pondichery gewiß sey, und wenn es wohl geschehn würde.

Es kamen auch Nachrichten vom Capitain Preston, daß er die Stadt Thiagar angegriffen und eingenommen hätte; daß die Franzosen sich auf den Felsen gerettet, der nur allein durch Ueberrumpelung oder durch Hungersnoth eingenommen werden könnte; diesen Felsen durch ein Bombardement einzunehmen, sey vielen Schwierigkeiten unterworfen, dennoch hätte er einen Anfang mit Haubitzgranaten gemacht; und wartete nur auf Mörser von Madras. Diese Nachrichten räumten alle Besorgniß aus dem Wege, daß Pondichery zu Lande Hülfe bekommen könnte.

Den 10ten Januar, als Coote sich den Bastionen der Stadt zum Recognosciren näherte, ward er eine Friedensflagge gewahr, die sich in der Ferne zeigte. Coote schickte sogleich seinen Adjutanten, Duespe, nebst zwey andern Offiziers ab, um die Botschaft anzuhören. Sie waren aber noch nicht weit gegangen, als die französischen Schildwachen ihnen zuriefen, sich zurück zu begeben; sie gehorchten aber nicht, weil der Trompeter schon in der Nähe war und mit ihnen redete; demungeachtet geschah ein Schuß von den Wachen, welcher den Duespe auf der Stelle todt zu Boden stürzte. Coote foderte Satisfaction, worauf Lally die wachthabenden Offiziers an diesem Thore arretiren ließ, und den folgenden Tag seinen Adjutanten ins englische Lager schickte, den Vorfall zu entschuldigen, worüber er viel Beküm- 1761. mernis zeigte.

Einige Stunden nach dem Tode des Duespe wurde eine neue Batterie, mit schweren Kanonen und Mörsern besezt, geöffnet, die ein sehr lebhaftes Feuer machte. Man fuhr damit zwey Tage und zwey Nächte ununterbrochen fort. Während dieser Zeit kamen viele Deserteurs an, und alle ihre Nachrichten bestätigten den überaus großen Mangel an den nothwendigsten Bedürsnissen in der Stadt. Die Engländer hingegen erfuhren die angenehme Neuigkeit, daß auf Pitts Veranstaltung mehr Truppen aus England abgeschickt und bereits in Anjengo auf der Küste von Malabar angelangt wären. Diese Verstärkung bestand in sechshundert Mann regulärer Bergschotten, die auf fünf Compagnieschiffen, unter der Bedeckung von zwey Linienschiffen, embarquirt waren. Von diesen sieben Schiffen waren den 15ten December vorigen Jahres vier in Anjengo eingetroffen, und die andern wurden täglich daselbst erwartet.

Man näherte sich mit den Laufgräben, und errichtete in der Nacht vom 12ten eine neue Batterie von schwerem Geschüß. Zu jedermanns Erstaunen wurde diese Arbeit durch das Feuer aus der Stadt fast gar nicht gehindert, daher man den ganzen Tag mit der Arbeit fort fuhr, die Schanzkörbe mit ruhiger Sorgfalt aufpflanzen, und Pallisaden in die Erde einrammen konnte. Die folgende Nacht war zu einem Hauptangriffe bestimmt, von dem sich die Engländer den besten Erfolg versprachen, da sie sich nahe an den Mauern befanden.

P 5

1761. Nach Sonnenuntergang fand sich Coote bey den vordersten Batterien ein, wo bald nachher ein Trompeter ankam, der Abgeordnete ankündigte. Sie kamen zu Fuß, denn in der Stadt waren weder Pferde noch Palankinträger, um sie zu tragen. Diese Abgeordneten waren: der Oberste Durre, Commandant der französischen Artillerie, der Pater Lavaur, Rector der Jesuiten, Moracin und Courtin, Mitglieder des Conseils, und Tobin, der als Dolmetscher diente. Coote gab ihnen in seinem Hauptquartier Audienz.

Der Oberste Durre übergab ein von Lally unterzeichnetes Memorial, folgenden Inhalts: „Daß die „Engländer Chandernagor gegen den Neutralitäts„tractat eingenommen hätten, der beständig zwischen „den europäischen Nationen in Bengalen, besonders „zwischen den Engländern und Franzosen beobachtet „worden wäre, und dieses zu einer Zeit, da die fran„zösische Colonie den Engländern die größten Dienste „geleistet hätte, sowohl durch die dem Nabob Sura„jah Dowlah ertheilte abschlägige Antwort, Calcutta „mit anzugreifen, als auch durch den Beystand, den „man den Einwohnern dieser Colonie nach ihrer Zer„streuung gegeben hätte; durch welchen Schuß sie in „den Stand gesetzt worden wären, in der Provinz zu „verbleiben, und durch dieses Verbleiben nachher ihre „Besitzungen wieder zu erlangen, welches der Gou„verneur Pigot in einem Briefe an die Regierung „zu Pondichery selbst anerkannt hätte. Ferner: „daß das Gouvernement von Madras abgeschlagen „hätte, die Bedingungen eines Cartels zwischen bei„den Nationen zu erfüllen, obgleich der Gouverneur

"Pigot das Cartel anfänglich angenommen hätte, "und auch von beiden Seiten Commissarien zum "Vergleich nach Sadras bestimmt worden wä= "ren. — Dieses Betragen der Engländer "setze es außer seiner Gewalt, für die Stadt Pon= "dichery eine Capitulation vorzuschlagen, da er dem "französischen Hofe für den Erfolg bürgen müsse. — "Die Truppen also, sowohl die in königlichen als in "Compagniediensten, übergaben sich daher selbst aus "Mangel an Proviant als Kriegsgefangene Sr. Bri= "tannischen Majestät." (Wobey Lally für die bürger= lichen Einwohner der Stadt und für die Ausübung der römisch=katholischen Religion, für die Erhaltung der Klöster, Hospitäler, Geistlichen, Wundärzte, Bedienten u. s. w. Bedingungen vorschlug, und es den beiden Höfen überließ, die Reparation für die Uebertretung der feyerlichen Tractaten nach Würden zu bestimmen.) ... "Diesem zu folge kann der Ober= "ste Coote Morgen um acht Uhr das Thor Willenor "in Besitz nehmen, und den folgenden Tag zu eben "dieser Stunde auch die Thore der Citadelle, und da "er die Macht in seinen Händen hat, so kann er "solche Verfügungen treffen, als er am rathsamsten "finden wird. — Nur allein aus Grundsätzen von "Gerechtigkeit und Menschenliebe bitte ich, (dies sind Lally's eigne Worte) "daß es der Mutter und den "Schwestern des Rajah=saheb erlaubt seyn möge, sich "einen Zufluchtsort zu suchen, wo es ihnen gefallen "wird; wo nicht, daß sie Gefangene der Engländer "bleiben, und nicht dem Mahomed Ally Cawn über= "liefert werden, der noch mit dem Blute des Vaters

1761. „und des Ehemanns befleckt ist, welches er zur
„Schande derer vergoß, die ihm Chunda-saheb über-
„lieferten, so wie auch zur Schande des Befehlsha-
„bers der englischen Truppen, der nicht eine solche
„Barbarey hätte zulassen sollen." — (Uebrigens bewilligt Sally, daß die Mitglieder des Conseils in
Pondichery ihre eignen Vorstellungen thun mögen,
sowohl in Ansehung ihres Privatinteresse, als wegen
Angelegenheiten der Colonie.)

Der Jesuit Lavaur und die andern Abgeordneten
übergaben nun auch ihr Memorial, im Namen des
Gouverneurs und des Conseils von Pondichery. Es
enthielt folgende Ansuchung: „Daß den Einwohnern
„kein Leid geschehen, und sowohl ihre Häuser als ihre
„Effekten und Kaufmannsgüter ihnen unversehrt über-
„lassen werden möchten; daß alle diejenigen, die
„entschlossen wären, in ihren Wohnungen zu ver-
„bleiben, als brittische Unterthanen angesehen, und
„alle ihre vorigen Besitzungen und Vorrechte genies-
„sen sollten. Zu ihrem Besten sollte die römisch-katho-
„lische Religion fernerhin ausgeübt, und sowohl die
„Kirchen als die Häuser der Geistlichen, und die
„Klöster, sie mögen inner- oder außerhalb der Stadt
„liegen, nebst allem was dazu gehört, erhalten wer-
„den; den Missionarien sollte es frey stehen, zu ge-
„hen und zu kommen, und überhaupt sollten sie bey
„den Engländern eben den Schutz genießen, als wie
„sie ihn unter den Franzosen genossen hätten. Keine
„Gebäude, und kein Theil von den Festungswerken
„sollte demolirt werden, bis ihre Souverains in Eu-
„ropa darüber entschieden hätten. Das Archiv und

„alle hier niedergelegten Documente, von denen das 1761,
„Schicksal vieler Privatpersonen abhienge, sollten der
„Sorgfalt des jetzigen Magistrats überlassen und
„nach Frankreich geschickt werden. Nicht allein die
„französischen Einwohner, sondern auch die von allen
„andern Nationen, welche wegen des Handels sich in
„Pondichery niedergelassen hätten, sollten an diesen
„Bedingungen Theil nehmen. — Die Creolen aus
„den Inseln Bourbon und Mauritius, einundvierzig
„an der Zahl, da sie blos als Freywillige gedient hät-
„ten, sollten die Freyheit haben, bey der nächsten Ge-
„legenheit zurück zu kehren. — Man bat um Sal-
„vegarden, um Unordnung zu verhindern. Uebri-
„gens hoffte man, daß alle diese Bedingungen getreu-
„lich erfüllt werden würden."

Coote gab auf Lally's Memorial eine schriftliche
Antwort, worin er sich erklärte, „daß die Umstände,
„die Einnahme von Chandernagore betreffend, Sr.
„Brittannischen Majestät bereits einberichtet wären,
„daher er über diesen Gegenstand nicht streiten wollte;
„auch könnte er nicht einräumen, daß diese Begeben-
„heit irgend eine Beziehung auf die Uebergabe von
„Pondichery hätte. — Daß der Streit wegen des
„Cartels noch zur Zeit unentschieden bliebe, und es
„daher nicht in seiner Macht stünde, zu bewilligen,
„daß die Truppen in Pondichery auf die Bedingun-
„gen dieses Cartels als Gefangene betrachtet werden
„könnten; sondern daß sie durchaus sich als wahre
„Kriegsgefangene ergeben müßten, und zwar auf
„Discretion, wobey es jedoch nicht an Menschlichkeit
„fehlen sollte. — Daß die Thore sowohl der Stadt

1761. „als der Citadelle von den englischen Truppen in den
„von Lally bestimmten Stunden in Besitz genommen
„werden sollten. — Daß die Mutter und die Schwe-
„stern des Rajah-saheb nach Madras gebracht wer-
„den würden, wo man für ihre Sicherheit bestens
„sorgen wollte, und sie nicht zu befürchten hätten,
„je in die Hände des Nabobs Mahomed Ally gelie-
„fert zu werden." Den andern Abgeordneten sagte
Coote blos, daß ihre Vorschläge bereits in seinem
Schreiben an Lally beantwortet wären; sie kehrten
darauf um Mitternacht nach der Stadt zurück.

Den folgenden Morgen, den 16ten Januar,
nahmen die englischen Grenadiers von einem Thore
Besitz. Coote speiste zu Mittage bey Lally, der einen Tumult fürchtete, und daher bewilligte, daß die
Citadelle noch denselben Abend übergeben werden sollte,
damit die französischen Soldaten die Nacht über als
Gefangene eingesperrt werden könnten. Es kamen
nunmehr Truppen aus dem Lager in die Stadt, und
die Besatzung paradirte vor der Citadelle. Coote
musterte die Linie, die außer den Offizieren, Invaliden und denen, die sich verborgen hatten, 1100
Mann stark war, die alle von Hunger, Krankheit
und Strapazen ausgemergelt waren; besonders sahen
die Grenadiers der Regimenter Lothringen und Lally,
die besten französischen Truppen, die je in Indien
gedient hatten, den Gespenstern ähnlich, da sie beständig zu jeder Art von Dienst gebraucht worden
waren. Man bemerkte dabey, daß seit ihrer ersten
Landung bis jezt, unerachtet aller Mühseligkeiten
sowohl des Felddienstes als der Belagerung, nie ein

Mann von ihnen zu den Engländern übergegangen 1761.
wäre. Der siegende Soldat konnte nicht ohne Seuf=
zen diese feyerliche Scene des Kriegsglücks betrachten,
die eben sowohl zu seinem loose hätte fallen können.
Die französischen Truppen marschirten nach der Mu=
sterung in die Citadelle, wo sie ihre Waffen in Hau=
fen aufthürmten, und sodann nach ihren Gefängnissen
geführt wurden.

Mit Anbruche des folgenden Tages wurde die eng=
lische Flagge auf die Mauern gepflanzt. Dieses
Siegeszeichen ward sogleich mit tausend Kano=
nenschüssen begrüßt; alle Schiffe auf der Rhede
feuerten ihr Geschütz ab; ein gleiches geschah von al=
len englischen Posten und Batterien von der Feldar=
tillerie, und von allen Kanonen, die sich auf den
Wällen von Pondichery befanden.

Die Uebergabe war unvermeidlich; denn zu ge=
schweigen, daß der Proviant elend war, so war doch
auch davon hier nicht mehr als auf zwey Tage Vor=
rath vorhanden. Der gränzenlose Haß gegen Lally,
den man als den einzigen Urheber dieses Unglücks be=
trachtete, stieg wo möglich noch höher als jemals,
und da dieser Haß nicht länger durch seine Gewalt im
Zaum gehalten wurde, so brach er in die rachsüchtig=
sten Ausdrücke, voller Vorwürfe und Drohungen
aus. Der dritte Tag nach der Uebergabe war zu
seiner Abreise nach Madras festgesetzt. An dem
Morgen dieses Tages versammelte sich ein Trupp Of=
fiziers, drang ins Gouvernementshaus, und würde
ihn vielleicht in Stücken zerrissen haben, wenn nicht

1761. die englische Wache dazu gekommen wäre. Der Trupp versammelte sich sodann an dem Thore der Citadelle, um die Abfahrt des Lally zu erwarten. Dieser General verschob daher seine Abreise bis in die Nacht; seine Escorte waren funfzehn englische Husaren. Sobald er außerhalb dem Thore erschien, wurde er mit Geschrey, Drohungen und den schändlichsten Namen empfangen. Der ihn umringende Haufen war über hundert Personen stark, fast alle Offiziers, und selbst die Räthe Moracin und Courtin waren unter ihnen; die Escorte verhinderte jedoch alle Gewaltthätigkeit. Dubois, der königliche Commissär, und beynahe eben so verhaßt wie der General, sollte zu gleicher Zeit nach Madras gebracht werden; er verließ daher das Fort eine Stunde nach Lally, und zwar zu Fuße, um alles Aufsehn zu vermeiden. Der Haufen der Misvergnügten war jedoch noch nicht aus einander gegangen, sondern überhäufte ihn mit denselben Schimpfreden. Dubois stand stille, und sagte, er wollte jedem Genüge leisten, der sich einzeln melden würde. Sogleich trat ein Offizier hervor, sie zogen die Degen, und beym zweiten Stoß stürzte Dubois todt zu Boden; er war sechzig Jahr alt, hatte ein kurzes Gesicht, und trug beständig eine Brille. Niemand wollte seinem Bedienten beystehn, den Körper wegzubringen und zu begraben; sein Tod wurde als eine verdienstvolle Handlung angesehn. Die alten Regierungsmitglieder nahmen sogleich seine Papiere in Besitz. Man wußte, daß er seit seiner Ankunft in Pondichery beständig im Namen des Königs gegen alle Unordnungen protestirte und davon

ein

Dreyzehntes Buch.

ein sehr großes Verzeichniß gemacht hatte. Von diesen Papieren ist jedoch nichts zum Vorschein gekommen.

Die Anzahl der europäischen Soldaten, nebst den dazu gehörigen Bedienten, die man in der Stadt gefangen nahm, war 2072; der bürgerlichen Einwohner waren 381. Das Geschütz bestand aus fünfhundert Kanonen und hundert Mörsern. Die Munition, die Gewehre und der Kriegsvorrath aller Art waren in eben so großem Ueberfluße.

Einige Tage nach der Uebergabe verlangte der Gouverneur Pigot vom Obersten Coote, daß Pondichery der Regierung in Madras übergeben werden sollte, weil es jezt das Eigenthum der englisch-ostindischen Compagnie geworden war. Es wurde ein Kriegsrath zusammen gerufen, um über diese Foderungen zu berathschlagen. Der Kriegsrath bestand aus den beiden Admiralen, vier Capitains von der Flotte, dem Obersten Coote und drey Majors. Pigot berief sich auf das königliche Patent vom 14ten Januar 1758, das die Ansprüche der Compagnie in Ansehung der Eroberung bestimmte. Der Kriegsrath war der Meynung, das Patent im gegenwärtigen Falle sey unzureichend. Pigot, um dem Streite geschwind ein Ende zu machen, erklärte geradezu, daß, wenn man Pondichery nicht übergäbe, die Regierung in Madras kein Geld, weder für den Unterhalt der königlichen Truppen, noch für die französischen Kriegsgefangenen, hergeben würde. Diese Erklärung war das stärkste Argument seinen Zweck zu erreichen, denn weder der commandirende Admiral

1761. noch der Befehlshaber der königlichen Truppen hatten Vollmacht, auf den königlichen Schatz in England Wechsel zu ziehen; vielmehr waren sie ausdrücklich für alle Geldbedürfnisse auf die Schatzkammer der Compagnie in Madras angewiesen. Der Kriegsrath bewilligte daher das Ansuchen, jedoch mit einem feyerlichen Protest gegen die dem königlichen Prärogativ dadurch verursachte Verletzung, mit der Erklärung: daß die Regierung in Madras für die Folgen haften sollte.

Während diesem Streite schickte Coote achthundert Sepoys unter Anführung des Capitain Smith, um die Forts von Gingee zu berennen; desgleichen schickte er aus dem Lager viele Kriegsbedürfnisse an den Major Preston, der die Blokade von Thiagar immer noch fortgesezt hatte.

Der Nabob bat, die englischen Truppen möchten ihn jezt gegen diejenigen Lehnssaffen begleiten, von denen er nunmehr Rechenschaft fodern wollte, sowohl wegen ihrer Versuche sich seiner Autorität zu entziehen, als wegen der zurückgehaltenen Tribute. Er hatte seinem Bruder Nazeabulla, in Nelore, die Rebellion nicht vergeben, und sein Haß gegen Mortiz=ally, dem Statthalter von Velore, hatte nicht nachgelassen, der zudem, sowohl als die drey großen nordlichen Polygars und einige südliche, wegen verborgener Schätze im Verdacht stand. Noch mehr Schätze vermuthete er bey dem großen und kleinen Morawar, vorzüglich aber bey dem Könige von Tanjote, der reicher als alle andre war, und kaum den Nabob als seinen Oberherrn betrachtete.

Dreyzehntes Buch.

Die Engländer konnten dieses Gesuch nicht bewilligen, denn sie mußten ihr Augenmerk jezt auf andre Dinge richten: ihre Schatzkammer war durch die Belagerung von Pondichery erschöpft worden; überdem hatte man 2500 französische Kriegsgefangene zu versorgen, die starke Wachen und ansehnliche Kosten erfoderten. Bengalen war selbst in Krieg verwickelt, es mangelte dort an Truppen, und kein Geld könnte man von da auch nicht erwarten; überdem verlangte die Präsidentschaft aus Bombay jezt bringend alle Truppen zurück, die sie nach der Küste von Coromandel geschickt hatte. Die Faktorey in Tellichery gab auch Nachricht, daß sie Willens wäre, die eben jezt aus England bey ihr angekommenen Truppen für sich zu behalten, und damit das französische Etablissement zu Mahe anzugreifen, weshalb sie um fernern Beystand ersuchte. Es war noch ungewiß, wo die französische Flotte hingekommen war; die englische brauchte ihre Seesoldaten, und hatte aus England einen Auftrag zu einer geheimen Expedition erhalten. Diese Betrachtungen hatten bey der Regierung in Madras ein größeres Gewicht, als alle Entwürfe des Nabobs, dessen Freude über die Eroberung von Pondichery sehr durch diese abschlägige Antwort verbittert wurde, da er auf neue Eroberungen, und auf die Füllung seiner Schatzkammer so sehr gerechnet hatte. Er begab sich daher voller Unwillen nach Tritchinapoly, wo er den 15ten Februar anlangte.

Von den französischen Kriegsgefangenen wurden vierhundert nach Madras geschickt; und die Bergschotten nebst vierhundert Sepoys, marschirten auch dahin, die Besatzung zu verstärken: zweyhundert Franzosen brachte man nach Tritchinapoly; die übrigen Gefangenen blieben in Pondichery bis auf weitere Verfügung. In diese Stadt wurden 350 Mann europäische Infanterie, sämtlich Engländer, die sämtlichen europäischen Reiter und 400 Sepoys zur Besatzung gelegt. Die Truppen aus Bombay, 310 Mann stark, gingen auf zwey Schiffen nach diesem Orte zurück; die Seesoldaten wurden der Flotte wieder gegeben, und der Rest der Armee marschirte nach Cuddalore in Cantonirungsquartiere.

Der französische Hof hatte Lally ausdrücklich befohlen, alle an der See gelegene Besitzungen der Engländer, die er erobern würde, zu zerstören. Diese Befehle waren aufgefangen worden, und hatten die Directoren der englisch-ostindischen Compagnie dahin vermocht, ähnliche Befehle nach Indien zu schicken. Pigot beschloß daher, mit Einstimmung aller Regierungsmitglieder in Madras, die Festungswerke von Pondichery zu demoliren, und da Stevens sich erklärte, daß er sogleich nach Bombay segeln würde, seine Flotte auszubessern, so wurde die Zerstörung ohne Verzug vorgenommen, damit keine französische Escadre während seiner Abwesenheit einen Versuch machen könnte, die Stadt wieder zu erobern.

Stevens segelte den 23sten Februar mit seiner ganzen Flotte ab, die aus eilf Linienschiffen und zwey Fregatten bestand. Sie nahm vierhundert Gefangne aus Pondichery mit, um sie entweder in Bombay abzusetzen, oder sie nach Europa zu schicken. Da

Dreyzehntes Buch. 245

Der Admiral versprach, im Nothfall den Angriff von 1761.
Mahe zu unterstützen, so schiffte man eine Anzahl im
Dienst der Compagnie stehende Artilleristen auf seiner
Flotte ein.

Mahe liegt an der Küste von Malabar, vier
englische Meilen von Tellichery, unweit der See, an
einem Flusse, der kleine Schiffe aufnimmt. Die
Stadt ist mit Hügeln umgeben, worauf drey Forts
errichtet sind. Dieses Etablissement präsidirt über
alle andre Besitzungen, welche die französische ostindische Compagnie an dieser Küste hat, die Faktorey von
Surat allein ausgenommen. Die davon abhängenden Oerter sind fünf Forts und eine Faktorey in Ca-
licut.

Es waren fünf Schiffe aus England angekommen, die ihre Truppen bereits im Januar in Tellichery gelandet hatten; die Erlaubniß aber, Mahe
anzugreifen, kam erst von Bombay im Februar.
Dieser Aufschub hatte dem Gouverneur von Mahe,
Louet, Zeit gegeben, mit einigen benachbarten Fürsten, mit denen die Franzosen längst Handel getrieben hatten, Vertheidigungstractate zu zu schließen;
sie versprachen, ihren alten Freunden gegen die Engländer als einen gemeinschaftlichen Feind nachdrücklich beyzustehn. Diese Versprechungen wurden durch
feyerliche Eidschwüre bestätigt. Der Beystand war
höchst nöthig, denn es befanden sich hier an europäischen Soldaten nicht über hundert Mann, und selbst
diese waren sehr misvergnügt, da sie seit vielen Monaten keinen Sold bekommen hatten; auch desertirten
sie stark. Die Anzahl der schwarzen Soldaten, die

Q 3

1765. im Dienste der Compagnie standen, war ungefähr tausend Mann.

Die englischen Truppen in Tellichery lagerten sich den 5ten Februar unweit Mahe. Sie waren 200 Europäer und 700 Indier stark, unter Anführung des Majors Hector Munro. Alle Vorstellungen und alles Bitten des Louet bey seinen Bundsgenossen war fruchtlos, da diese die Engländer im Felde sahen und ihre Anzahl erfuhren; sie schickten nicht einen einzigen Mann. Louet, der sich ganz verlassen sahe, schrieb sogleich einen Brief an den Oberfaktor von Tellichery, Hodges, und that Capitulationsvorschläge, worauf Munro Befehl erhielt, keine Feindseligkeiten anzufangen. Die Capitulation kam erst den 13ten zu Stande. Man kam überein, daß alle europäische Soldaten auf Kosten der Engländer, entweder nach der Insel Bourbon, oder nach Europa transportirt werden, und, wenn sie dort gelandet wären, frey seyn sollten. Alle Kaufmannsgüter, Artillerie und Kriegsgeräthe, der französischen Compagnie gehörig, sollten übergeben werden, dagegen die Effekten und das Eigenthum der Privatpersonen ganz unangetastet bleiben. Die freye Ausübung der römisch-katholischen Religion sollte ungekränkt und völlig wie zuvor Statt haben. Den Priestern sollte man nicht das geringste zu Leide thun, noch ihre Kirchen und Klöster im mindesten beunruhigen. Alle von Mahe abhängende Forts sollten unter eben denselben Bedingungen übergeben werden; allein die Faktorey von Callicut sollte so wie zuvor in dieser Stadt ihre Geschäfte forttreiben; übrigens wurden der Besatzung alle kriegerische Ehrenzeichen bewilligt. Man escortirte sie nach Tellichery, und besetzte Mahe mit 500 Mann Die Nachricht von dieser Eroberung langte den 3ten März in Madras an.

1761.

Auf der Küste von Coromandel war man indessen auch nicht müßig gewesen. Der Capitain Smith hatte die Forts von Gingee berennt und sie aufgefodert. Der Commandant derselben, ein Irländer, Namens Macgregor, antwortete: daß, wenn Smith auch hunderttausend Mann mit sich gebracht hätte, die Forts dennoch in drey Jahren nicht würden erobert werden. Die Engländer kehrten sich an diese Rotamontade nicht, sondern lagerten sich auf einer Anhöhe zwischen den drey Bergen. Der Umfang der Mauern aller Festungswerke betrug an zwölftausend Schritte; um diese zu vertheidigen, hatten die Franzosen nur 150 Mann, theils Europäer, theils Topassen, theils Kaffern, ferner 600 Sepoys und 1000 andere Landeseingeborne. Die Franzosen hielten die Forts für unüberwindlich, und glaubten nicht, daß man die Stadt angreifen würde, weil in diesem Falle die Engländer beständig dem Feuer der obern Forts ausgesezt seyn müßten.

Smith erfuhr den Zustand der Garnison und deren Vertheidigungs-Anstalten von den Deserteurs, von welchen täglich einige ankamen; sie meldeten ihm, daß die Besatzung sowohl in der Stadt als unten in den Forts sich völlig sicher hielte. Dieser Nachricht zufolge rückte er in der Nacht vom 2ten Februar mit 600 Sepoys aus seinem Lager; 200 derselben machten den Vortrab mit Sturmleitern. Sie bestiegen

Q 4

1761 die Stadtmauer unentdeckt, und waren schon mitten in die Gassen gedrungen, als Lärm wurde. Die französische Besatzung zog sich auf die Berge zurück, von welchen ein lebhaftes Feuer auf die Engländer gemacht wurde. Es that jedoch sehr wenig Schaden, daher Smith in der Stadt Posto faßte. Er erhielt hier eine Verstärkung von tausend Sepoys. Die Desertion der französischen Soldaten dauerte beständig fort; unter ihnen war ein erfahrner Befehlshaber der Sepoys, der sich erbot, ein Detaschement auf einen verborgenen Pfad zu führen, und so das vornehmste Fort auf dem St. Georgs-Berge zu überrumpeln. Man traute ihm, und ließ in der Nacht 200 Sepoys unter seiner Anführung marschiren. Sie gingen durch allerhand Krümmungen den Berg hinauf, und kamen endlich zu einer achtzig Fuß hohen Mauer, die sie sogleich vermittelst ihrer Leitern bestiegen, weil sie keinen Widerstand fanden. Hier faßten sie Posto. Die Wache, anstatt sich nach oben zu flüchten, flohe nach dem untern Theile des Berges, so daß die oben auf dem Gipfel befindlichen Franzosen bey Tagesanbruch erstaunt waren, die Engländer so in der Nähe zu finden. Sie schickten sogleich einen Offizier herunter, zu capituliren, der aber von großen Bedingungen sprach. Smith wußte, daß sie ihm nicht entrinnen konnten, und wollte daher von keinen Bedingungen hören; sie ergaben sich endlich auf Discretion. Es waren in diesem Fort 42 Europäer und 70 Sepoys. Man fand eine Menge Proviant, und erfuhr, daß die andern beiden Forts eben so wohl versehn waren. Diese zu überrumpeln, hatte man

keine Hoffnung, und noch weniger, sie durch einen offenen 1761.
Angriff einzunehmen. Es blieb daher nichts übrig,
als zu erwarten, was Zeit und Glück bewirken
würden.

Am nämlichen Tage, als der St. Georgsberg
vom Capitain Smith erobert wurde, capitulirte auch
die wichtige Festung Thiagar, nach einer Blokade und
Belagerung von fünfundsechzig Tagen. Die französische Besatzung bestand hier in 100 Europäern,
100 Kaffern und 300 Sepoys. Als sie sich ergab,
hatte man noch auf zwey Monate Lebensmittel im
Fort, und innerhalb demselben eine Quelle sehr guten
Wassers. Der Commandant verlangte, daß die
Besatzung eben so wie die in Pondichery gefangenen
Soldaten behandelt werden sollte. Dieser Capitulation zufolge schickte der Major Preston die Offiziers
nach Europa, auf ihr Ehrenwort nicht wieder während dem gegenwärtigen Kriege zu dienen; die Gemeinen wurden nach Tritchinapoly gebracht, und daselbst bey den andern eingesperrt; die Sepoys und
Kaffern aber nahm man in Sold der englisch-ostindischen Compagnie, da sie sehr gute Soldaten waren.

Mittlerweile fuhr man auf der malabarischen
Küste fort, die von Mahe abhängenden Oerter auch
zu erobern. Die Forts, Delih und Ramatilly, ergaben sich auf die erste Auffoderung; das Fort Mattalavy aber, das auf einem Felsen lag, that Widerstand. Es war mit einer Menge Nairen besetzt,
deren Muth gewöhnlich an Verzweiflung gränzt.
Der Major Munro ließ von den Schiffen Geschütz

1761. und Kanoniers holen, und sodann gegen Mattakavy Batterien errichten; der englische Gouverneur von Tellichery aber war mittlerweile mit den beiden Fürsten in Unterhandlung getreten, denen sowohl dieses Fort als Veramally, wegen Schuldfoderungen, von den Franzosen verpfändet worden waren. Diese Fürsten bewilligten die Uebergabe, mit der Bedingung einer jährlichen Bezahlung von 3000 Rupien. Nun blieb noch das mit Franzosen besezte Fort Meliserum übrig, das sich auch ohne Widerstand ergab.

Der Capitain Smith behielt immer noch die andern Forts von Gingee berennt, bis endlich den 5ten April der Irländer Macgregor ihm zu capituliren antrug, wenn man seiner Garnison die militärischen Ehrenbezeigungen bewilligen und versprechen wollte, die Gemeinen mit der ersten Gelegenheit nach Europa zu schicken, wo sie ausgewechselt werden könnten, den Offiziers aber, mit ihren Waffen und Bagage, sich nach einem neutralen Orte in Indien zu begeben, wo sie nach ihrem Range auf Kosten der englisch-ostindischen Compagnie verpflegt, und sodann auch auf deren Kosten frey nach Europa geschafft werden sollten. Es waren bereits 300 englische Sepoys in der Stadt gestorben, da dieser Ort der ungesundeste im ganzen Carnatick ist, so daß die Franzosen hier seit zehn Jahren 1200 Europäer an Krankheiten verloren hatten. Der Capitain Smith war daher sehr bereitwillig, die Bedingungen anzunehmen, und noch ehe es Nacht wurde, verließen die Franzosen beide Berge. Die Besatzung bestand in zwölf Offiziers und hundert Gemeinen, theils Europäer, theils Kaffern, theils To-

Dreyzehntes Buch.

passen und vierzig Inscars. Man fand hier dreißig 1761. Kanonen und einige Mörser. Einem vornehmen Indier, der lange Zeit den großen Berg bewohnt hatte, wurde ein Paß und ein sicherer Abzug bewilligt.

Dieser Tag, nämlich der 5te April 1761, endigte endlich die langen Feindseligkeiten zwischen den beiden Krieg-führenden Mächten auf der Küste von Coromandel, und ließ von der französischen Nation in ganz Indien auch nicht ein einziges Häufchen zurück, das unter der Autorität des französischen Hofes irgend etwas unternehmen konnte; denn die Soldaten, die nach Mysore gegangen waren, wurden von diesem Augenblicke an als eine Bande militärischer Abentheurer betrachtet, die ihr Brod suchten. In Bengalen hatten die Franzosen auch nicht einen einzigen Agenten, und ihre Faktoreyen in Surat und Callicut waren bloße Handlungshäuser, die man duldete.

Auf diese Weise wurde ein funfzehnjähriger Krieg geendigt, der mit der Expedition des de la Bourdonnais gegen Madras 1746 angefangen, und seit der Zeit fast ununterbrochen fortgedauert hatte, und zwar wurde derselbe Entwurf der Ausrottung, den die Franzosen gegen den englischen Handel und die brittische Macht in Indien zum Grunde gelegt und unabläßig verfolgt hatten, gegen sie selbst gerichtet. Denn dieses war der Gegenstand, der de la Bourdonnais Angriff auf Madras bestimmte, welchen der ehrgeizige Dupleix während seiner ganzen Administration nicht aus den Augen verlor, und des

1761. endlich die große Ausrüstung von Land- und Seetruppen veranlaßte, die Lally nach Indien begleiteten. Dieser General erklärte auch beständig, daß er nur Einen Gegenstand vor sich hätte, und dieser war, daß kein Engländer in ganz Indien zurück bleiben sollte. Um soviel als möglich den Franzosen die Wiederherstellung ihres Etablissements auf der Küste von Coromandel zu erschweren, im Fall bey einem allgemeinen Frieden in Europa Rückgaben bewilligt werden sollten, beschloß die Regierung in Madras, nebst den Festungswerken von Pondichery, auch alle Gebäude und Wohnungen zu zerstören; daher in kurzer Zeit von dieser ehemals so schönen und blühenden Stadt nichts mehr zu sehen war.

Seit zwey Jahren war das Kriegsglück den Franzosen in allen Welttheilen nachtheilig gewesen. Sie hatten ihre Besitzungen auf der Küste von Afrika, die Hälfte ihrer westindischen Inseln, und die ganze Region von Canada verloren; ihre Seemacht war gänzlich vernichtet, und ihre Heere in Deutschland litten eine Niederlage nach der andern. Auf Indien hatten sie ihre lezte Hoffnung gesezt, und da nun auch dieses verloren ging, so wurde die Nation hierüber mehr wie über alle andre Unglücksfälle aufgebracht. Lally, bey seiner Ankunft in Frankreich, klagte förmlich Bussy, de Leyrit, Moracin und Courtin an, daß sie freventlich, durch ihren Haß gegen ihn, den Untergang der Franzosen verursacht hätten, weil er von dem Könige gesandt worden wäre, die Mißbräuche in Pondichery abzuschaffen. Von zweyhundert Personen, die aus Indien in Frankreich ankamen, waren

Dreyzehntes Buch. 253

nicht mehr als zwanzig, die mit Sally in Verbindung 1761.
standen; alle übrigen hatten, entweder wegen seiner
rauhen, mürrischen Gemüthsart, oder seiner Strenge,
einen tödtlichen Haß auf ihn geworfen. Diese wurden nun freywillige Anhänger der Mitglieder des vorigen Conseils, deren Geschäfte in Paris eben so wie
in Pondichery von dem Jesuiten Lavaur besorgt wurden. Ihr erster öffentlicher Schritt war, dem General = Controleur ein Memoire zu überreichen, um
sich zu rechtfertigen und Sally anzuklagen. Diese
Klage bestand in neun Artikeln, die, wie sie sagten,
mehr als Unfähigkeit bewiesen. Im August 1762
baten sie den König um Erlaubniß, sich gerichtlich
gegen die Beschuldigungen des Sally zu vertheidigen,
der einige Monate nachher in die Bastille eingesperrt
wurde. Im Junius 1763 starb Lavaur. Dieser
Jesuit hatte in Indien zwey Memoriale verfertigt;
das eine war eine Rechtfertigung oder vielmehr eine
Lobrede auf Sally, das andere eine schimpfliche Anklage gegen diesen General, wodurch sein ganzes Betragen in das gehässigste Licht gesezt wurde. Lavaur
wollte sich nach Beschaffenheit der Umstände des einen oder des andern bedienen. Das erste wurde
gleich vernichtet, das leztere aber, obgleich nicht öffentlich bekannt gemacht, verschaffte doch sehr gute Materialien zum Prozeß. Da dieser Jesuit ein Haupt-
zeuge war, so wurden seine Papiere von den Justiz-
beamten in Besitz genommen, und so fand man diese
Schmähschrift. Lavaur stellte sich, als ob er durch
den Verlust von Pondichery ganz ruinirt sey, und
hatte daher den Hof um eine kleine Pension zu seinem

Dreyzehntes Buch.

1761. Unterhalt gebeten; nach seinem Tode aber fand man unter seinen Effekten an 60,000 Pf. St. an Gold, Diamanten und Wechselbriefen. Diese Heucheley wurde zu eben der Zeit bekannt, da man die großen Betrügereyen eines andern Jesuiten entdeckte, dem die Direction der amerikanischen Missionen anvertraut war, und diente nicht wenig, den Orden aus Frankreich zu vertreiben; dennoch wurde dem Memoire des Lavaur völlig Glauben beygemessen, und daraus eine Anklage von Hochverrath gegen Lally gezogen. Nach einem achtzehnmonatlichen Gefängniß erhielt er die Erlaubniß, mit seinen Anklägern confrontirt zu werden. Die wider ihn gemachten Beschuldigungen beliefen sich auf hundert. Die Anzahl der Zeugen war auch sehr groß. Lally, mit seiner gewöhnlichen Heftigkeit, vermehrte das Nachtheilige seiner Lage dadurch, daß er seine wider ihn eingenommenen Richter bey den Verhören noch mit Stolz und Verachtung behandelte. So vergingen abermals achtzehn Monate, da denn das Parlament in Paris das Endurtheil fällte. Es erkannte ihm zu, den Kopf zu verlieren, als überwiesen, das Interesse des Königs, des Staats und der ostindischen Compagnie verrathen, und seine Autorität durch Erpressungen und Mishandlung der Einwohner von Pondichery gemißbraucht zu haben. Ehe diese Sentenz bekannt gemacht wurde, nahm man ihm seine Ordensbänder ab, und entsezte ihn seines Ranges, sodann brachte man ihn von der Bastille in ein gemeines Criminal-Gefängniß. Hier wurde ihm den 9ten May 1766 sein Urtheil vorgelesen; er schlug die Hände über dem

Kopf zusammen, und rief aus: „Ist dies die Beloh= 1761 „nung fünfundvierzigjähriger Dienste!" Darauf ergriff er einen Zirkel, den er eben zur Verfertiguug indischer Charten brauchte, und stieß ihn sich in die Brust; er ging aber nicht durchs Herz: Nun brach er in die schrecklichsten Verwünschungen gegen seine Ankläger und Richter aus. Das Blutgerüste war bereits zubereitet, und seine Hinrichtung für eben diesen Tag bestimmt. Um ihn zu verhindern, mit den Zuschauern zu reden, wurde ihm ein großer Knebel in den Mund gesteckt und hinten am Kopfe befestigt. In diesem Zustande wurde er im kahlen Kopfe, in schlechter Kleidung, mit gebundenen Händen, auf eine Karre gesezt, so wie der ärgste Missethäter zum Richtplatz geschleppt, und hier im fünfundsechzigsten Jahre seines Alters enthauptet.

Wenn der Mißbrauch der Autorität kein Capital=Verbrechen in Frankreich ist, so hätte hier kein Todesurtheil erfolgen sollen. Der Verrath des Interesse sezt voraus, daß der absichtliche Endzweck durch unleugbare Thatsachen erwiesen seyn muß. Lally gab aber den Engländern keine Nachricht, woraus sie Vortheile ziehen konnten; auch führte er seine Truppen nicht zu gefährlichen Expeditionen, ohne Wahrscheinlichkeit zu haben, durch ihre Bemühungen Fortschritte zu machen; noch weniger nahm er von den Engländern Geschenke, um seinen Operationsplan nach ihrem Wunsche einzurichten. Die Schmähungen in seiner Erklärung gegen den Obersten Coote, bey Gelegenheit der Uebergabe von Pondichery, bewiesen, wie wenig Gunstbezeigung er von der englischen

1761. Regierung erwartete; über dem hatte er den Gouverneur Pigot durch Briefe persönlich beleidigt. Dem ungeachtet war das allgemeine Geschrey in Frankreich, daß Lally Pondichery verkauft habe. Das Urtheil seiner Richter war auch nicht einstimmig. Die wegen ihrer Talente berühmten französischen Rechtsgelehrten, Seguier und Pellot, erklärten, daß sie von seiner Unschuld überzeugt wären. Voltaire glaubte sich daher berechtigt, den Tod des Lally einen Justizmord zu nennen.

Lally verlangte beständig, sein militärisches Betragen von einem Kriegsgerichte untersuchen zu lassen, wo er Unparteylichkeit zu hoffen hatte. Es ist indessen gewiß, daß die Zurückrufung des Bussy von dem Hofe des Salabad-jing, und die Ernennung eines unfähigen Conflans an die Stelle dieses großen Feldherrn, den Verlust von Masulipatnam und der nordischen Provinzen nach sich zog; ferner war die Belagerung von Madras ungereimt entworfen, und eben so ungereimt ausgeführt, wobey man jedoch zu Lally's Entschuldigung anführen kann, daß er hier nicht viel größern Widerstand als im Fort St. David erwartete. Auch war die Vertheilung seiner Armee, wodurch die Engländer fähig gemacht wurden, sich südwärts vom Paliar auszubreiten, und Vandiwasch und Carangoly zu erobern, ganz den Grundsätzen des Krieges zuwider; allein der Bewegungsgrund war, dem Geld- und Proviant-Mangel dadurch etwas abzuhelfen. Ob nach der Schlacht bey Vandiwasch, welche die Engländer wünschten, Lally aber, Bussy's weisem Rathe zufolge, hätte vermeiden sollen,

sollen, Pondichery besser mit Lebensmitteln hätte versehn werden können, oder ob der zusammengebrachte Proviant nicht bedächtlich vertheilt wurde, bleibt nach der Aussage aller Zeugen dennoch unentschieden.

Die Truppen, die mit Coote 1759 ankamen, nebst der Thätigkeit dieses Befehlshabers, brachten den Krieg so ziemlich ins Gleichgewicht, daher Coote gerechtfertigt war, die Schlacht bey Vandiwasch zu wagen, ob er sie gleich mit dem ausdrücklichen Verbot der Regierung in Madras in der Tasche erfocht; seine klugen Maaßregeln sicherten ihn jedoch für üble Folgen, wenn ihm das Glück nicht günstig gewesen wäre. Vor diesem wichtigen Siege hatte kein Engländer auf die Eroberung von Pondichery gedacht; gleich nachher aber waren alle fest von der Wahrscheinlichkeit überzeugt, hiedurch den Krieg zu endigen. Diese glückliche Zuversicht erzeugte die nachdrücklichsten Anstalten. Man sagte durchaus in Madras, daß, wenn man alle Vortheile benützte, nichts Pondichery retten könnte, als die Ankunft einer französischen Flotte, die stark genug wäre mit der englischen anzubinden. Der unternehmende Geist des Obersten Coote verlor keine Zeit, sich der günstigen Umstände aufs beste zu bedienen, und die Regierung in Madras unterstützte ihn nachdrücklich; ein gleiches thaten die Besatzung von Tritchinapoly, die Detaschements unter Preston und Smith, und die ganze Armee überhaupt durch ihren Muth und Eifer bey allen Gelegenheiten. Coote hatte zur Schonung der Europäer die Sepoys dahin gebracht, daß sie bey den gefährlichsten Vorfällen gebraucht werden konnten. Kurz, die Engländer waren im Stande, im Fall die längst aus Frankreich erwartete Flotte auch während der Belagerung wirklich ankam, und mehr Landtruppen gelandet hätte, als je von dieser Nation nach Indien abgeschickt worden waren, dennoch den Franzosen selbst unter den Mauern von Pondichery ein Treffen zu liefern.

Ende des dritten Bandes.

Neueste Verlagsbücher
der Dykischen Buchhandlung.

Der Thurm von Samarah, eine warnende Geschichte für Astrologen, Zeichendeuter, Magier und alle Liebhaber geheimer Wissenschaften. Aus dem Arabischen. 8. 16 gl.

Satyrische und scherzhafte Aufsätze, herausgegeben von einem berühmten Journalisten. 8. 14 gl.

Zwey Lustspiele von A. F. E. Langbein: Liebhaber wie sie sind und wie sie seyn sollten, in fünf Akten, und die Todtenerscheinung in Einem Akte. 8. 10 gl.

Nebentheater 6ter Band: Roms Bannstrahl im eilften Jahrhunderte, ein Trauerspiel in fünf Akten; der neue Gutsherr oder die Huldigung, eine komische Oper in drey Akten; Liebeszunder, oder das Mädchen und der Jüngling, ein Lustspiel in drey Akten. 8. 22 gl.

Das Kleid aus Lyon, ein Lustspiel in fünf Akten von J. F. Jünger. 8. 8 gl.

Goldoni, über sich selbst und die Geschichte seines Theaters. Aus dem Französischen übersezt und mit einigen Anmerkungen versehen von G. Schaz. Drey Bände. 8.

Laura, oder Briefe einiger Frauenzimmer in der französischen Schweiz und deren Verehrer. Vom Verfasser der Camille. Aus dem Französischen übersezt. Erster Theil. 8.

Skizzen von A. G. Meißner. 9te und 10te Sammlung. 8. 1 Thlr.

Enthält ganz neue Stücke, und paßt daher sowohl zur ersten als zweiten Ausgabe dieses Werks.

Der Schriftforscher, Betrachtungen über wichtige biblische Stellen, in Rücksicht auf die erwachsene Jugend. 2ter Theil. gr. 8. 20 gl.

Der dritte und lezte Theil wird zur M. M. 1788 fertig. Das Werk kann als eine Fortsetzung der Jerusalemschen Betrachtungen angesehen werden, und enthält ein vollständiges Religions-System, nach Anleitung biblischer Stellen.

Versuch über den Geschmack in der Baukunst. gr. 8. 5 gl.

Unter der Presse ist:

H. Home Grundsätze der Kritik, aus dem Englischen übersezt von J. N. Meinhard. Nach der neuesten Original-Ausgabe berichtigt, mit Zusätzen und Beyspielen aus deutschen Schriftstellern bereichert. Drey Bände. gr. 8.

www.ingramcontent.com/pod-product-compliance
Lightning Source LLC
Chambersburg PA
CBHW032143230426
43672CB00011B/2432